AF247365

DESCRIPTION
DE MÉDAILLES

ANTIQUES,

GRECQUES ET ROMAINES,

AVEC

LEUR DEGRÉ DE RARETÉ ET LEUR ESTIMATION,

Ouvrage servant de Catalogue à une suite de plus de vingt mille Empreintes en soufre, prises sur les pièces originales;

PAR T. E. MIONNET,

CHEVALIER DE L'ORDRE ROYAL DE LA LÉGION D'HONNEUR, MEMBRE DE L'INSTITUT ROYAL DE FRANCE (ACADÉMIE DES INSCRIPTIONS ET BELLES-LETTRES), CONSERVATEUR-ADJOINT DU CABINET DES MÉDAILLES ET ANTIQUES DE LA BIBLIOTHÈQUE DU ROI, etc. etc.

SUPPLÉMENT.

TOME CINQUIÈME.

A PARIS,

Chez { L'AUTEUR, à la Bibliothèque du Roi, rue de Richelieu; DEBURE frères, Libraires du Roi et de la Bibliothèque du Roi, rue Serpente, n° 7.

M. DCCC. XXX.

DESCRIPTION
DE MÉDAILLES
ANTIQUES,
GRECQUES ET ROMAINES.

SUPPLÉMENT.

BITHYNIE.

BITHYNIA, *in genere, nunc* KUDAVENDKIÀR.

*Voyez dans la Description, tome II, pag. 408 et suivantes,
les Médailles* IMPÉRIALES *grecques et latines (a), en argent
et en bronze, de*

Vespasien.	Domitien.	Sabine.
Titus.	*Hadrien.	

SUPPLÉMENT.

Vespasianus.

1. ΑΥΤΟΚΡ. ΚΑΙΣΑΡ. ΣΕΒΑΣ. ΟΥΕΣΠΑΣΙΑΝΟΥ. Tête
laurée de Vespasien.
R. ΕΠΙ. Μ. ΜΑΙΚΙΟΥ. ΡΟΥΦΟΥ. ΑΝΘΥΠΑΤΟΥ.
Dans le champ, ΒΙΘΥΝΙΑ. Femme à demi nue sur

_____

(a) L'astérisque indique qu'il existe des médaillons d'argent,
avec légendes latines.

Tome V. SUPP.   A

une charrue, la main droite appuyée sur le manche,
tenant des épis de la main gauche. ▢. *Sestini, Descr.,
pag.* 243 (a) . . . . Æ.9.-R⁵.-F.o.-48 fr.

2. Légende effacée. Tête laurée de Vespasien, à droite.
℞. ΕΠΙ. Μ. ΜΑΙΚΙΟΥ. ΡΟΥΦΟΥ. ΑΝΘΥΠΑΤΟΥ.
Une gerbe formée de cinq épis. ▢. Æ.5.-R⁵.-F.o.-15 fr
                            Morell., Fam. Maecia.

Domitianus.

3. ΔΟΜΙΤΙΑΝΟΣ. ΚΑΙΣΑΡ. ΣΕΒΑ. ΥΙΟΣ. Tête laurée
de Domitien, à droite.
℞. ΕΠΙ. Μ. ΜΑΙΚΙΟΥ. ΡΟΥΦΟΥ. ΑΝΘΥΠΑΤΟΥ.
Un bouclier et une lance. ▢. . . Æ.5.-R⁶.-F.o.-20 fr.
                            Morell., ead. Famil.

Titus.

4. ΑΥΤΟΚΡΑ. ΤΙΤΟΣ. ΚΑΙΣΑΡ. ΣΕΒΑΣΤΟΣ. Tête
laurée de Titus.
℞. ΕΠΙ. Μ. Μ. . . . . ΠΡΟΚΛΟΥ. ΑΝΘΥΠΑΤΟΥ.
Gerbe de cinq épis. ▢. . . . . Æ.5.-R⁷.-F.o.-24 fr.
                      Sestini, Lett. num., t. VII, p. 32.

Domitianus.

5. ΔΟΜΙΤΙΑΝΟΣ. ΚΑΙΣΑΡ. ΣΕΒΑΣΤΟΥ. ΥΙΟΣ. Tête
laurée de Domitien.
℞. ΕΠΙ. Μ. ΣΑΛΟΥΙΔΗΝΟΥ. ΠΡΟΚΛΟΥ. ΑΝΘΥ-
ΠΑΤ. Tête casquée de Pallas. ▢. Æ.5.-R⁷.-F.o.-24 fr.
      Sestini, Lett. num. Continuaz., t. VIII, p. 10. No 3.

(a) Morel paroit avoir donné la même médaille. *Voyez* la
famille Maecia.

1. Acquis. du G. Guilleminot.

Misonnet a décrit cette pièce sans
lire la suite de la phrase de l'auteur qui
est qu'il faut lire du fils et non
Proclus. Le cab. possède aujourd'hui
cette pièce; on y lit en effet
ΕΠΙ Μ ΜΑΙΚΙΟΥ ΡΟΥΦΟΥ ΑΝΘΥΠΑΤΟΥ.

Hadrianus.

6. IMP. CAES. TRA. HADRIANO. AVG. P. P. Tête laurée d'Hadrien, à droite.

℞. COM. BIT. L'empereur, en habit militaire, debout, la main droite sur la haste pure, et la Victoire sur la gauche, dans un temple tétrastyle, sur le fronton duquel on lit : ROM. S. P. AVG. Q. Æ. 8.-R⁷.-F.*.-150 fr. Dumersan, Descr. du Cab. Allier de Hauteroche. Pl. X. Nº 18.

7. AYT. KAIC. TPAI. AΔPIANOC. CEB. Même tête, sans le *paludamentum*.

℞. KOINON. BEIΘYNIAC. Temple octostyle de face ; à l'exergue, une barque. Æ. 10.-R³.-F.*.-10 fr.

8. Autre, sans la barque................. Æ. 10.-R³.-F.*.-10 fr.

9. AYT. KA....... Même tête, à gauche.

℞. KOINON. BEIΘYNIAC. Temple tétrastyle de face.................... Æ. 10½.-R³.-F.*.-10 fr.

10. AYT. KAIC. TPA... AΔPIANOΣ. ΣEB. Tête nue d'Hadrien, à gauche, avec le *paludamentum*.

℞. KOI.. BEIΘYNIAC. Même type ; à l'exergue, une barque................. Æ. 9½.-R³.-F.*.-10 fr.

11. AYT. KAIC. TPAI. AΔPIANOC. CEBA. Tête laurée d'Hadrien, à droite, sans le *paludamentum*.

℞. KOINON. BEIΘYNIAC. Temple octostyle de face.................... Æ. 8.-R³.-F.*.-9 fr.

12. AYT. KAIC. TPAI. AΔPIANOC. CEB. Même tête, à droite.

℞. KOINON. BEIΘYNIAC. Vue d'un temple octostyle........................ Æ. 6.-R³.-F.**.-9 fr.

13. AYT. KAIC. AΔPIANOC...... (*Litt. fug.*) Tête nue d'Hadrien, à droite.

A*

℞. KOINON. BEIΘYNIAC. Vue d'un temple octostyle...................... Æ.9½.-R³.-F.*.-10 fr.

14. ......IC. TPAI. AΔPIANOC. CEB. Tête laurée
d'Hadrien, à droite.
     ℞. KOINON. BEIΘYNIAC. Temple octostyle de
face................... Æ.5½.-R³.-F.*.-9 fr.

15. AYT.. KAIC. TPAI. AΔPIANOC. CEB. Tête nue
d'Hadrien, à droite.
     ℞. KOINON. BEIΘYNIAC. Temple octostyle de
face................... Æ.5½.-R³.-F.*.-9 fr.

Antinoüs.

16. ANTINOOY. H. ΠATPIC. Tête d'Antinoüs.
     ℞. KOINON. BEIΘYNIAC. Temple octostyle. O.
Vaill., Num. gr. ...... Æ.MM.-R⁸.-F.*.-300 fr.

Sabina.

17. ΣABEINA. ΣEBAΣTH. Tête de Sabine, à droite;
les cheveux nattés, tombant derrière le cou, et la
stola.
     ℞. KOINON. BEIΘYNIAC. Temple octostyle de
face.................. Æ.10.-R⁴.-F.*.-20 fr.

18. Autre; KOINON. BEIΘYNIAC. Trois femmes debout, dans un temple distyle... Æ.10.-R⁵.-F.*.-30 fr.

19. CABEINA. CEBACTH. Tête de Sabine, à droite; les
cheveux nattés, et formant une toque sur le sommet;
la *stola* sur les épaules.
     ℞. KOINON. BEIΘYNIAC. Temple octostyle; sur
le fronton, un disque....... Æ.10.-R⁴.-F.*.-20 fr.

20. Autre; sur le fronton du temple, une figure; à
l'exergue, une barque .... Æ.10.-R⁴.-F.*.-20 fr.

21. Autre; KOINON. BEIΘYNIAC. Trois femmes debout, dans un temple distyle; à l'exergue, on voit une barque...................Æ.10.-R⁵.-F.*.-30 fr.

22. CABEINA. CEBACTH. Tête de Sabine, à droite, avec la belle coiffure et la *stola*.

R̀. KOINON. BEIΘYNIAC. Femme debout, vêtue de la *stola*; tenant une patère de la main droite, et la haste pure de la gauche; représentée dans un temple tétrastyle.................Æ.5$\frac{1}{2}$.-R⁴.-F.*.-12 fr.

APAMEA , *quae et* MYRLEA , *nunc* MEDANIÀH-MVDAGNÀ.

Ère de la ville d'Apamée, 457 de la fondation de Rome, 297 avant J.-C.

Voyez, *dans la Description, tome II, pag.* 411 *et suivantes, les Médailles* AUTONOMES *grecques et les latines de colonie, en bronze, et les* IMPÉRIALES *latines en bronze, de colonie, de*

J. César.	Antonin-le-Pieux.	Sév. Alexandre.
Agrippine.	M. Aurèle.	Gordien-le-Pieux.
Drusille.	J. Domna.	Tranquilline.
Julie.	Caracalla.	Otacilia.
Titus.	Géta.	Valérien.
Trajan.	Macrin.	Gallien.

SUPPLÉMENT.

23. ΑΠΑΜΕΙΑ. MYP. Tête laurée d'Apollon, à droite.

R̀. ΕΠΙ. ΓΑΙοΥ. ΟΥΙΒΙοΥ. ΠΑΝΣΑ. Lyre; et à l'exergue, ΑCΑ. (*sic*)...........Æ.5$\frac{1}{2}$.-R⁶.o.-24 fr.

24. ΑΠΑΜΕΩΝ. Même tête, à droite.

…. ℞. ΤΩΝ. ΜΥΡΛΕΩΝ. Une lyre; et à l'exergue,
…ϚΛΣ (236.) (*a*)…………… Æ.6.-R⁶.-F.o.-24 fr.
25. Tête imberbe casquée.
… ℞. ΜΥΡΛΕΑΝΩΝ. Grappe de raisin; dans le champ,
un monogramme. ☐.……………… Æ.4.-R⁶.-F.-18 fr.
      Sestini, Descr. num. vet., 244. Tab. V. Nᵒ 11.
26. Tête d'Apollon ceinte d'un léger fil.
   ℞. ΜΥΡΛΕΑ. Trépied. ☐.……Æ.3.-R⁶.-F.-18 fr.
      Sestini, Descriz. dell. Med. ant. del Mus. Hederv.,
      p. 40. Nᵒ 7. Tab. XVI. Fig. 7.

Augustus.

27. DIVO. IVLIO. Tête nue d'Auguste, à gauche.
   ℞. Une corne d'abondance, placée entre les deux
lettres α. α.………………… Æ.4.-R⁴.-F.o.-8 fr.

Nero.

28. NERO. CLAVD. CAES. AVG. Tête laurée de Néron.
   ℞. C. I. C. A. D. D. Un colon conduisant des bœufs.
☐. *Vaill., Col. I., p.* 169. *Sub Carth. Afric., Pell.
Mel.;* 294.………………… Æ.4.-R⁴.-F.-8 fr.
29. Sans légende. Tête laurée de Néron jeune, à droite.
   ℞. C. I. C. A. D. D. Trois enseignes militaires y sont
figurées.………………… Æ.3.-R².-F.-4 fr.

Titus.

30. T. CAES. VESPASIANVS. AVG. Tête laurée de Titus.

(*a*) Pellerin a lu sur une médaille semblable ΖΛΣ. (237), et
je m'étais conformé à sa leçon; mais cette médaille que je décris
ici étant mieux conservée, et se trouvant la même, je me crois

R̶. CONC. APAM......D. D., dans le champ de la médaille. ▢. *Harduin, Oper. sel., p.* 24. Æ.9.-R⁴.-F.o.-24 fr.

Antoninus Pius.

31. IMP. CAES. ANTONINVS. AVG. Tête laurée d'Antonin-
le-Pieux.
   R̶. C. I. C. A. GENIO. P. R. D. D. Génie à moitié
nu, debout, tenant un gouvernail de la main droite,
et une corne d'abondance de la gauche. ▢. *Vaill.,
Col. I, p.* 243, *Sub Carth. Afr.* Æ.9.-R⁵.-F.o.-48 fr.

32. IMP. CAES. ANTONINVS. AVG., *vel* AVG. P. P. P. Tête
nue d'Antonin-le-Pieux.
   R̶. GENIO. P. R. C. I. C. A. Dans le champ, D. D. Génie
à demi nu, debout, tenant un gouvernail de la main
droite, et une corne d'abondance de la gauche. ▢. *Sestini, Lett. III, p.* 12. Nº 3...... Æ.8.-R⁵.-F.o.-40 fr.

33. Autre, avec GENIO. C. I. C. A. D. D. Même type. ▢. *Sestini,
Desc., p.* 245, *Nº* 4. *T, V, Nº* 14. Æ.8.-R⁵.-F.o.-40 fr.

34. IMP. CAES. ANTONINVS. AVG. P. P. P. Tête nue d'Antonin, à droite, avec le *paludamentum.*
   R̶. GENIO. C. I. C. A. D. D. La Fortune debout, avec
ses attributs................. Æ.9.-R⁵.-F.o.-48 fr.

35. .... Tête d'Antonin-le-Pieux.
   R̶. C. I. C. A. Colon conduisant deux bœufs. ▢. *Pellerin, Mel. I.* 176. 11. 76....... Æ.4.-R⁵.-F.o.-15 fr.

36. IMP. CAE. ANTONI. Tête nue d'Antonin; derrière, A.

---

autorisé à en donner une nouvelle leçon, plus exacte. *Voyez* la
prémière, tome II, pag. 411. Nº 19.

R̸. C. I. C. A. D. D. La louve allaitant les deux jumeaux. □ . . . . Æ.4.-R⁵.-F.o.-15 fr.
Sestini, Desc., p. 245. Tab. V. N° 15.

M. Aurelius.

37. M. AVRELIVS. CAES. AVG. P. F. Tête nue de M. Aurèle.
R̸. APOLLINI. CLAR. C. I. C. A. Dans le champ, D. D.
Apollon *Clarius* debout, tenant une patère de la main
droite; tenant de la gauche, posée sur le côté, un
trait ou un arc. □ . . . . Æ.8.-R⁴.-F.o.-24 fr.
Sestini, Desc., p. 245. Tab. V. N° 16.

38. M. AVRELIVS. CAESAR. Tête nue de M. Aurèle.
R̸. C. I. C. A. D. D. La louve allaitant les deux ju-
meaux. □ . *Vall., Col. I, pag.* 257. *Sub Carth. Afric.*
Sestini, Lett. III, p. 12. *N°* 5 . . . Æ.5.-R⁴.-F.o.-8 fr.

M. Aurelius et Faustina Junior.

39. IMP. CAE. M. AVR. ANTONINVS. Tête laurée et barbue
de M. Aurèle, à droite, avec le *paludamentum*.
R̸. FAVSTINA. AVG. I. A. APA. Tête de Faustine jeune,
à droite . . . . Æ.5.-R⁶.-F.o.-24 fr.

Commodus.

40. IMP. M. AVR. COMMODVS. ANTONINVS. Tête laurée de
Commode.
R̸. VENVS. C. I. C. APAM. D. D. Vénus sur un dauphin, tenant de la main dr. un timon, et de la gauch.
l'*acrostolium*. □ . . . . Æ.6.-R⁵.-F.o.24 fr.
Sestini, Descr. dell. Med. ant. del Mus. Hederv.,
t. II, p. 41. N° 4.

41. M. AVREL. COMMODVS. ANTONINVS. AVG Même tête.

R̸. c. i. c. a. Trirème avec des rameurs. ▢. *Pell.,
Mel., tome I. Tab. XVII. N° 11. Æ.6.-R⁴.-F.o.-12 fr.*
42. IMP. CAE. COMMOD. Tête laurée de Commode.
R̸. c. i. c. a. APA. Dans le champ, D. D. Trirème.
▢. *Sestini, Desc. dell. Med. ant. del Mus. Hederv.,
p. 40, M. H. 4481. Sub Aurelio. Æ.4.-R⁴.-F.o.-8 fr.*
43. IMP. M. AVR. COMMODVS. Même tête.
R̸. c. i. c. a. d. d. Trirème avec des rameurs. ▢.
Vaill., C. I, p. 302. Sub Carth. Af. Æ.5.-R⁴.-F.o.-8 fr.
44. . . . . .MMO. ANTONIN. AVG. Même tête.
R̸. c. i. c. a. d. d. Trirème. ▢. . Æ.5.-R⁴.-F.o.-8 fr.
Mus. Theup., pag. 693. Sub Carth. Afr.
45. M. AVRE. COMMODVS. ANT. PIVS. P. P. AVG. Même
tête, à droite.
R̸. c. i. c. a. d. d. Une galère montée par ses rameurs. Æ.6½.-R⁴.-F.o.-12 fr.

D. Julianus et M. Scantilla.

46. IMP. DID. CAESAR. IVLIANVS. AVG. M. SCANTILLA. AVG.
Têtes affrontées de Julien lauré et de M. Scantilla.
R̸. c. i. c. a. d. d. Une trirème montée par cinq ra-
meurs. ▢. (a) . . . . Æ.6.-R⁸.-F.o.-100 fr.
Sestini, Lett. num., t. III, p. 13. Mus. Privato.

J. Domna.

47. IVLIA. . . . . Tête de J. Domna.
R̸. COL. IVL. CONC. APAM. AVG. D. D. Diane *Lucifera*
marchant, et portant devant elle deux flambeaux. ▢.

(a) Médaille estimée, en la supposant antique.

Eckhel, Cat. Mus. Caes. Vindob., I, pag, 143.
N° 1. Tab. III. N° 8............ Æ.6.-R⁵.-F.o.-24 fr.

48. IVLIA. ΔOMNA. AVG. Tête de Julia Domna.
R̃. COL. IVL. CONC. AVG. APAM. Vénus assise sur
un dauphin, à gauche, portant l'Amour sur la main
droite, de la gauche l'*acrostolium;* dans le champ,
D. D........................ Æ.7.-R⁵.-F.o.-24 fr.

49. Autre; VENVS. C. I. C. A. AVG. D. D. Vénus pudique
debout. ▢. *Dumersan, Desc. du Cab. de feu M. Allier
de Hauteroche, pl. X, N°* 19. ▢.. Æ.7.-R⁵.-F.o.-24 fr.

50. IVLIA. AVGVSTA. Même tête, à droite.
R̃. C. I. C. A. APA. D. D. Une galère avec des rameurs..................... Æ.6.-R⁴.-F.o.-12 fr.

Caracalla.

51. M. AVREL. ANTONINVS. P. F. AVG. Tête laurée de Caracalla.
R̃. COL. IVL. CONC. AVG. APAM. D. D. Jupiter assis,
tenant de la main droite une patère, et de la gauche
une haste. ▢. .... Æ.9.-R⁶.-F.o.-36 fr.
Sestini, Lett. num., t. III, p. 14. N° 11.

52. Même légende, et même tête.
R̃. COL. IVL. CONC. APAM. AVG. D. D. Aigle légion-
naire entre deux enseig. mil. ▢.. Æ.9.-R⁶.-F.o.-36 fr.
Vaill., Col. II, p. 38.

53. Autre, avec cinq enseig. mil. ▢. Æ.9.-R⁶.-F.o.-36 fr.
Pell., Mel. I, p. 291.

54. M. AVR. ANTONIN. P. F. AV. Même tête.
R̃. COL. IVL. CONC. APAM. AVG. Aigle légionnaire
entre deux enseigues militaires. ▢. Æ.6.-R⁵.-F.o.-20 fr.
Cab. de feu M Beaucousin.

55. M. AVREL. ANTONINVS. P. F. AVG. Tête laurée et barbue de Caracalla, à droite, avec une cuirasse.

R̸. COL. IVL. CONC. APAM. AVG. Une aigle romaine
placée entre deux enseignes militaires; dans le champ,
LEG..... D, D.................. Æ.9.-R⁶.-F.o.-30 fr.

56. Même légende; tête laurée imberbe, à droite, avec
le *paludamentum*.

R̸. C. I. C. A. D. D. Rémus et Romulus allaités par la
louve...................... Æ.-4½.-R⁴.-F.o.-8 fr.

57. IMP. M. AV. ANTONINVS. Tête laurée, avec le *paludamentum*.

R̸. COL. IVL. CONCORD. APAM. AVG. D. D. Énée en
habit militaire, marchant et se retournant; portant
Anchise sur le bras gauche, et traînant son fils Ascagne de la main droite. □.... Æ.9.-R⁷.-F.o.-60 fr.
Pel., Mel. I. Tab. XVIII. Fig. 7.

58. IMP. C. M. AVR. .... Même tête, avec le
paludamentum.

R̸. COLONIA. IVL. CONC. AVG. APAM. D, D. Estrade
sur laquelle Septime Sévère et ses deux fils sont assis
sur la chaise curule; au pied de l'estrade, une figure
militaire. □............... Æ.-MM.-R⁵.-F.o.-50 fr.
Sestini, Descriz. dell. Med. ant. del Mus. Hederv.,
t. II, p. 41. N⁰ 5.

59. IMP. C. M. AVRELIVS. ANTONINVS. AV. Même tête.

R̸. COL. IVL. CONC. AVG. APAM. Dans le champ, les
lettres D. D. Un instrument inconnu, ou propre à la
pêche. □. Sestini, Lett. num., t. VIII, pag. 60.
Tab. V. Fig. 20............ Æ.6.-R⁵.-F.o.-24 fr.

60. ANTONINVS (*sic*) AVGVSTVS. Même tête, sans le *paludamentum*;

℞. c. i. c. a. d. d. , en deux ligues, dans une couronne de laurier. □ . . . . Æ.4.-R⁴.-F.o.-8 fr.
Sestini, Descriz. del Mus. Fontana, t. II, p. 38.

Geta.

61. L. SEPT. GETA. CAES. Tête nue de Géta, à droite.
℞. c. i. c. a. d. d. Femme assise sur un dauphin nageant sur les flots, à gauche ; elle a la m. dr. étendue au-dessus de la tête du poisson, et se couvre de la g. d'une légère draperie flottante. Æ.5.-R⁶.-F.*.-24 fr.

62. L. SEPT. GETA. CAES. Même tête.
℞. c. i. c. a. d. d. Figure virile barbue, portant dans ses mains une corne d'abond. □. *Vaill., Col. II, p. 77. Sub Carth. Afr.* . . . . Æ.5.-R⁶.-F.o.-24 fr.

Elagabalus?

63. M. AVREL. ANTONINVS. P. F. Tête laurée.-(a)
℞. c. i. c. a. d. d. La louve allaitant les jumeaux. □. *Vail., Col. II, p.* 114. *Sub C. Af.* . Æ.5.-R.⁴.-F.o.-8 fr.

Maximus.

64. C. IVL. VER. MAXIMVS. CAES. Tête nue de Maxime.
℞. c. i. c. a. d. d. Louve avec les jumeaux. □. *Mus. Theup., p.* 732. *Sub Carth.* . . . . Æ.4.-R⁵.-F.o.-15 fr.

Tranquillina.

65. SAB. TRANQVILLINA. AVG. Tête de Tranquilline, à droite.
℞. c. i. c. APA. d. d. Galère montée par ses rameurs (b) . . . . Æ.5.-R⁷.-F.o.-30 fr.

(a) Cette médaille peut appartenir à Caracalla.
(b) Médaille retouchée.

Philippus Senior.

66. IMP. C. M. IVL. PHILIPPVS. AVG. Tête laurée de Philippe.
℞. COL. . . . . APAM. AVG. Dans le champ, D. D.
La Fortune debout. ☐. . . . . Æ.9.-R⁵.-F.o.-40 fr.
   Sestini, Descriz. dell. Med. ant. del Mus. Hederv.,
   t. II, p. 41. N° 6.

Philippus Junior.

67. M. IVL. PHILIPPVS. CAES. Tête nue de Philippe.
 ℞. C. I. C. A. D. D. La louve allaitant les deux ju-
meaux. ☐. . . . . Æ.4.-R⁵.-F.o.-15 fr.
   Vaillant, Col. II, p. 268. Sub Carth. Afr.

68. M. IVL. PHILIPPVS. CAES. Tête de Philippe-le-Jeune,
avec le *paludamentum* sur la poitrine.
 ℞. C. I. C. A. APA. D. D. Trirème avec trois rameurs.
☐. *Sestini, l. c., II, p.* 41. *N°* 8. Æ.6.-R⁵.-F.o.-18 fr.

69. Autre; C. I. C. A. AP. D. D. Trirème avec des rameurs.
☐. *Vaill., l. c., p.* 269. *Sub C. A.* Æ.4.-R⁵.-F.o.-15 fr.

70. M. IVL. PHILIPPVS. AVG. CAES. Même tête, à droite,
avec le *paludamentum.*
 ℞. C. I. C. A. APA. D. D. Galère montée par trois
rameurs. . . . . Æ.6.-R⁵.-F.o.-24 fr.

71. M. IVL. PHILIPPVM (*sic*) CAES. Même tête.
 ℞. C. I. C. A. APA. D. D. Vaisseau avec trois rameurs. ☐. *Sest., D., p.* 246. *N°* 11. Æ.6.-R⁵.-F.o.-24 fr.

Trajanus Decius.

72. IMP. C. C. MES. Q. TRAI. DECIVS. AVG. Tête laurée de
Trajan Dèce.
 ℞. COL. IVL. CONC. APAM. D. D. Bacchus debout,
versant le *cantharum* de la main droite; le coude

gauche appuyé sur une colonne, et portant la main à
sa tête; à ses pieds une panthère. ☐. Æ.6.-R⁵.-F.o.-24 fr.

Mus. Theup., p. 750.

73. IMP. C. C. MÉ. T. Q. TRAIA. DECCIVS. P. KA. (*sic*).
Tête laurée de Trajan Dèce.

℞. COL. IVL. CONC. AVG. APAM. Dans le champ, D. D.
Bacchus en toge, debout à gauche, tenant de la main
droite le *cantharum*, et portant la gauche à sa tête;
devant, un tigre. ☐. *Sestini, Desc. dell. Méd. ant. del
Mus. Hederv., t. II, p.* 41. Nº 9 ... Æ.6.-R⁵.-F.-24 fr.

Trebonianus Gallus.

74. IMP. C. C. VIB. GALLVS. AVG. *vel* IMP. C. TREBON.
GALLVS. AVG. Tête radiée de Gallus.

℞. C. I. C. A. AP. D. D. Trirème avec des rameurs. ☐.
Vaill., Col. II, pag. 305. *Sub Carth. Afr., et Band.,
t. I, pag.* 75 .... Æ.5.-R⁶.-F.o.-15 fr.

Volusianus.

75. IMP. ICC. (*sic*) VIVIO. VOLVSIANO. P. F. AV. Tête laurée
de Volusien, à droite, avec le *paludamentum*.

℞. COL. IVL. CON. AVG. APAM. D. D. Bacchus indien,
vêtu d'une longue robe et barbu; une chlamyde tombant de dessus ses épaules; il tient de la main droite
le *cantharum*, et porte la gauche à sa tête; à ses pieds,
une panthère .... Æ.7.-R⁵.-F.o.-24 fr.

Valerianus Senior.

76. IMP. C. P. LIC. VALERIANVS. AVG. Tête radiée de
Valérien, à droite, avec le *paludamentum*.

℞. COL. IVL. CONC. AVG. APAM. D. D. Bacchus debout, vêtu d'une longue robe, tenant le *cantharum*

de la main droite, et portant la gauche à sa tête; à ses
pieds, une panthère............ Æ.7.-R⁴.-F.o.-12 fr.

Gallienus.

77. IMP. CAES. P. LIC. GALLIENVS. AVG. Tête radiée de
Gallien, à droite, avec le *paludamentum.*

℞. COL. IV. CONC. AVG. APAM. Jupiter debout, la
partie inférieure du corps couverte du *pallium*, la
main droite levée, et tenant la haste pure dans la
gauche; à ses pieds, un autel allumé; dans le champ,
les lettres D. D............... Æ.7.-R³.-F.o.-6 fr.

78. Autre; légende presque entièrement effacée. Énée
portant son père Anchise sur le bras g., et tenant de la
m. dr. Ascagne; dans le ch., D. D. Æ.6½.-R⁵.-F.o.-20 fr.

79. IMP. CAES. P. LIC. GALLIENVS. AVG. Même tête.

℞. COL. IVL. CONC. APAM. AVG. D. D. Victoire marchant, tenant de la main droite une couronne, et de
la g. une palme. ☐. *Band., I,* 199. Æ.6.-R³.-F.o.-6 fr.

80. IMP. C. LICI. *vel* IMP. C. P. LICI. GALLIENVS. AVG.
Même tête.

℞. COL. IVL. CONC. AVG. APAM. D. D. Génie debout,
tenant de la main droite un gouvernail, et de la gauche
une corne d'abondance. ☐....... Æ.6.-R³.-F.o.-6 fr.
Vaill., Col., II, p. 342, et Band., t. I, pag. 199.

81. IMP. CAES. P. LIC. GALLIEN....... Même tête, avec
le *paludamentum.*

℞. COL. IVL. CON. APAM. AVG. La Fortune debout,
tenant un gouvernail de la main droite, et une corne
d'abondance de la gauche...... Æ.7.-R³.-F.o.-6 fr.

82. IMP. CAE. P. L. GALLIENVS. P. P. AVG. Même tête, avec
le *paludamentum.*

℞. COL. IVL. CONC. APAM. AVG. Dans le champ, D. D. La Fortune debout. □......... Æ.6.-R³.-F.o.-6 fr.
Sestini, Desc. dell. Med. ant. del Mus. Hedelv. N° 11.

83. ....GAL..... Tête radiée de Gallien.

℞. COL. IVL. CONC. APAM. AVG. D. D. Une femme debout, et portant une corne d'abondance sur le bras gauche.................... Æ.6.-R³.-F.o.-6 fr.

84. IMP. C. P. LIC. EGN. GALLIENVS. AV. Même tête.

℞. ...IVL....CON. A. APA. Dans le champ, D. D. Femme tutulée debout, la main droite levée, dans la gauche un bâton, devant un autel fumant. □. *Arig., II, Col. al. Tab. XIII. Fig.* 203.... Æ.6.-R³.-F.o.-6 fr.

85. IMP. CAES. P. LIC. GALLIÉNVS. P. F. AVG. Même tête ℞. COL. IVL. CON. AVGV. APAM. D. D. Prêtre voilé conduisant deux bœufs. □...... Æ.6.-R⁴.-F.o.-9 fr.
Sestini, Lett. num., t. III, p. 17. N° 30.

86. IMP. CAES. P. LIC. GALLIENVS. P. F. AVG. Même tête, avec le *paludamentum.*

℞. COL. IV. CON. APAM. AVG. Dans le champ, D. D. L'empereur, vêtu du *paludamentum*, debout, tenant de la main droite le *parazonium*, et de la gauche le sceptre; derrière, la Victoire debout le couronne, et tient de la main gauche un javelot. □..... Æ.8.-R⁴.-F.o.-12 fr.
Sestini, Desc. dell. Med. ant. del Mus. Hed., t. II, p. 42. N° 10.

87. IMP. CAE. P. LIC. GALLIENVS...., ... Même tête.

℞. C. I. C. APA. D. D. Trirème voguant. □. *Sestini, Desc., pag.* 243. N° 12.......... Æ.5.-R².-F.o.-4 fr.

ASTACVS. *Médaille Autonome.*

La Médaille attribuée à cette ville est :

En argent. R⁸. — F.a. Module ordinaire...... 200 fr.

88. ΑΣ. Tête de femme, à droite ; derrière, un symbole inconnu.

     R. Écrevisse ? ☐ .... Æ. 4.-R⁸.-F.a.-200 fr
       Mionn., Rec. des Planches, pl. L. N° 9, et Millingen,
       Rec. de Méd. inéd., p. 60. Tab. III. N° 15.

BITHYNIVM-CLAVDIOPOLIS, *nunc* BASTAN.

Ère de la ville de Bithynium, 457 de la fondation de Rome, 297 avant J.-C.

Ère césarienne, 705 de la fondation de Rome, 49 avant J.-C.

Voyez *dans la Description, tome II, pag. 416 et suivantes* les Médailles AUTONOMES *grecques avec le nom de* Bithynium, *et les* IMPÉRIALES *grecques avec le même nom, de*

Antinoüs.   Paula.   Gallien.
Septime Sévère.   Alex. Sévère.
J. Domna.   Valérien.

Les IMPÉRIALES *grecques en bronze, avec le nom de* Claudiopolis, *de*

Claude.   Domitien.

SUPPLÉMENT.

BITHYNIVM.

89. ...... ΘΥΝΙΕΩ ... Tête de Bacchus, ceinte de lierre, à droite ; devant ΔΚΣ (224)

Tome V. SUPP.   B

℞. ΕΠΙ. ΓΑΙΟΥ. ΠΑΠΙΡΙΟΥ. ΚΑΡΒΩΝ. Un thyrse entouré de bandelettes . . . . Æ.4½.-R⁶.-F.o.-20 fr.

CLAVDIOPOLIS.

90. ΤΕΡΤΟΥΛΙΑΝΟΥ. Tête casquée de Pallas, avec la poitrine.

℞. ΚΛΑΥΔΙοΠ. ΒΕΙΘΥΝΙΩΝ. Gerbe de cinq épis. ▯. *Sestini, Descriz. dell. Med. ant. del Mus. Hederv.,* t. II, p. 42. Tab. XVI. N° 4 . . . Æ.3.-R⁸.-F.o.-50 fr.

Vespasianus.

91. ΑΥΤ. ΚΑΙΣΑΡΙ. ΣΕΒΑΣΤΩ. ΟΥΕΣΠΑΣΙΑΝΩ. ΚΛΑΥΔΙ. Tête laurée de Vespasien, à droite.

℞. ΕΠΙ. ΜΑΡΚΟΥ. ΠΛΑΝΚΙΟΥ. ΟΥΑΡΟΥ. ΑΝΘΥΠΑΤΟΥ. Tête de femme ceinte d'un lien, à droite. ▯. *Morell., Fam. Plancia.* . . . . Æ.6.-R⁴.-F.*.-12 fr.

92. ΑΥΤ. ΚΑΙΣΑΡΙ. ΣΕΒΑΣΤΩ. ΟΥΕΣΠΑΣΙΑΝΩ. ΚΛΑΥΔΙΟ. Même tête.

℞. Même légende. Aigle tourné à gauche, et regardant à droite. ▯. *Morell., l. c.* Æ.6.-R⁵.-F.*.-12 fr.

Domitianus.

93. ΑΥΤ. ΔΟΜΕΤΙΑΝΟΣ. (*sic*) ΚΑΙΣΑΡ. ΣΕΒ. ΓΕΡ. Tête radiée de Domitien.

℞. ΚΛΑΥΔΙΟΠΟΛΕΙΤΩΝ. ΡΜΔ. (An 144 de l'ère césarienne) Femme debout, tenant de la main gauche une haste. ▯. *Eckhel, Cat. Mus. Caes. Vindob.,* t. I, p. 144. *T. III N° 4* . . . . Æ.6.-R⁶.-F.o.-30 fr.

94 . Autre; ΚΛΑΥΔΙΟΠΟΛΙΤΩΝ. Massue dressée. ▯. *Mus. Arig.,* t. II, p. 7-59 . . . . . . Æ.4.-R⁴.-F.o.-8 fr.

Hadrianus.

95. .... Tête d'Hadrien.

R̲. ΚΛΑΥΔΙΟΠΟΛΕΙΤΩΝ. L'empereur vêtu de la
toge, debout, tenant une patère de la main droite, et
de la gauche un rouleau. □...... Æ.6.-R⁴.-F.o.-12 fr.
Vaill., Num. gr.

Antoninus Pius.

96. .... Tête d'Antonin-le-Pieux.

R̲. ΚΛΑΥΔΙΟΠΟΛΙC. Grappe de raisin? □. *Vaill.*,
l. c. .... Æ. 3. ....

Caracalla.

97. .... Tête de Caracalla.

R̲. ΚΛΑΥΔΙΟΠΟΛΕΙΤΩΝ. ΝΕΩ. Autel sur lequel
est un serpent? □. *Vaill.*, *l. c.* (a). Æ.6..........

Antinoüs.

98. ΘΕΟΝ. Η. ΠΑΤΡΙC. ΑΝΤΙΝΟΟΝ. Tête nue d'Antinoüs, à droite, avec la chlamyde sur l'épaule gauche.

R̲. ΑΔΡΙΑΝΩΝ. ΒΕΙΘΥΝΙΕΩΝ. Buste de Bacchus,
à droite, et ayant la tête ceinte de lierre et d'épis.
Pl. I. N° 1. .... Æ.11.-R.⁸.-F.**.600 fr.

99. Η ΠΑΤΡΙC. ΑΝΤΙΝΟΟΝ. ΘΕΟΝ. Tête d'Antinoüs.

R̲. ΒΕΙΘΥΝΙΕΩΝ. ΑΔΡΙΑΝΩΝ. Antinoüs vêtu
du *paludamentum*, debout, tenant une palme de la
main droite, et une branche de la gauche; derrière
lui un taureau. □. *Vaill.*, N. g. Æ.-MM.-R⁸.-F.*.-400 fr.

(a) Ces deux dernières médailles d'Antonin et de Caracalla
sont douteuses.

B*

100. H. ΠΑΤΡΙC. ANTINOON. ΘΕΟΝ. Tête d'Antinoüs.
Ŗ. ΒΕΙΘΥΝΙΕΩΝ. ΑΔΡΙΑΝΩΝ. Antinoüs debout,
étendant le bras vers un arbre; derrière, un taureau. ☐.
Vaill., l. c.. . . . . AE.-MM.-R⁸.-F.*.-400 fr.

Antoninus Pius.

101. ΑΥΤ. ΚΑΙCΑΡ. ΑΝΤΩΝΕΙΝΟC. Tête laurée d'Antonin.
Ŗ. ΑΔΡΙΑΝΩΝ. ΒΙΘΥΝΙΕΩΝ. Bacchus debout,
tenant de la main droite une grappe de raisin, et de la
gauche un thyrse. ☐. . . . . AE.4½.-R⁴.-F.o.-8 fr.
Eckhel, Syllog., I, Num. vet. anecd., p. 32.
Tab. III. Fig. 14.

M. Aurelius.

102. M. ΑΥΡΗΛΙΟC. ΟΥΗΡΟC. ΚΑΙCΑΡ. Tête nue de
Marc-Aurèle.
Ŗ. . . . . ΕΩΝ. ΑΔΡΙΑΝΩΝ. Mercure mar-
chant, le *pallium* flottant; tenant de la main droite un
caducée, et la gauche levée. ☐. AE.6.-R⁴.-F.o.-12 fr.
Christ. Ramus, Cat. num. vet. reg. Daniae, I, p. 199. Nᵒ 1.
103. . . . . Tête de Marc-Aurèle.
Ŗ. ΑΔΡΙΑΝΩΝ. ΒΕΙΘΥΝΙΕΩΝ. Taureau debout.
☐. Vaill., Num. gr. . . . . AE.6.-R⁴.-F.o.-12 fr.

Commodus.

104. ΑΥΤ. Κ. Μ. ΑΥq. (*sic*) ΚΟΜΜΟΔΟC. ΑΝΤΩ-
ΝΙΝΟC. Tête laurée de Commode.
Ŗ. Même légende. Tête d'Atinoüs; derrière, un
caducée. ☐. . . . . AE.6.-R⁵.-F.-20 fr.
Sestini, Descriz. dell. Med. ant. del Mus. Hederv.,
t. II, p. 42. Nᵒ 2. C. M. II. Nᵒ 4482.

105. M. AYP. KOMMOΔOC. ANTΩNINOC. K. Tête
nue de Commode.

R'. BIΘYNIEΩN. Bœuf debout.☐.Æ.6.-R⁴.-F.o.-12 fr.

Eckhel, Cat. Mus. Caes. Vindob., t. I, p. 143. Nᵒ 1.

106. .... Même tête.

R'. BEIΘYNIEΩN. AΔPIANΩN. Tête de Mercure;
derrière est un caducée. ... ☐. Æ.6.-R⁵.-F.o.-20 fr.

Vaill., Num. gr.

107. Autre; tête d'Hercule imberbe; derrière, une
massue. ☐. Vaill., l. c.......... Æ.6.-R⁴.-F.o.-12 fr.

Septimus Severus.

108. AY. K. A. CEΠTI. CEYHPOC. CEB. Tête radiée
de Septime Sévère, à droite.

R'. BIΘYNIEΩN. AΔPIANΩN. L'empereur à cheval, allant au galop, à droite, et frappant un ennemi
de son javelot............... Æ.9.-R⁴.-F.o.-24 fr.

109. Autre; BIΘYNIEΩN. AΔPIANΩN. Femme marchant, tenant dans ses mains élevées une couronne
de laurier rompue. ☐.......... Æ.7.-R⁴.-F.o.-12 fr

Sestini, Descr., p. 247. Nᵒ 2.

110. Autre; Diane chasseresse marchant, avec son
chien. ☐. Sestini, l. c. Nᵒ 3.... Æ.7.-R⁴.-F.o.-12 fr.

Julia Domna.

111. IOYΛIA. ΔOMNA. CE. Tête de Julia Domna, à
droite, avec la stola.

R'. BEIΘYNIEΩN. AΔPIANΩN. Vénus pudique
accroupie, tournée à droite, et regardant de côté. ☐.
Cab. de feu M. Tôchon........ Æ.5.-R⁵.-F.*.-18 fr.

Caracalla.

112. M. ΑΥΡ. ΑΝΤΩΝΙΝΟC. ΑΥΓΟΥ. Têtc laurée.
℟. BIΘYNIEΩN. ΑΔPIΑNΩN. Temple à plusieurs
colonnes, vu de côté. ▢........ Æ.6.-R⁴.-F.o.-12 fr.
Sestini, Lett. num., t. IV, p. 102. N° 1.

113. Autre; BIΘYNIEΩN. ΑΔPIΑNΩN. Pallas debout,
tenant une haste de la main droite, et un bouclier de
la gauche. ▢. Sest., l. c. N° 2.. Æ.6.-R⁴.-F.o.-12 fr.

114. M. ΑΥΡ. ΑΝΤΩΝΙΝΟC. ΑΥ. Même tête.
℟. BIΘYNIEΩN. ΑΔPIΑNΩN. Mercure marchant,
avec la *penula* flottante, tenant de la main droite un
caducée, et la gauche levée. Dans le champ, Υ. ▢.
*Christ. Ramus., Cat. num. vet. reg. Daniae, t. I,
p. 199. N° 3. Tab. IV. Fig. 17*. Æ.6.-R⁴.-F.o.-12 fr.

Geta.

115. ΑΥΤ. Κ. Π. CEΠ..... ETAC. ΑΥΓ. Tête laurée
de Géta, à gauche.
℟. ΑΔPIΝΩN (*sic*). BIΘYNIEΩN. Vénus à demi
nue sur un hippocampe, allant à gauche, et deux gé-
nies soutenant une voile au-dessus d'elle. ▢. *Mus.
Sanclem, Num. sel., t. III, p. 13.* Æ.8.-R⁶.-F.o.-30 fr.

116. Λ. CEΠTIMIOC. ΓETAC. Tête nue de Géta, avec
le *paludamentum*.
℟. BIΘYNIEΩN. ΑΔPIΑNΩN. Autel sur lequel
est dressé un serpent. ▢....... Æ.4.-R⁴.-F.o.-8 fr.
Sestini, Descriz. dell. Med. ant. del Mus. Hederv.,
t. II, p. 42. N° 3.

J. Paula.

117. ΙΟΥ. ΚΟΡ. ΠΑΥΛΑ. CEB. Tête de J. Paula, à g.

℟. ΒΙΘΥΝΙΕΩΝ. ΑΔΡΙΑΝΩΝ. Vénus assise sur un cheval marin, et deux Cupidons volans, soutenant une voile au-dessus de sa tête. ▢.... Æ.6.-R⁵.-F.o.-30 fr.

Sestini, Lett. num., t. IV, p. 202. N° 3.

118. ΙΟΥ. ΚΟΡ. ΠΑΥΛΑ. ΣΕΒΑΣ. Tête de Paula, à droite, avec la *stola*.

℟. ΒΙΘΥΝΙΕΩΝ. Hygie vêtue de la *stola*, debout, à droite, faisant manger dans une patère un serpent dressé devant elle. ▢. .... Æ.5.-R⁵.-F.o.-15 fr.

Cab. de feu M. Tôchon.

Severus Alexander.

119. .... ΑΛΕΖΑΝΔΡΟΝ. Tête laurée de Sévère Alexandre.

℟. ΒΙΘΥΝΙΕΩΝ. ΑΔΡΙΑΝΩΝ. Pallas debout, tenant de la main droite une haste, et de l'autre un bouclier. ▢. *Sest., Desc.,p.* 247. *N°* 4. Æ.5.-R⁴.-F.o.-12 fr.

Valerianus Senior.

120. ΠΟΥ. ΛΙΚ. ΒΑΛΕΡΙΑΝΟC. CЄΒ. Tête laurée de Valérien.

℟. ΒΗΘΥΝΙΕΩΝ (*sic*). ΑΔΡΙΑΝΩΝ. Jupiter à demi nu, debout, tenant de la main droite une patère, et de la gauche une haste. ▢. (*a*) *Sestini, Lett. num.*, t. *IV, p.* 102. *N°* 4:.... Æ.6.-R⁵.-F.o.-18fr.

____

.(*a*) Je pense qu'il existe une faute d'impression dans le mot ΒΗΘΥΝΙΕΩΝ. et qu'il faut lire ΒΙΘΥΝΙΕΩΝ.

CAESAREA.

Voyez dans la Description, tom. II, pag. 419, *les Médailles* AUTONOMES *grecques en bronze, et les* IMPÉRIALES *grecques en bronze, de*

Auguste.	Caïus César.	Claude et Messaline.
Livie.	L. César.	Néron.

Restituées à Tralles de Lydie.

CHALCEDON, *nunc* KADÌ-KIOJ.

Voyez dans la Description, t. II, pag. 421, *les Médailles* AUTONOMES *grecques en or? en argent, en bronze, et les* IMPÉRIALES *grecques en bronze de*

Plotine.	Commode.	Annia Faustina.
Antinoüs.	Sep. Sévère.	Sév. Alexandre.
Sabine.	J. Domna.	Gordien-le-Pieux.
M. Aurèle.	Géta.	Tranquilline.
L. Vérus.	Élagabale.	

SUPPLÉMENT.

121. Roue entre les rayons de laquelle on voit les lettres
KAΛ.

    R̃. Carré creux. ☐. . . . . Æ.3.-R⁷.-F.a.*.50 fr.
        Sestini, Lett. num., t. IV, p. 102. Nº 1.

122. KAΛ. Bœuf marchant à gauche, sur un épi couché.

    R̃. Aire en creux, divisée en quatre parties, dispo-
sées en ailes de moulin, en biseau dans l'intérieur, et
couverte d'un léger grenetis. . . . . Æ.4.-R⁶.-F.a.-40 fr.

123. KAΛ. Même type.

R$\prime$. Même aire, mais avec un grenetis plus pro-
noncé.................... Æ.2½.-R⁶.-F.a.-24 fr.

124. Tête nue d'un jeune homme, à droite.

R$\prime$. ΚΛΛ. Feuille de lierre, le tout dans les rayons
d'une roue.................. Æ.2.-R⁶.-F.*.-30 fr.

125. Tête de Cérès couronnée d'épis et voilée, à droite,
avec pendans d'oreilles.

R$\prime$. ΚΛΛΧΛ. Apollon nu, assis sur la cortine,
tourné à droite, tenant dans la main droite une flèche,
et dans la gauche un arc........ Æ.4.-R⁶.-F.**.-50 fr.

126. Autre; dans le champ, Λ.. Æ.4.-R⁶.-F**.-50 fr.
Mionn., Rec. des pl., LXXIV. N° 9.

127. Tête imberbe nue, à gauche.

R$\prime$. ΚΛΛΧ. Ce mot est écrit dans les rayons d'une
roue. □. *Combe, Vet. Pop., et Reg. num. T. IX.*
N° 11..................... Æ.2½.-R⁴.-F.*.-8 fr.

128. Têtes accolées d'Apollon et de Diane, à gauche
derrière, un trépied en contre-marque.

R$\prime$. ΚΛΛΧΛΔοΝΙΩΝ. Lyre... Æ.7.-R⁴.-F.o.-12 fr.

129. Même type; devant, Χ.

R$\prime$. Mêmes légende et type. □. Æ.7.-R⁴.-F.o.-12 fr.
Mus. Arig., t. 1, p. 6-54.

130. Mêmes têtes.

R$\prime$. .....ΔοΝΙΩΝ. Même type(a). Æ.7.-R⁴.-F.o.-12 fr.

131. Trois épis.

(a) Cette médaille a été frappée sur une autre dont on aperçoit encore les vestiges de son ancien type : du côté des têtes, on
voit un derrière de tête avec un diadème; du côté du revers, on
lit ...ΥΞΑΝ...., probablement pour ΒΥΞΑΝΤΙΩΝ.

℞. XΛΛΧ. Bœuf debout, à g. ▢. Æ.3.-R⁴. F.o.-8 fr.

Mus. Arig., t. I, p. 1-2.

132. Tête laurée d'Apollon, à gauche.

℞. ΚΛΛΧ....ΩΝ. Trépied... Æ.2.-R⁴.-F.*.-8 fr.

133. Grappe de raisin avec la feuille de vigne.

℞. ΚΛ. Épi couché; dessous, E. Æ.2½.-R²-F.o.-4 fr.

Agrippina Neronis.

134. ΑΓΡΙΠΠΙΝΑ. ΣΕΒΑΣΤΗ. Tête d'Agrippine.

℞. ΚΑΛΧΑΔΟΝΙΩΝ. Tête de Diane, chevelure retroussée sur le sommet; sur le côté, le carquois. ▢. *Mus. Sanclem, Num. sel., III,* 160. Æ.6.-R⁶.-F.o.-48 f.

Trajanus.

135. .... Tête de Trajan.

℞. ΚΑΛΧΑΔΟΝΙΩΝ. (*a*) Apollon assis sur un cygne, la main dr. posée sur une lyre. ▢.. Æ.6.-R⁴.-F.o.-12 fr.

Vaill., Num. gr.

Hadrianus.

136. ΑΥΤ. ΚΑΙϹ. ΤΡΑΪ. ΑΔΡΙΑΝΟϹ. ϹΕΒ. Tête nue d'Hadrien.

℞. ΚΑΛΧΑΔΟΝΙΩΝ. Un serpent dressé sur ses replis. ▢................... Æ.6.-R⁴.-F.o.-12 fr.

Christ. Ramus, Cat. num. vet. mus. reg. Daniae, t. I, p. 200. N° 1.

(*a*) Vaillant a constamment dit ΚΑΛΧΑΔΩΝΙΩΝ; c'est une fausse leçon.

M. Aurelius.

137. ΑΥΤ. Κ. Μ. ΑΥΡ. ΑΝΤΩΝΕΙΝΟϹ. Tête nue de
M. Aurèle.

R'. ΚΑΛΧΑΔΟΝΙΩΝ. Neptune, le pied droit sur
un rocher; un dauphin sur la main droite, et un trident dans la gauche. ▢........ Æ.7.-R⁴.-F.o.-12 fr.
    Sestini, Desc., p. 250. N⁰ 4. T. VI. N⁰ 1.

Faustina Junior.

138. .... Tête de Faustine la jeune.

ΚΑΛΧΑΔΟΝΙΩΝ. Apollon en habit de femme, debout, tenant une patère de la main dr., et un rameau
de la g. ▢. Vaill., Num. gr..... Æ.6.-R⁴.-F.o.-12 fr.

L. Verus.

139. .... Tête de L. Vérus.

R'. ΚΑΛΧΑΔΩΝ... Trépied duquel s'élancent deux
serpens. ▢. Vaill., l. c. (a) .... Æ.6..........

Commodus.

140. .... Tête de Commode.

R'. ΚΑΛΧΑΔΟΝΙΩΝ. Trépied enveloppé par un
serpent. ▢. Vaill., l. c......... Æ.6.-R⁵.-F.o.-20 fr.
141. Autre; ΚΑΛΧΑΔΟΝΙΩΝ. Branche de laurier. ▢.
Vaill., l.c............... Æ.4.-R⁵.-F.o.-15 fr.
142. Autre; un laurier sur une montagne. ▢. Vaill.,
l.c............... Æ.4.-R⁵.-F.o.-15 fr.

------

(1) Médaille douteuse.

Septimius Severus.

143. ΑΥ. Κ. Λ. ϹΕΠ. ϹΕΥΗΡΟϹ. Π. Tête laurée de Septime Sévère, à droite, avec le *paludamentum*.

℞. ΚΑΛΧΑΔΟΝΙΩΝ. Apollon avec sa lyre, assis sur un cygne volant à gauche. . Æ.$6\frac{1}{2}$.-R⁴.-F.o.-12 fr.

144. Autre presque semblable. . Æ.$6\frac{1}{2}$.-R⁴.-F.o.-12 fr.

145. ΑΥ. Κ. Λ. ϹΕΠ. ϹΕΥΗΡΟϹ. Π. Même tête, aussi à droite.

℞. ΚΑΛΧΑΔΟΝΙΩΝ. Lyre placée sur un cippe. ▢. *Cab. de feu M. Tôchon.* . . . . Æ.4.-R⁴.-F.*.-8 fr.

146. Autre; ΚΑΛΧΑΔΟΝΙΩΝ. Lyre posée sur un cippe. ▢. *Vaill., Num. gr.* . . . . Æ.6.-R⁴.-F.o.-12 fr.

147. Autre; ΚΑΛΧΑΔΟΝΙΩΝ. Temple tétrastyle, dans lequel on voit Hercule sacrifiant sur un autel. ▢. *Vaill., l. c.* . . . . Æ.6.-R⁴.-F.o.-12 fr.

Julia Domna.

148. ΙΟΥΛΙΑ. ΑΥΓΟΥϹΤΑ. Tête de Julia, à droite, avec la *stola*.

℞. ΚΑΛΧΑΔΟΝΙΩΝ. Apollon avec sa lyre, assis sur un cygne allant à gauche. . Æ.$6\frac{1}{2}$.-R⁴.-F.o.-12 fr.

149. Tête de Julia Domna.

℞. ΚΑΛΧΑΔΟΝΙΩΝ. Hercule debout, la main droite sur sa massue, et la dépouille du lion sur le bras gauche. ▢. *Vaill., l. c.* . . . . Æ.6.-R⁴.-F.o.-12 fr.

150. Autre; ΚΑΛΧΑΔΟΝΙΩΝ. Némésis debout, avec une roue, soulevant un voile de dessus ses épaules. ▢. *Vaill., l. c.* . . . . Æ.6.-R⁴.-F.o.-12 fr.

151. ΙΟΥΛΙΑ. ΑΥΓΟΥϹΤΑ. Même tête, à droite, avec
la *stola.*

℞. ΚΑΛΧΑΔΟΝΙΩΝ. Proue.. Æ.4½.-R⁴.-F.o.-8 fr.

Caracalla.

152. ΑΝΤΩΝΙΝΟϹ. ΑΥΓΟΥϹΤΟϹ. Tête laurée de Caracalla.

℞. ΚΑΛΧΑΔΟΝΙΩΝ. Trirème avec quatre rameurs
et un pilote. ▢.. .... Æ.6.-R⁶.-F.o.-20 fr.
　　　　　Sestini, Descriz. dell. Med. ant. del Mus. Hederv.,
　　　　　p. 43. N° 4. C. M. H., 4485. T. XIX. N° 432.

Geta.

153. .... Tête de Géta.

℞. ΚΑΛΧΑΔΟΝΙΩΝ. Pallas casquée debout, bran-
dissant un javelot de la main droite, et le bras gauche
armé d'un bouclier. ▢. *Vaill., N. g.* Æ.6.-R³.-F.o.-9 fr.

154. ΛΟΥΚΙΟϹ. ϹΕΠΤ. ϹΕ. ΓΕΤΑϹ. ΚΑΙϹΑΡ. Tête nue
de Géta.

℞. ΚΑΛΧΑΔΟΝΙΩΝ. Mercure nu debout, de face,
tenant un caducée de la main droite, et de la gauche
la chlamyde, tombant de ses épaules, et envelop-
pant son bras. ▢............. Æ.6.-R³.-F.o.-9 fr.
　　　　　Sestini, l. c. p. 43. C. M. H. N° 4486.

Elagabalus.

155. M. ΑΥΡΗ. ΑΝΤΩΝΕΙΝΟϹ. ΑΥΓ. Tête imberbe
laurée d'Élagabale, à gauche.

℞. ΚΑΛΧΑΔΟΝΙΩΝ. Apollon monté sur un cygne,
à gauche. ▢. *Sestini, loc. cit., p.* 43. N°. 6. C. M.
H. N° 4487............. Æ.6.-R⁴.-F.o.-12 fr.

156. ΑΥΤ. Κ. Μ. ΑΥΡ. ΑΝΤΩΝΙΝΟC. ΑΥΓ. Tête laurée
d'Élagabale , à droite.

ℝ. ΚΑΛΧΑΔΟΝΙΩΝ. Figure nue debout, dans un
temple tétrastyle............ Æ.7½.-R⁴.-F.o.-12·fr.

157. M. ΑΥΡΗ. ΑΝΤΩΝΙΝ.... Tête laurée, à droite,
avec le *paludamentum*.

ℝ. ΚΑΛΧΑΔΟΝΙΩΝ. Mercure nu debout, tenant
son caducée de la main droite, et la chlamyde sur le
bras gauche................ Æ.6.-R³.-F.o.-9 fr.

158. ΑΥΤ. Κ. Μ. ΑΥΡ. ΑΝΤΩΝΙΝΟC. ΑΥΓ. Même tête.

ℝ. ΧΑΛΧ...ΔΩΝΙΩΝ. ΛΟΝΙΩΝ: Hercule de-
bout, dans un temple tétrastyle, la main droite sur sa
massue, et la dépouille du lion dans la gauche. ▢.
▢. *Mus. Sanclem., Num. sel., t. III, p.*31. *T.XXVIII,
N° 279..................... Æ.8.-R⁸.-F.o.-60 fr.

159. M. ΑΥΡΗ. ΑΝΤΩΝΙΝΟC. ΑΥΓ. Même tête, à
droite, avec le *paludamentum*.

ℝ. ΚΑΛΧΑΔΟΝΙΩΝ. Cygne sur un autel orné d'une
guirlande de fleurs; à côté, un arbre. Æ.4.-R⁴.-F.o.-6 fr.

160. Autre; avec ΚΑΛΧΑΔΟΝΙΩΝ. Une galère avec
des rameurs................. Æ.4.-R³.-F.o.-8 fr.

Julia Paula.

161. ΙΟΥΛ. ΚΟΡΝ.... ΠΑ....... Tête de Paula, à
droite.

ℝ. ΚΑΛΧΑΔΟΝΙΩΝ. Apollon assis sur un cigne
allant à gauche............. Æ.6.-R⁵.-F.o.-20 fr.

Severus Alexander.

162. M. ΑΥΡ. ΣΕΥΗ. ΑΛΕΞΑΝΔΡΟΣ. .... Tête laurée
de Sévère Alexandre, avec le *paludamentum*.

ℝ. ΚΑΛΧΑΔΟΝΙΩΝ. Femme debout, à gauche,

la tête crénelée ou radiée; vêtue d'une longue robe, la main d. levée, et la g. sur le côté. Æ.5.-R⁴.-F.o.-8 fr.

163. . . . . Tête de Sévère Alexandre.

Ŕ. ΚΑΛΧΑΔΟΝΙΩΝ. Némésis portant la main dr. à sa bouche, et une roue dans la g. ☐. Æ.4.-R⁴.-F.o.-8 fr.

Vaill., Num. gr.

164. ΑΛΕΞΑΝΔΡΟC. ΑΥΤΟΥCΤΟC. Tête laurée, à droite.

Ŕ. ΚΑΛΧΑΔΟΝΙΩΝ. Lyre... Æ.3½.-R⁴.-F.o.-8 fr.

Gordianus Pius.

165. M. ANT. ΓΟΡΔΙΑΝΟC. ΑΥΓ. Tête laurée de Gordien-le-Pieux, à droite, avec le *paludamentum*.

Ŕ. ΚΑΛΧΑΔΟΝΙΩΝ. Cybèle assise sur un siége, entre deux lions, à gauche, une patère dans la main dr., et le bras g. sur le *tympanum.* Æ.5.-R⁵.-F.o.-15 fr.

166. Autre; ΚΑΛΧΑΔΟΝΙΩΝ. Lyre. Æ.4.-R⁴.-F.o.-8fr.

167. Autre; ΚΑΛΧΑΔΟΝΙΩΝ. Apollon vêtu de la *stola*, tenant le *plectrum* de la main droite, et sa lyre de la gauche, placée sur un cippe. ☐. Æ.6.-R⁴.-F.o.-12 fr.

Mus. Arig., t. I, p. 12-76.

168. M. ANT. ΓΟΡΔΙΑΝΟC. ΑΥΓ. Même tête, avec le *paludamentum* sur la poitrine.

Ŕ. ΚΑΛΧΑΔΟΝΙΩΝ. L'Espérance marchant à gauche. ☐. *Sestini, Descriz. dell. Med. ant. del Mus. Hederv., p.* 43. *N°* 7. . . . . Æ.6.-R².-F.o.-6 fr.

Tranquillina.

169. LAB. ΤΡΑΝΚΥΛΛΕΙΝΑ. C. Tête de Tranquilline.

Ŕ. ΚΑΛΧΑΔΟΝΙΩΝ. Trépied enveloppé par un serpent. ☐. . . . . Æ.5.-R⁵.-F.o.-10 fr.

Sestini, Lett. num., t. IV, p. 103. N° 5.

170. CAB. TPANKYAΛEINA. Tête de Tranquilline, à
droite, vêtue de la *stola*.
    ℞. KΑΛXΑΔONIΩN. Trépied entouré par un
serpent.................... Æ.4½.-R⁵.-F.-10 fr.
171. Autre; KΑΛXΑΔONIΩN. Galère montée par ses
rameurs................... Æ.5½.-R⁵.-F.o.-10 fr.
172. Autre................. Æ.4½.-R⁵.-F.o.-10 fr.

CRATIA, seriùs FLAVIOPOLIS, nunc BAJNDIR.

Voyez *dans la Description*, t. II, p. 426, *les Médailles*
IMPÉRIALES *grecques en bronze de*

Antonin-le-Pieux.   Caracalla.   Gallien.
Faustine-la-Jeune.   Géta.
J. Domna.   Macrin.

SUPPLÉMENT.

CRATIA.

173. Tête laurée de Jupiter.
    ℞. KPH. Foudre ailé; dans le champ, N. ▢. *Sestini,
Desc. d. M. ant. d. M. Hed.*, 44. N° 1. Æ.3.-R⁴.-F.o.-8 f.
174. Tête laurée d'Apollon.
    ℞. KPH. Foudre ailé. ▢...... Æ.3.-R⁴.-F.o.-8 fr.
                    Sestini, l. c. N° 2.

FLAVIOPOLIS.

175. ΦΛΑΒΙοΠοΛΙC. Tête tourrelée de femme.
    ℞. NΕΙKοMΑXοC. APXIΕPΕYC. ΑNΕΘHKΕ. Mer-
cure debout, à gauche, tenant une bourse de la main

droite et de la gauche le caducée et la *penula*. ▢. *Sestini, Descriz. dell. Med. ant. del Mus. Hederv., p.* 44.
N° 3 . . . . Æ.6.-R⁸.-F.o.-100 fr.

CRATIA.

Antoninus Pius.

176. ΑΥΤ. ΚΑΙΟΑΡ. ΑΝΤΩΝΙΝΟΟ. Tête laurée d'Antonin-le-Pieux, avec le *paludamentum*.

R̵. ΚΡΗΤΙΕΩΝ. ΦΛΑΟΥΙΟΠ. Satyre assis sur un rocher, remarquable par ses cornes et sa queue, mais avec des pieds humains, tenant le *pedum* de la main droite, et la syrinx de la gauche. ▢. Æ.4.-R⁷.-F.o.-30 fr.
Sestini, l. c., p. 44, n° 4.

177. Autre; Apollon nu debout, les jambes croisées, tenant une branche de la main droite, et de la gauche le *plectrum*, appuyée en même temps sur un trépied. ▢. *Sestini, l. c. N*° 5 . . . . Æ.6.-R⁴.-F.o.-12 fr.

Septimius Severus.

178. ΑΥ. Λ. ΟΕ. ΟΕ. . ΡΟΟ. ΠΕ. Tête laurée de Septime Sévère.

R̵. ΦΛΑΟΥΙΟΠ . . . . . . *infrà* ΚΡΗΤΙΕΩΝ. Temple tétrastyle, dans lequel est Apollon debout, vêtu de la *stola*, tenant de la main droite inclinée un rameau. ▢ *Sestini, l. c., p.* 45. *N*° 6 . . . . Æ.6.-R⁴.-F.o.-12 fr.

179. ΑΥΤ. Κ. Α. ΟΕΠ. ΟΕΟΥΗΡΟΟ. Même tête.

R̵. ΚΡΗΤΙΕΩΝ. ΦΛΑΟΥΙΕ. Cerès debout, tenant de la main dr. des épis, et de la g. une haste. ▢. *Eckhel, C. M. Caes. Vind., I, p.* 144. *N*° 2. Æ.6,-R⁴,-F.o.-12 fr.

Tome V. Supp.   C

180. .... Tête de Septime Sévère.

R'. ΚΡΗΤΙΕΩΝ. ΦΛΑΟΥΙ. Cérès dans un bige. ▢.
Cat. d'Ennery, p. 546 .... Æ.6.-R⁴.-F.o.-12 fr.

181. ΑΥΤ. Κ. Λ. ϹΕΠ. ϹΕΥΗΡΟϹ. Même tête laurée, avec le *paludamentum.*

R'. ΚΡΗΤΙΕΩΝ. ΦΛΑΟΥΙ. Victoire debout, à droite, tenant de la main droite une couronne, et de la gauche une palme. ▢. *Com. Wiczay, Mus. Hederv., t. I,* p. 189. N° 4489 .... Æ.6.-R⁴.-F.o.-12 fr.

182. Autre; ΚΡΗΤΙΕΩΝ. ΦΛΑΟΥΙ. L'empereur debout, près d'un autel, tenant de la main droite une patère, et de la gauche une haste. ▢.... Æ.6.-R⁴.-F.o.-12 fr.

Com. Wiczay, l. c. N° 4490.

183. Autre; ΚΡΗΤΙΕΩΝ. ΦΛΑΟΥΙΟΠΟΛ. Aigle, les ailes éployées, posé sur une base, entre deux enseignes militaires. ▢. .... Æ.6.-R⁴.-F.o.-12 fr.

Mus. Arig., I, impp., p. 7-98.

Julia Domna.

184. ΙΟΥΛΙΑ. ΑΥΓΟΥϹΤΑ. Tête de Julia Domna, à droite.

R'. ΚΡΗΤΙΑ. ΦΛΑΟΥΙΟΠΟΛΙϹ. Tête voilée de femme, à dr., surmontée du *modius.* Æ.8.-R⁵.-F.o.-24 fr.

185. ΙΟΥΛΙΑ............, . B. Même tête.

R'. ΚΡΗΤΙΕΩΝ. ΦΛΑΟΥΙΟΠΟΛΙΤΩΝ. Un temple tétrastyle, avec Cybèle assise au milieu. ▢. *Mus. Sancl., Num. sel., t. II, p.* 295..... Æ.7.-R⁵.-F.o.-24 fr.

186. Autre; ΚΡΗΤΙΕΩΝ. ΦΛΑΟΥΙΟΠΟΛΙΤΩΝ. Pallas

debout, tenant une patère de la main droite, et de la
gauche une haste et un bouclier. ▢. Æ.6.-R⁴.-F.o.-12 fr.
Vaill., Num. gr.

187. ΙΟΥΛΙΑ. ΔΟΜΝΑ. CE... Tête de Julia Domna.
    ℞. ΚΡΗΤΙΕΩΝ. ΦΛΑΟΥ..... Aigle sur un autel,
    entre deux enseignes militaires..Æ.7.-R⁴.-F.o.-12 fr.
188. ΙΟΥΛΙΑ. ΔΟΜΝΑ. Même tête, à droite.
    ℞. ΚΡΗΤΙΕΩΝ. ΦΛΑΟΥΙΟΠΟΛΕΙΤΩΝ. En cinq
    lignes, dans une couronne de laurier. ▢. *Dumersan,
    Descr. du Cab. de feu M. Allier de Hauteroche. Pl. X.
    Nº 20 ....* Æ.7.-R⁴.-F.o.-12 fr.

Caracalla.

189. .... Tête de Caracalla.
    ℞. ΚΡΗΤΙΕΩΝ. Cybèle voilée, portée par un lion,
    avec le *tympanum.* ▢. .... Æ.9.-R⁴.-F.o.-30 fr.
Vaill., Num. gr.

190. .... Même tête.
    ℞. ΚΡΗΤΙΕΩΝ. ΦΛΑΟΥΙΟΠΟ. Apollon nu, de-
    bout, tenant un rameau de la main droite, la
    gauche appuyée sur un trépied. ▢. Æ.6.-R⁴.-F.o.-12 fr.
Mus. Arig., t. IV. Nº 54. Tab. XIII,

191. ΑΥ. Κ. Μ. ΑΥΡ. ΑΝΤΩΝΕΙΝΟC. Même tête laurée,
    à droite, avec le *paludamentum.*
    ℞. ΚΡΗΤΙΕΩΝ. ΦΛΑΟΥΙΟ. Mercure nu, debout,
    regardant à gauche, et la chlamyde sur les épaules,
    tenant une bourse de la main dr., et son caducée de la
    gauche; à ses pieds, un bélier. Æ.6½.-R⁴.-F.o.-12 fr.
192. ΑΥΤ. Κ. Μ. ΑΥΡΗ. ΑΝΤΩΝΕΙΝΟC. Même tête.
    ℞. ΦΛΑΟΥΙ. ΚΡΗΤΙΕΩΝ. Cérès traînée dans un
    char par deux dragons ailés, tenant dans chaque main
C*

36 BITHYNIE.

un flambeau. ▢. *Sestini, Descriz. dell. Med, ant. del Mus. Hederv., t. II, p. 45. N° 8. C. M. H. N° 4491. In add., tab. III. Fig. 3*........ Æ.6.-R⁵.-F.o.-20 fr.

193. ΑΥΤ. Κ. Μ. ΑΥΡΗ. ΑΝΤΩΝΙΝΟC. Tête laurée de Caracalla, à droite.

℞. ΚΡΗΤΙΕΩΝ........ Europe montée sur un taureau, allant à droite, et tenant une voile enflée par les vents................... Æ.7.-R⁵.-F.o.-20 fr.

194. ΑΥΤ. Κ. Μ. ΑΝΤΩΝΕΙΝΟC. ΑΥΓ. Même tête.

℞. ΚΡΗΤΙΕΩΝ. ΦΛΑΟΥΙΟ. Satyre avec des pieds de bouc, ou Pan lui-même cornu, debout, saisissant une chèvre de la main dr., et tenant de la g. le *pedum* et les dépouilles d'un animal. ▢. Æ.6.-R⁵.-F.o.-24 fr.

Gessner, t. 149. N° 31. Liebe. goth. num., 318.

Geta.

195. Π. CΕΠΤΙ. ΓΕΤΑC. Κ. Tête nue de Géta, à droite, avec le *paludamentum*.

℞. ΚΡΗΤΙΕΩΝ. ΦΛΑΟΥΙΟΠΟΛΙ. Aigle éployé, à gauche, sur une base, entre deux enseignes militaires.................... Æ.7.-R⁸.-F.o.-40 fr.

196. ΑΥΤ. Κ. Π. C. ΓΕΤΑC. ΑΥΓ. Tête laurée.

℞. ΦΛ (ΑΟΥΙΟ) Π. ΚΡΗΤΙΕΩΝ. Aigle romaine, entre deux enseignes militaires, sur le haut desquels est un petit oiseau. ▢......... Æ.9.-R⁸.-F.o.-40 fr.

Sestini, Descriz. dell. Med. ant. del Mus. Hederv., t. II, p. 45. N° 11.

197. Λ. CΕΠ. ΓΕΤΑC. Κ. Tête nue de Géta, à droite.

℞. ΚΡΗΤΙΩΝ. (*sic*) ΦΛΑΟΥΙΟΠ. Une gerbe formée de quatre épis. ▢.............. Æ.4.-R⁷.-F.o-30 fr.

Cab. de feu M. Tóchon.

Severus Alexander.

AY______ ... ΑΛΕΞΑΝΔΡΟC ΑΥΓ.?

Tête laurée à dr. d'Alexandre Sévère, palud.

℞ ΚΡΗΤΙΕΩΝ. ΦΛΑΟΥΙΟΠΟΛΙΤΑ
Homme nud, debout, devant un autel, tenant de la dr. une patère, et de la g. un rameau.   Æ.7.

Acq. Rollin. 1842.

Valerianus Senior.

198. ΠΟΥ. ΛΙΚ. ΟΥΑΛΕΡΙΑΝΟC. CЄ. Tête laurée de Valérien.

℞. ΚΡΗΤΙЄΩΝ. ΦΛΑΟΥΙΟΠ. Diane chasseresse, prenant de la main droite une flèche dans son carquois, et tenant un arc de la gauche; à ses pieds, un cerf et un chien. ▢. *Tanini, p.* 55 . . . . Æ.7.-R⁴.-F.o.-12 fr.

DIA. *Médailles Autonomes.*

Les Médailles de cette ville sont:

En bronze. R⁸. — F.o. Petit module . . . . 40 fr.

199. Tête laurée de Jupiter, à droite.

℞. ΔΙΑΣ. Aigle éployé sur un foudre; dans le champ, les monogramm.(466, 467). Æ.5.-R⁸.-F.o.-40 f

200. Tête de Bacchus couronnée de lierre, à droite.

℞. ΔΙΑΣ. Ciste mystique et thyrse; dans le champ, les trois monogrammes (490, 491, 492). ▢. *Millingen, Rec. de Méd. inéd., p.* 62 . . . . . . Æ.5.-R⁸-F.o.-40 fr.

201. Tête de Bacchus barbue, à gauche, surmontée d'une grappe de lierre.

℞. ΔΙΑΣ. Grappe de raisin. ▢. Æ.2.-R⁸.-F.o.-40 fr.
Sestini, Descriz. dell. Med. ant. del Mus. Hederv., t. II, p. 46. N° 2. T. XVI. Fig. 6.

HADRIANI, *nunc* EDRENÈS.

Voyez dans la Description, tome II, pag. 428 et suivantes, les Médailles AUTONOMES *grecques en bronze et les* IMPÉRIALES *grecques en bronze de*

Hadrien.	Sept. Sévère.	Gordien-le-Pieux.
Antonin-le-Pieux.	Caracalla.	Tranquilline.
M. Aurèle.	Plautille.	Philippe père.
M. Aurèle et L. Vérus.	Géta.	Valérien père.
M. Aurèle et Commode.	Élagabale.	
Commode.	Maximin.	

SUPPLÉMENT.

202. Buste d'Æsculape, la tête laurée ; devant, un bâton autour duquel est un serpent.

    ℞. ΑΔΡΙΑΝΕΩΝ. Télesphore debout, couvert d'un manteau. ▢. . . . . Æ.4.-R^6.-F.o.-18 fr.

      Sestini, Lett. num. Continuaz., t. VIII, p. 15. N° 1.

203. Tête nue de Mercure, ou d'Antinoüs, avec le caducée.

    ℞. ΑΔΡΙΑΝΕΩΝ. Bélier marchant. ▢. *Sestini, l. c.*
N° 2. . . . . Æ.4.-R^6.-F.o.-18 fr.

Hadrianus.

204. ΑΥΤ. ΚΑΙ. ΤΡΑΙΑΝΟC. ΑΔΡΙΑΝΟC. CЄ. Tête laurée d'Hadrien, à droite, avec le *paludamentum.*

    ℞. ΑΔΡΙΑΝΩΝ. Π. . . . . Jupiter assis sur un siége, à gauche; portant sur la main droite un globe, surmonté de la Victoire, et la main gauche sur la haste pure. . . . . Æ.8½.-R^4.-F.o.-20 fr.

205. . . . . NOC. ΑΔΡΙΑΝΟC. Même tête.

    ℞. ЄΠ. . . . . ΑΙΝΟΥ. ΑΡΧ. . . . . ΑΔΡΙΑΝΩΝ.

Jupiter à demi nu, debout; tenant une patère de la
main droite, et une haste de la gauche. ☐. *Sestini,
Descr., p.* 253. *N°* 2.......... Æ.9.-R⁴.-F.o.-20 fr.

206. ΑΥΤ. ΚΑΙ. ΤΡΑΙ. ΑΔΡΙΑΝΟC...... Tête laurée
d'Hadrien.

Ŗ. ΑΔΡΙΑΝΩΝ. ΠΡΟC. ΟΛΥΜΠΩ..... Pallas
debout, devant un autel, tenant de la main droite une
patère, et de la gauche une lance et un bouclier. ☐.
Sestini, l. c. N° 3............... Æ.6.-R⁴.-F.o.-12 fr.

207. ΑΥΤ. ΚΑΙ. ΤΡΑΙ. ΑΔΡΙΑΝΟC. Même tête.

Ŗ. ΑΔΡΙΑΝΩΝ. ΠΡΟC. ΟΛΥΜΠ. Pallas debout,
à gauche, tenant une patère de la main droite. et la
gauche posée sur un bouclier. ☐. Æ.6.-R⁴.-F.o.-12 fr.
Mus. Arig.; t. I, p. 4-42.

208. ....ΑΙ. ΤΡΑΙΑ. ΑΔΡΙΑΝ.... Même tête.

Ŗ. ΑΔΡΙΑΝΩΝ. ΠΡΟC. ΟΛΥΜ. Æsculape debout.
☐. *Mus. Arig., I, al.* 2....... Æ.6.-R⁴.-F.o.-12 fr.

209. ΑΥ. ΚΑΙ. ΤΡΑΙΑ. ΑΔΡΙΑΝΟC.Tête nue d'Hadrien,
à droite, avec le *paludamentum.*

Ŗ. ΑΔΡΙΑΝΩΝ. Bacchus nu, debout, regardant à
gauche; tenant le *cantharum* de la main droite, et
son thyrse de la main gauche; à ses pieds, on voit une
panthère................ Æ.6½.-R⁴.-F.o.-12 fr.

210. ΑΥΤ. ΚΑΙC. ΤΡΑΙ. ΑΔΡΙΑΝΟC. CΕΒ. Tête laurée
d'Hadrien.

Ŗ. ΑΔΡΙΑΝΩΝ. Bacchus debout, tenant de la main
dr. le *cantharum,* et de la g. un thyrse; à ses pieds, une
panthère. ☐. *Pell.*............ Æ.6.-R⁴.-F.o.-12 fr.

211. Autre; ΑΔΡΙΑΝΕΩΝ. ΕΝ. ΟΛΥΜΠΩ. Femme de-

bout, tenant de la main droite une petite Victoire,
et de la gauche une haste. ▢.....Æ.9.-R⁴.-F.o.-20 fr.
Sestini, Lett., t. IV, p. 103. N° 1.

Sabina.

212. CABЄINA. CЄBACTH. Tête de Sabine.
  ℟. ΑΔΡΙΑΝЄΩΝ. Diane *Lucifera* marchant vers
la droite, portant une torche dans chacune de ses
mains. ▢. .... Æ.4.-R⁷.-F.o.-30 fr.
Sestini, Lett. num. Contin., t. VIII, p. 15. N° 3 ; et Dumersan,
  Descr. du Cab. Allier. Tab. XI. N° 1.

Antoninus Pius.

213. ΑΥΤΟ. ΚΑΙϹΑΡ. ΑΝΤΩΝΕΙΝΟϹ. Tête laurée d'Antonin-le-Pieux, à droite.
  ℟. ΑΔΡΙΑΝΩΝ. En exergue, ЄΝ. ΟΛΥΜΠΩ. (*litt.*
fug.) Æsculape et Hygiée debout. Æ.9.-R⁵.-F.o.-30 fr.
214. ΑΥΤ. ΚΑΙϹ. ΑΝΤΩΝ. CЄB. Tête radiée.
  ℟. ΑΔΡΙΝΩΝ. ......ΩΝ. (*sic*). Tête de femme
voilée et tourrelée. ▢......... Æ.7.-R⁴.-F.o.-12 fr.
Mus. Sanclem., Num. sel., t. II, p. 220 et seq.

Lucilla.

215. .... Tête de Lucille.
  ℟. ΤΥΧΗ. ΑΔΡΙΑΝΩΝ. Tête tourrelée de femme? ▢.
Gessner. Melius, Adraae Arabiae. Æ.6.-R⁷.-F.o.-24 f.

Commodus.

216. ΑΥΤ......... ΚΟΜΟΔΟϹ. ΑΝΤΩΝΙΝΟϹ. Dans
le champ, Π. Π. Tête laurée de Commode, la poitrine
nue.
  ℟. ΔΗΜΟϹ. ΑΔΡΙΑΝΩΝ. ΠΡΟϹ. ΟΛΥΜ. La figure

du Peuple barbue, d'une grande stature, et à demi
nue, assise, et tournée à gauche ; tenant de la main
droite deux épis et un pavot, la gauche placée sur sa
poitrine. □................... Æ.8.-R⁸.-F.o.-80 fr.

Sestini, Desc. dell. Med. ant. del Mus. Hederv.,
t. II, p. 46. N.º 1.

Septimius Severus.

217. AY. KAI. CEOYHPOC. Π. Tête laurée de Septime
Sévère, à droite.

B⸍. ΑΔΡΙΑΝΕΩΝ. Æsculape debout. □. (*a*). *Cab.
Millingen.*................. Æ.4.-R⁵.-F.o.-15 fr.

218. ....Λ. CE. CEOYHPOC. Π. Même tête.

B⸍. ΑΔΡΙΑΝΕΩΝ. Æsculape debout, la main droite
sur son bâton ordinaire. □..... Æ.4.-R⁵.-F.o.-15 fr.

Sestini, Descr., p. 254. N° 7.

219. .... Tête de Septime Sévère.

B⸍. ΑΔΡΙΑΝΩΝ. ΠΡΟC. ΟΛΥΜΠΟΝ. L'empereur,
vêtu du *paludamentum*, sacrifiant sur un trépied enveloppé par un serpent ; derrière l'autel, on voit une
colonne surmontée de Diane tenant un arc. □. *Vaill.,
Num. gr.*................ Æ.-MM.-R⁵.-F.o-100 fr.

220. AYT. KAI. Λ. CEΠT. CEOYHPOC. ΠΕ. Même tête.

B⸍. EΠ. MHNOΦΑΝΟYC. TIMOKP. APX. ΑΔΡΙΑ-
ΝΕΩΝ. Æsculape et Hygiée debout, en face l'un de
l'autre, avec leurs attributs. □. Æ.-MM.-R⁵.-F.o.-100 fr.

Sestini, l. c., p. 254. N° 6.

221. AYT. K. Λ. CEΠ. CEOYHPOC. ΠΕ. Tête laurée,
avec le *paludamentum*.

(*a*) Médaille retouchée.

B'. ΕΠ. ΜΗΝΟΦΑΝΟΥC. ΤΕΙΜΟΚΡ. (a) ΑΡΧ. Α.
En exergue, ΑΔΡΙΑΝΕΩΝ. Fleuve imberbe couché à
terre, sous un arbre élevé; le bras gauche appuyé sur
une urne; en face, Mercure nu, debout à gauche, avec
la *penula* tombant de dessus ses épaules; tenant une
bourse de la main droite, et son caducée de la gauche;
à ses pieds, un bélier. ▢... Æ.-MM.-R⁸.-F.o.-200 fr.
Sestini, Descr. N° 6. Tab. I. Fig. 7.

222. .... Tête de S. Sévère.
B'. ΕΠΙ. ΜΗΝΟΦΑΝΟΥC. ΤΕΙΜΟΘΕΟΥ (b). ΑΡΧ.
Α. ΑΔΡΙΑΝΕΩΝ. Figure nue, couchée sous un
arbre, la main droite posée sur des rochers, et le
bras gauche étendu; en face, Mercure debout, tenant de la main droite une bourse, et de la gauche
son caducée; à ses pieds, on voit un bélier. ▢. *Vaill.,*
Num. gr. .... Æ.-MM.-R⁸.-F.o.-200 fr.

Julia Domna.

223. ΙΟΥΛΙΑ. ΔΟΜΝΑ. CΕ. Tête de Domna, à droite,
avec la *stola.*
B'. ΑΔΡΙΑΝΩΝ. ΠΡΟC. ΟΑΥ. Æsculape debout,
enveloppé dans le *pallium*; la main droite appuyée sur
son bâton, entouré d'un serpent. Æ.6½.-R⁴.-F.o.-12 fr.
224. ΙΟΥΛΙΑ. ΑΥΓΟΥCΤΑ. Buste de J. Domna, avec la
stola sur la poitrine.
B'. ΕΠΙ. ΝΕΙΚΟΜΑΧΟΥ. (ΤΕΙΜ) ΟΚΡ..... ΑΡΧ.

(a) Vaillant a publié un médaillon semblable, mais il paraît
avoir donné une fausse leçon; il a lu ΤΕΙΜΟΘΕΟΥ., au lieu de
ΤΕΙΜΟΚΡ. *Vid. infrà.*

(b) Je crois cette leçon de Vaillant fausse; la légende doit être
à peu près semblable à la précédente.

A l'exergue, ΛΔPIANЄΩN. La Fortune debout, et
tournée vers la gauche. ▢. *Sestini, Descriz. dell. Med.
ant. del Mus. Hederv.*, t. *II, p.* 47. *N°* 3. *C. M. H.
N°* 4492 . . . . Æ.9.-R.⁵-F.o.-30 fr.

Caracalla.

225. ΑΥ. ΚΑΙ. Μ. ΑΥΡΗ. ΑΝΤΩΝΕΙΝΟC. Tête laurée
de Caracalla.

   Ŗ. ЄΠΙ. . . . ΑΝΔΡΟΥ. ΚΛΕΑΧ. . . . *meliùs* ΚΛΕΑΝ. . . .
Fleuve couché sous un arbre, tenant de la main droite
un roseau; la gauche appuyée sur une urne; en face,
Mercure debout, tenant une bourse de la main droite, et
son caducée de la gauche; à ses pieds, un bélier. ▢.
Eckhel, Cat. Mus. Caes. Vindob., t. *I, p.* 145.
N° 2 . . . . Æ.-MM.-R⁵.-F.o.-100 fr.

226. ΑΥ. ΚΑΙ. Μ. ΑΥΡ. ΑΝΤΩΝΕΙΝΟC. Tête imberbe
laurée de Caracalla, à droite, avec le *paludamentum*;
devant, une contre-marque.

   Ŗ. Є. ΜЄΝΑΝΔΡΟΥ. ΚΛЄΑΝ. ΑΡ. Α. (*litt. fug.*)
ΛΔPIΛNЄΩN. L'empereur à cheval, allant au galop,
à droite, frappant de sa lance un lion représenté cou-
rant . . . . , ... Æ.7.-R⁴.-F.o.-12 fr.

227. Autre; ЄΠΙ. . . . ΜЄΝΑΝΔΡΟΥ. ΑΡΧ. Α. ΛΔPIΛ-
NЄΩN. Mercure debout, avec son caducée; en face,
un fleuve couché sous un arbre, avec une urne. ▢.
Vaill., Num. gr . . . . Æ.MM.-R⁵.-F.o.-100 fr.

Géta.

228. ΠΟΥ. CЄΠΤΙΜ. ΓЄΤΑC. ΚΑΙ. Tête nue de Géta,
à droite, avec le *paludamentum*.

   Ŗ. ЄΠ. ΜЄΝΑΝΔΡΟΥ. ΚΛЄΑΝΔΡΟΥ. ΑΡ. Α. ΛΔPIΛ·

NEΩN. Æsculape et Hygiée debout, avec leurs attributs ordinaires. ▢ . . . . Æ.9.-R⁵.-F.o.-30 fr.
Cab. de M. Millingen.

229. Π. ϹΕΠΤΙ. ΓΕΤΑϹ. Κ. Tête nue de Géta, avec le
paludamentum.

R̸. ΑΔΡΙΑΝΕΩΝ. en exergue. Un taureau debout. ▢. *Sestini, Lett. num. Continuaz. , t. VIII,
p. 17. N° 8.* . . . . Æ.5½.-R⁴.-F.o.-12 fr.

Severus Alexander.

230. ΑΥΤ. ϹΕΒ. ΑΛΕΖΑΝΔΡΟϹ. Tête laurée de Sévère
Alexandre.

R̸. ΕΠΙ. ϹΤΡ. ΙΠΠΟΝΙΚΟΥ. ΤΟ. ΑΔΡΙΑΝΩΝ.
Sérapis debout, avec le *modius,* tenant de la main
droite levée une couronne, et de la gauche la haste. ▢.
Arig., I, Impp., 10, 158. . . . . Æ.6.-R⁵.-F.o.-20 fr.

Maximus.

231. Γ. ΙΟΥ. ΟΥΗ. ΜΑΖΙΜΟϹ. Κ. Tête nue de Maxime,
avec le *paludamentum.*

R̸. ΑΔΡΙΑΝΕΩΝ. Pallas debout, tenant de la main
dr. une haste, et portant une chouette sur la g. ▢.
*Sestini, Lett. num. Continuaz., t. VIII, pag. 17.
N° 9* . . . . Æ.4.-R⁵.-F.o.-15 fr.

Gordianus Pius.

232. ΑΥ. Κ. Μ. ΑΝΤ. ΓΟΡΔΙΑΝΟϹ. Tête laurée de
Gordien-le-Pieux.

R̸. ΑΔΡΙΑΝΕΩΝ. La Fortune debout. ▢. *Sestini,
Lett., t. IV, p. 104. N° 2.* . . . . . . Æ.6.-R⁴.-F.o.-12 fr.

233. ΑΥΤ. Κ. Μ. ΑΝΤ. ΓΟΡΔΙΑΝΟϹ. ΑΥΓ. Même tête,
avec le *paludamentum* sur la poitrine.

℞. ЄΠΙ. С. ΦΟΥΡ. ΘΕΜΙϹΩΝΟϹ. ΑΡ. En exergue,
ΑΔΡΙΑΝЄΩΝ. Mercure de face, debout, tenant de la
main droite une bourse, et de la gauche son caducée,
avec la *penula*; devant, une femme tourrelée assise,
à gauche, tenant de la main droite une corne d'abondance, et couronnée par la Victoire (*a*). ▢. *Sestini,
Lett. num. Cont., VIII*, 17. *N*° 10; *et Descr. dell. Med.
ant. del Mus. Hed., II*, 47. *N*° 5. Æ.-MM-R⁵.-F.o.-100 f.

Tranquillina.

234. ΦΟΥΡ. ϹΑΒ. ΤΡΑΝΚΥΛΛΕΙΝΑ. Tête de Tranquilline, à droite.

℞. ЄΠΙ. Κ. ΦΑΝΙΟΥ. ΘΕΜΙϹΩΝΟϹ. ΑΔΡΙΑΝЄΩΝ.
Pluton assis, à gauche; la main gauche sur la haste;
à ses pieds, Cerbère. ▢....... Æ.9½.-R⁶.-F.o.-60 fr.
Cab. de feu le chevalier Allier de Hauteroche.

Philippus Senior.

235. ΑΥ. ΚΑΙ. Μ. ΙΟΥ. ΦΙΛΙΠΠΟϹ. ΑΥΓ. Tête radiée
de Philippe le père.

℞. ΑΔΡΙΑΝЄΩΝ. Hercule Farnèse. ▢. *Sestini, Lett.
num. Continuaz., VIII*, 18. *N*° 11. Æ.5.-R⁵.-F.o.-15 fr.

Otacilia.

236. Μ. ΩΤΑΚ. ϹЄΒΗΡΑ. ϹЄ. Buste d'Otacilia mitrée,
et avec la *stola*.

℞. ЄΠΙ. ΑΥΡ. ΔΡΑΥΚΟΥ. ЄΠΑΦΡΟΔΙΤΟΥ. Dans
le champ, ΠΡΩ. ΑΡΧ.; à l'exergue, ΑΔΡΙΑΝΩΝ. Cérès

(*a*) Ce médaillon paraît être le même que celui qui est rapporté dans le Cat. d'Ennery, p. 427, sous le n° 2411.

voilée, à gauche, la main droite levée vers une torche,
et tenant des épis de la gauche inclinée; debout; devant, une femme voilée, avec une patère et une haste. □.
Sestini, Descr. dell. Med. ant. del Mus. Hederv., II,
p. 47. *N*° 7.................... Æ.8.-R⁶.-F.o.-50 fr.

Valerianus Senior.

237. ΑΥ. ΚΑΙ. ΠΟΥ. ΛΙΚ. ΟΥΑΛΕΡΙΑΝΟC. CΕΒ. Tête
laurée de Valérien.

℞. ΑΔΡΙΑΝΩΝ. Femme à demi nue assise, tenant
une patère de la main dr., et une haste de la g. □.
Tanini, 54.................. Æ.9.-R⁵.-F.o.-30 fr.

Salonina.

238. ΚΟΡ. CΑΛΩΝΕΙΝΑ. CΕΒ. Tête de Salonine, avec
la *stola*.

℞. ΕΠΙ. ΑΛΕΞΑΝΔΡΟΥ. ΑΡΧ. ΑΔΡΙΑΝΩΝ. Femme
vêtue de la *stola*, debout, à droite, la main dr. levée,
tenant une corne d'abondance, la g. appuyée sur une
colonne. □.................. Æ.6.-R⁴.-F.o.-12 fr.
Tanini, 96 et 99, note 1.

239. Autre; la Fortune debout, à gauche. □. *Mus. Arig.,*
t. I, p. 15. *N*° 225.......... Æ.8.-R⁴.-F.o.-12 fr.

HADRIANOPOLIS, *nunc* BOLI.

Voyez *dans la Description, tome II, pag.* 433, *les Médailles*
AUTONOMES *grecques en bronze et les* IMPÉRIALES *grecques
en bronze de*

Hadrien.	Sept. Sévère (*a*).	Caracalla.
Antinoüs.	J. Domna.	Sévère Alexandre.

SUPPLÉMENT.

240. . . . . . . .CYNKΛHT. . . Tête nue du Sénat, à droite.
R'. ΛΔPΙΑΝΟΠ. PΩMH. Tête tourrelée de Rome, à
droite, avec la *stola* . . . . . . Æ.3$\frac{1}{2}$.-R^8.-F.o.-F.o-40 fr.

Antoninus Pius.

241. ΑΥΤ. ΚΑΙ. ΤΙ. ΑΙΛ. ΛΔPΙ. ΑΝΤΩΝΕΙΝΟC. Tête.
nue d'Antonin-le-Pieux, à droite.
R'. ΕΠΙ. CTPΛ. ΔΙΟΔ. ΦΙΛΟΞ. TOYK (*sic*). Γ. ΙΟΥ.
ΛΔPΙΑΝΟΠ. Pallas debout, tournée vers la gauche,
tenant une patère de la main droite, et une lance de
la gauche (*b*) . . . . Æ.7.-R^4.-F.o.-15 fr.

Caracalla.

242. M. ΑΥ. ΑΝΤΩΝΕΙ. Tête laurée de Caracalla.
R'. ΛΔPΙΑ. ΑPX. ΠΟΤΕΙΤ. Femme tutulée debout,
à gauche, tenant de la main droite un gouvernail,
et de la gauche une corne d'abondance? ☐. *Sestini,
Lett. num., t. VI, p.* 42 . . . . Æ.5.-R^6.-F.o.-18 fr.

(*a*) Avec l'époque incertaine BΞ. (62).
(*b*) Médaille attribuée par Pellerin à Hadriani. *Voyez* notre
Descript., t. II ,p. 428. N° 108.

Geta.

243. Λ. CЄΠ. ΓЄΤΑC. Κ. Tête nue de Géta.
R′. ΛΔΡΙΑ. ΑΡΧ. ΠΟΤЄΙΤΟΥ. Femme tutulée debout, tenant de la main dr. un gouvernail, et de la g.
une corne d'abondance? ☐ . . . . . Æ.5.-R⁶.-F.o.-18 fr.
Sestini, Descr., p. 255. Nº 4.

Maximinus.

244. Α. Κ. Γ. ΙΟΥΛ. ΟΥΗΡ. ΜΑΞΙΜЄΙΝΟC. Tête laurée
de Maximin, avec le *paludamentum*.
R′. ЄΠ. CΤΡ. ΚΛ . . . . ΛΟΛЄΙΟΥ. (*ut videtur*)
ΛΔΡΙΑΝΟΠΟΛЄΙΤΩΝ. Temple tétrastyle dans lequel
est un autel allumé. ☐ . . . . Æ.9.-R⁸.-F.o.-100 fr.
Sestini, Descriz. dell. Med. ant. del Mus. Hederv.,
t. II, p. 48. Nº 1. Tab. XVI, Fig. 8.

Philippus Senior.

245. ΑΥ. Κ. Μ. ΙΟΥΛΙ. ΦΙΛΙΠΟC. (*sic*). Tête laurée
de Philippe, avec le *paludamentum*.
R′. ЄΠΙ. C. ΡΟΥΦΟΥ., *infrà* ΛΔΡΙΑΝΟ. Fleuve
imberbe couché, tenant une corne d'abondance de la
main droite, et de la gauche, appuyée sur une urne,
un roseau. ☐. *Sestini, l. c.,* 48. 2. Æ.6.-R⁵.-F.o.-24 fr.

Autonome.

246.* . . . . OΘHPITΩN . Tête de lion
ou d'ours.

Ŗ. ΕΠΙ. CΤΡΑ. ΝΕΡ. ΛΟΝΤΙΝΟΥ. Telesphore.

Æ 3 .   30 - fr.

Aug Rollin 1843.

HADRIANOTHERAE.

Voyez dans la Description, t. II, pag. 435 et suivantes, les Médailles AUTONOMES grecques en bronze et les IMPÉRIALES grecques en bronze de

Hadrien.	Sept. Sévère.	Philippe père.
Sabine.	J. Domna.	Philippe et Otacilia.
Antinoüs.	Caracalla.	

SUPPLÉMENT.

Hadrianus.

246. ΑΔΡΙΑΝΟC. ΑΥΤΟΥCΤΟC. Tête laurée d'Hadrien, à droite.

Ŗ. ΑΔΡΙΑΝΟΘΗΡΙΤΩΝ. Femme tourrelée assise sur un siége, tournée à gauche, tenant une patère de la main droite, et une corne d'abondance de la main gauche. . . . . Æ.6½.-R⁴.-F.o.-12 fr.

247. ΑΔΡΙΑΝΟC. ΑΥΤΟΥCΤΟC. Tête nue, à droite.

Ŗ. ΑΔΡΙΑΝΟΘΗΡΙΤΩΝ. Tête d'ours tournée à gauche. . . . . Æ.3½.-R⁴.-F.o.-8 fr.

248. ΑΥΤ. ΚΑΙC. ΤΡΑΙΑΝΟC. ΑΔ . . . . (a) Tête laurée.

Ŗ. ΕΠΙ. CΤ . . . . ΥCΟΥ. ΑΔΡΙΑΝΟΘΗΡΙΤΩΝ. L'empereur à cheval, frappant d'un javelot un ours marchant dessous lui? ☐ . . . . Æ. 8.

Christ. Ramus., Cat. num. vet. reg. Daniae, t. I, p. 201. N° 1. Tab. IV. Fig. 20.

Sabina.

249. CABEINA. CEBACTH. Tête de Sabine.

Ŗ. ΑΔΡΙΑΝΟΘΗΡΙΤΩΝ. Diane debout, tenant un

____

(a) Le caractère de tête serait plutôt celui d'Antonin-le-Pieux, ce qui nous porte à croire que la légende a été mal lue.

Tome V. SUPP.   D

javelot de la main droite, et un arc de la gauche; à ses
pieds, un cerf. ☐. . . . . Æ.5.-R⁶.-F.o.-18 fr.
Sestini, Lett. num, t. IV, p. 104. Nº 1.

Antinoüs.

250. ANTINOOC. HP. . . . ΑΓΑΘΟC. Tête nue d'Antinoüs, à droite.

℞. ΑΔ. . . . . ΟΘΗΡΙΤΩΝ. Apis debout, à droite,
avec un croissant sur le flanc; derrière, un monogramme. . . . . Æ.6.-R⁶.-F.*.-30 fr.

Septimius Severus.

251. ΑΥΤ. ΚΑΙ. CΕΠΤΙΜ. CΕΟΥΗΡΟC. ΠΕΡΤ. Tête
laurée de Septime Sévère.
℞. ΕΠΙ. C. ΠΑΝΚΡΑΤΙΟΥ. ΔΙΟΓΕΝΟΥC. ΑΔΡΙΑ-
ΝΟΘΗΡΕΥΤΩΝ. L'empereur en *paludamentum*, cou-
ronne un trophée, au pied duquel sont deux captifs. ☐.
M. Arig., II, N. max. mod., 3, 7. Æ.-MM.-R⁵.-F.o.-100 f.

Julia Domna.

252. ΙΟΥ. ΔΟΜΝΑ. CΕΒΑCΤ. Tête de Julia Domna,
à droite, avec la *stola*.
℞. CΤΡ. ΔΙΟΓΕΝΟΥC. ΑΔΡΙΑΝΟΘΗΡ. Cavalier al-
lant au galop, à dr.; la m. d. levée. Æ.8½.-R⁴.-F.o.-12 f.
253. Autre semblable, mais avec deux contre-marques
du côté de la tête de Domna; dans l'une est une tête de
femme; dans l'autre, le mon. (1519). Æ.8.-R⁴.-F.o.-12 f.
254. ΙΟΥ. ΔΟΜΝΑ. CΕΒΑCΤ. Même tête.
℞. CΤΡ. ΔΙΟΓΕΝΟΥC. ΑΔΡΙΑΝΟΘΗ, *vel* ΑΔΡΙΑ-
—ΝΟΘΗΡΕΙΤ. (a). Même type. . . Æ.6½.-R⁴.-F.o.-12 fr.

____

(a) Sestini, Desc. del M. Font., p. 85. Nº 1. T. III. Fig. 9.

Philippus Senior.

255 bis.   AYT. K. M. IOY. ΦΙΛΙΠΠΟC.
Tête laurée de Philippe père à dr.
palud.
℞. Є. AY. CΩKPATOYC. APX. A.
AΔPIANOΘΘHPITΩN. l'Empereur
sur un cheval au galop, tenant
de la dr. un javelot, allant à dr.
Æ. 8. – R ....F.o –

Otacilia Severa.

OTA ..... CЄYHPA. Buste à dr.
d'Otacilia Severa, dans un croissant.
℞. AΔPIANOΘOHPITΩN. Bison debout,
à dr.   Æ. 7.   12 l.

Caracalla.

255. AY. KAI. M. AYP. ANTΩNЄINOC. Tête imberbe
laurée de Caracalla, avec le *paludamentum;* entre deux
contre-marques, offrant une petite tête du même prince,
et le monogramme (27).

℞. .... MOCXIANOY. AΔPIANOΘHPITΩN.
Bacchus en habit court, debout; tenant le *cantharum*
de la main droite, et un thyrse de la gauche; à ses
pieds, une panthère. ▢.(a) .... Æ.5½.-R⁵.-F.o.-13 fr.
Sestini, Descriz. dell. Med. ant. del Mus. Hederv., II, p. 49.

HERÂCLEA.
RACHIA, ELEGRI, EREJLI, PENDERASKI.

Voyez *dans la Description, tome II, pag.* 438 *et suivantes,*
les Médailles AUTONOMES *grecques en argent et en bronze et*
les IMPÉRIALES *grecques en bronze de*

Vespasien.	Caracalla.	Gordien-le-Pieux.
Trajan.	Géta.	Gallien.
Commode.	Macrin.	Salonine.
Sept. Sévère.	Diadumėnien.	
J. Domna.	Sévère Alexandre.	

SUPPLÉMENT.

256. Tête d'Apollon ceinte d'un léger lien, les cheveux
composés de globules, formant une touffe sur le front
℞. EPA, écrit entre deux lignes, et dans un carré
creux indiqué par un grenetis. ▢. Æ.3.-R⁵.-F.a.-50 fr.
Sestini, Lett. num. Cont., t. VII, p. 47. N⁰ 1. Tab. I. Fig. 15.

(a) Cette médaille a été mal décrite, d'après le manuscrit de
M. Cousinéry. Voyez notre Description, t. II, p. 437. N⁰ 149.

D*

257. Tête imberbe d'Hercule, à droite.

℞. HPAKΛEIA., écrit dans un carré creux divisé au centre en quatre parties. ▢. . . . . Æ.2.-R⁴.-F.a.-48 fr.
Hunter, p. 152. Nº 3. Tab. XXX. Fig. 3.

258. Tête barbue d'Hercule, à gauche, couverte de la peau du lion.

℞. HPAKΛEIA., écrit entre deux carrés, au centre desquèls se trouvent quatre divisions. ▢. *Hunter, p. 152. Nº 2. T. XXX. Fig. 2.* . . . . Æ.3.-R⁴.-F.a.-48 fr.

259. Même tête, à gauche, couverte de la dépouille du du lion.

℞. HPAKΛEIA. Massue dans un cercle. ▢. *Sestini, Lett. n. Cont., t. VII, p.* 48. Nº 5. Æ.3.-R⁴.-F.*.-48 fr.

260. Tête d'Hercule de face, couverte de la peau du lion.

℞. Victoire appuyée sur un bouclier, écrivant avec un fer de lance, dans le champ de la médaille, la dernière lettre du mot HPAKΛEIA. ▢. Æ.5½.-R⁶.-F.*.-100 fr.
Sestini, l. c. Nº 6.

261. Même tête, avec la peau du lion nouée sous le cou.

℞. Victoire, ou Renommée, assise à terre, à g., écrivant avec un fer de lance dans le champ de la médaille, la dernière lettre du mot EPAKΛEIA.; au bas, une trompette couchée. ▢. . . Æ.5.-R⁶.-F.*.-100 f.
Sestini, l. c. Nº 7. T. I. Fig. 16.

262. Tête imberbe d'Hercule, couverte de la peau du lion.

℞. HPAKΛEΩ. Bacchus à demi nu, assis à gauche, tenant le *cantharum* de la main droite, et un thyrse de la gauche; sous le siége, le monogramme (493). ▢.
Sestini, l. c. p. 49. Nº 9. . . . . . Æ.6.-R⁷.-F.*.-120 fr.

263. Tête imberbe d'Hercule, couverte de la peau du lion.

℞. ΗΡΑΚΛΕΩ. Bacchus à demi nu, assis à gauche, tenant le *cantharum* de la main droite, et un thyrse de la gauche; sous le siége, le monogramme (494). ▢. *Sestini, l. c. N° 10.* . . . . Æ.6.-R⁷.-F.*.-120 fr.

264. Même tête; dessous, une massue conchée.

℞. ΗΡΑΚΛΕΙΑ. (*sic*). Tête de femme, ornée de pendants d'oreilles, et couverte d'une couronne élevée, ornée de fleurs, à gauche. ▢.. Æ.6.-R⁶.-F.*.-100 fr.
Sestini, Lett. num. Continuaz., t. VII; p. 50. N° 13.

265. Même tête, avec la massue.

℞. ΗΡΑΚΛΕΙΑ. Même tête de femme devant une coupe. ▢. . . . . Æ.3$\frac{1}{2}$.-R⁴.-F.*.-48 fr.
Sestini, l. c. N° 14.

266. Même tête.

℞. ΗΡΑΚΛΕΙΑ. Même tête de femme; devant, un osselet. ▢. *Sestini, l. c. N°* 15... Æ.3$\frac{1}{2}$.-R⁴.-F.*.-48 fr.

267. Autre, sans l'osselet. ▢..... Æ.3$\frac{1}{2}$.-R⁴.-F.*.-48 fr.
Sestini, l. c. N° 16.

268. Même tête.

℞. ΗΡΑΚ. Tête de femme, à droite, avec une couronne élevée, ornée de fleurs. ▢. Æ.3.-R⁴.-F.*.-40 fr.
Sestini, Descriz. dell. Med. ant. del Mus. Hederv., t. II, p. 49. N° 2. C. M. H. N° 7092.

269. Tête de Bacchus imberbe, couronnée de lierre, à gauche; dessous, un thyrse.

℞. ΗΡΑΚΛΕΩΤΑΝ. Hercule debout, la main dr. appuyée sur sa massue posée sur un rocher, et portant de la gauche la dépouille du lion; il est couronné par la Victoire, placée sur une colonne d'ordre

dorique; dans le champ, le monogramme (495). ☐.
Sestini, Lett. numism. Continuaz., t. VII, pag. 49.
N° 11................... Æ.6.-R⁷.-F.**.-150 fr.

270. Tête de Bacchus imberbe, couronnée de lierre,
à gauche; un grand thyrse par derrière; devant,
l'aigle impériale en contre-marque : D. E.

Ƀ. HPAKΛEΩTAN. Hercule debout, vu de face,
appuyé sous les aisselles sur sa massue posée sur
un rocher, tenant les dépouilles du lion; il est couronné par la Victoire planant en l'air, à gauche; et
dans le champ, le mon. (495). ☐. Æ.6.-R⁷.-F.**.-150 f.

Sestini, l. c. N° 12.

271. Tête imberbe d'Hercule, couverte de la peau du
lion.

Ƀ. HPAKΛEΩTAN. Bacchus à demi nu, debout,
tenant le *diota* de la main dr., et le thyrse de la g.;
entre les pieds de son siége. A. Æ.6.-R⁷.-F.**.-150 fr.

272. Tête de Bacchus, ceinte de lierre, à gauche; derrière, un thyrse.

Ƀ. HPAKΛEΩTAN. Hercule nu, debout, de face,
le bras droit sur sa massue, et tenant de la gauche la
dépouille du lion; à côté, une Victoire sur une colonne,
le couronne; dans le ch., H. ☐. . Æ.6.-R⁷.-F.**.150 fr.

Cab. du grand-duc de Toscane.

273. Tête casquée de Minerve, à gauche, avec un collier
de perles.

Ƀ. HPA. Clef, à ce qu'il paraît, ou le monogramme
fig. pl. 11 *bis.* N° 496. ☐...... Æ.2.-R⁸.-F.*.-100 fr.

Cab. de M. de Brondsted.

274. Tête casquée à gauche.

℞. HPA. Cheval libre et bridé, allant au galop, à dr. ▢. *Cab. de M. de Brondsted.* Ӕ.2.-R⁴.-F.*.-48 fr.

275. Tête barbue d'Hercule, couverte de la peau du lion, à gauche; dessous, une massue.

℞. HPAKΛEIA. Bœuf cornupète, à gauche; sur sa tête Ӿ. ▢. *Hunter, t. XXIX. N°9.* Ӕ.4.-R⁵.-F.*.-60 fr.

276. Même tête, à gauche, coiffée de la peau du lion.

℞. HPAKΛEIA. Carquois, arc et massue; dans le champ, un croissant. ▢. . . . . . . Ӕ.2½.-R⁵.-F.*.-36 fr.
                    Cab. de feu M. Allier, à Paris.

277. . . . . PAK. Tête de femme, à gauche, avec une couronne de forme élevée.

℞. K. Massue avec un arc et un carquois. ▢. *Même cabinet* . . . . , Ӕ.1.-R⁶.-F.*.-30 fr.

278. Tête imberbe d'Hercule, dans la peau du lion.

℞. HPAK. Massue et arc. ▢. (*a*) Æ.6.-R³.-F.b.-6 fr.
Sanclem, Sel. Num., t. I, p. 195. Sub Heracl. Maced.

279. Même tête, avec la peau du lion.

℞. HPAKΛEΩTAN. ΘP. Arc, carquois et massue en sautoir. ▢. *Sest., Lett. IV*, 93. . . Æ.6.-R⁴.-F.o.-12 fr.

280. Tête d'Hercule jeune, à droite, couverte de la peau du lion.

℞. Arc, carquois et massue. . . Æ.3.-R⁴.-F.o.-8 fr.

281. HPA. . . . . . . Tête imberbe couverte de la peau du lion, à droite.

℞. Tête de femme ornée d'une thiare, à droite. ▢. *Hunt, p.* 150. *Tab. XXIX. Fig.* 11. Æ.2.-R⁴.-F.o.-8 f.

____

(*a*). Nous avons décrit une médaille semblable à Heracleum de la Chersonèse Taurique. *Voyez Descr.*, t. I, p. 347. N° 6.

282. Massue.

R′. { HPA. / KΛE. } Lyre. ▢ . . . . . . Æ.2.-R⁵.-F.o.-15 fr.

Mus. Sanclem., Sel. Num., t. I, 195. Sub Heracleâ maced.,
et Hunter, Tab. XXX. Fig. 4.

283. TΩN. KTIΣTΛN. Buste d'Hercule, la tête barbue,
diadémée, la peau du lion autour du cou, et sa massue
sur l'épaule droite.

R′. HPAKΛEΩTAN. (MATPOΠ.) OΛITAN. Hercule, tenant de la main gauche sa massue et la dépouille du lion, et traînant de la droite Cerbère enchaîné, vers une statue de Cérès placée sur une colonne;
dans le champ, un arbre. ▢. (*a*) Æ.-MM.-R⁶.-F.*-150 f.

Sestini, Lett. num. Continuaz., t. VII, p. 50. Nᵒ 19.

284. Le dieu Mòis debout, devant un autel, portant sur
la main droite la pomme de pin, et tenant une haste
de la gauche; derrière, quelque chose d'incertain;
peut-être un arbre, et le monogramme (497).

R′. HPAKΛEΩTAN. Juno *Pronuba*, à ce qu'il paraît, debout sur une base, devant un autel allumé,
tenant de la main droite quelque chose d'effacé, et de
la gauche une haste. ▢. (*b*) . . . . . Æ.4.-R⁵.-F.o.-15 fr.

Sestini, l. c., p. 51. Nᵒ 20.

285. Hercule, avec la peau du lion, combattant à droite;

(*a*) Ce même médaillon a été déjà décrit d'une manière différente; mais comme il est retouché, la leçon qu'en donne Sestini
nous a paru plus exacte. *Voyez* Descr., t. II, p. 439. Nᵒ 160.

(*b*) Cette médaille paraît être la même que celle que nous avons
décrite du Cab. Cousinery. *Voyez* Descr., t. II, p. 440. Nᵒ 162.

derrière, un carquois, avec un arc et une massue ; au bas, le monogramme (497).

℞. ΗΡΑΚΛΕ...... Minerve placée sur une base, devant un autel, tenant de la main droite une patère, et de la gauche un bouclier. ▢... Æ.4.-R⁵.-F.o.-15 fr.

Sestini, Lett. num. Continuaz., t. VII, p. 51, N° 21.

286. Hercule à genoux, combattant un lion ; derrière lui, une massue.

℞. ΗΡΑΚΛΕΩΤΑΝ. Pallas tournée et posée sur une petite base, la main gauche armée d'une haste et d'un bouclier ; à ses pieds, un autel. ▢. Æ.4.-R⁵.-F.o.-15 fr.

Sestini, Descr. dell. Med. ant. del Mus. Hederv., t. II, p. 49. N° 3.

Titus.

287. ΤΙΤΟΝ. ΟΥΕΣΠΑΣΙΑΝΟΝ....... Tête laurée de Titus.

℞. ΗΡΑΚΛΕΩΤΑΝ. Hercule nu debout, à droite, devant un arbre du jardin des Hespérides, autour duquel est un serpent ; il a la main droite appuyée sur sa massue, et porte de la gauche un arc et la dépouille du lion. ▢.......... Æ.9.-R⁵.-F.o.-100 fr.

Sestini, Lett. num. Continuaz., t. VII, p. 52. N° 22.

Ex Mus. C. Wiczay.

288. ΤΙΤΟΣ. ΟΥΕΣΠΑΣΙΑΝΟΣ. ΗΡΑΚΛΕΩΤΑΝ. (litt. evanid.). Même tête.

℞. ΕΠΙ. ΜΑΡΚΟΥ. ΠΛΑΝΚΙΟΥ. ΟΥΑΡΟΥ. ΑΝΘΥΠΑΤΟΥ. (litt. evanid.) Hercule nu, à genoux, étouffant le lion dans ses bras. ▢. Æ 9.-R⁵.-F.o.-100 f.

Sestini, Desc. dell. Med. ant. del Mus. Hederv., t. II, p. 50. N° 6. C. M. H. N° 4495. T. XIX. N° 433.

ΙΕΡΑ. CΥΝΚΛΗΤΟC. Tête d'un sénat à g.
Ro. ΗΡΑΚΛΙΩΤΩΝ. La Fortune tutélaire, à g. : tenant de la dr. le timon et de la g. la corne d'abondance. Æ.7.30.ᵐ
Auguste.
ΣΕΒΑΣΤΟΣ Tête nue à dr.
Ro. ... ΟΣ ΑΠΟΛΛΩΝ. ΑΠΟΛΑΩΝΙΟΥ.
ΗΡΑΚΛΕΩΤΩΝ. Hercule debout, à g. tenant la massue. Æ-b 2?
Aug. Caboterre 1845.

Trajanus.

289. AYTOK. TPAIANOC. CEBACTOC. Tête laurée
de Trajan.

R̶. HPAKΛEⲱTAN. MATPOΠOΛITAN. Buste de
Pallas, la tête casquée. ▢....,... Æ.6.-R³.-F.o.-9 fr.
Mus. Farn., t. X. Tab. XII. Fig. 3.

290. AY. KAI. NEP. TPAIANOC. ΓEP. ΔAK. Même tête.

R̶. HPAKΛEⲰTAN. MATPOΠ. Hercule debout,
étouffant le lion. ▢............ Æ.6.-R³.-F.o.-9 fr.
Cab. d'Hermand, à Paris.

291. AYT. KAIC. NEP. TPAIANOC. APICTOC. CEB. Γ.
Même tête, à droite.

R̶. HPAKΛEⲰTAN. MATPOΠOΛITAN. Hercule
nu, debout, regardant à droite ; la main droite sur sa
massue, et un arc dans la gauche ; la dépouille du
lion sur le bras............ Æ.8½.-R³.-F.o.-12 fr.

292. AYT........ KAIC. CEB. ΓEPM. ΔAKIK. Même
tête.

R̶. H... KΛEⲰTAN. MATPOΠOΛITAN. Même
type..................... Æ.9.-R³.-F.o.-12 fr.

293. AYT. NEP. TPAIANOC. KAIC. CEB. ΓEP. ΔAK.
Même tête, à droite.

R̶. ...AKΛEⲰTAN. MATPO. (*sic*). Femme tourrelée, et vêtue de la *stola*, marchant à droite, la
main dr. armée d'une lance, et tenant dans la g. un
bouclier et une autre lance..... Æ.4½.-R³.-F.o.-6 fr.

294. AYTOK. KAIC. NEP. TPAIANOC. CEB. ΓEPM.
Tête laurée.

R/. ΗΡΑΚΛΕωΤΑΝ. ΜΑΤΡΟΠΟΛΕΙΤΑΝ. Temple ou plutôt un arc et un carquois. □ ? Æ.6.

Gessner, Impp. Tab. LXXX. Fig. 52; et Pioveni, Mns. Farn., t. X. Tab. XII. Fig. 4.

295. ΑΥΤ. ΝΕΡ. ΤΡΑΙΑΝΟC. ΚΑΙC. CΕΒ. ΓΕΡ. ΔΑΚ. Tête laurée de Trajan.

R/. ΗΡΑΚΛΕΩΤΑΝ. ΜΑΤΡΟΠΟΛΕΙΤΑΝ. Couronne de laurier, au milieu de laquelle une inscription effacée (a) .... Æ.6.-R².-F.o.-6 fr.

296. ΤΡΑΙΑΝΟC. ΚΑΙCΑΡ. Tête laurée, à droite.

R/. ΗΡΑΚΛΕΩΤΑΝ. Hercule nu, debout, tourné à gauche; une patère dans la main dr., et dans la g. la dépouille du lion et sa massue.. Æ.5.-R².-F.o.-4 fr.

297. Autre; ΗΡΑΚΛΕΙΤΩΝ: Hercule nu, la dépouille du lion tombant de dessus sa tête, et frappant de la m. g. avec sa massue l'hydre de Lerne? □. Æ.9.

Gessner. Tab. LXXVII. Fig. 29.

298. ....ΤΡΑΙΑΝΟC. Tête nue.

R/. ΗΡΑΚΛΕΙΤωΝ. Arc à quatre étages; sur le fronton, un quadrige de chevaux? □. Æ.6.

Gessner. Tab. LXXX. Fig. 51. (Méd. suspecte..)

Commodus.

299. .... Tête de Commode.

R/. ΗΡΑΚΛΕΩΤΩΝ. (b) ΕΠ. ΠΟΝΤΩ. Δ. Femme debout, tenant une patère de la main droite, et une haste de la gauche. □.......... Æ.6.

Vaillant, Num. gr.

(a) Médaille retouchée du côté du revers.
(b) Leçon douteuse de Vaillant.

Septimius Severus.

300. ΑΥΤ. Κ. Λ. ϹΕΠ. ϹΕΟΥΗΡΟϹ. Π. Tête laurée de
Septime Sévère, avec le *paludamentum*.
    R'. ΗΡΑΚΛΗΑϹ. ΕΝ. ΠΟΝΤΩ. Hercule nu, mar-
chant, portant sur ses épaules le sanglier d'Érymanthe.
□. *Sestini, Lett. num. Continuaz., t. VII, p.* 53.
N° 28 . . . . Æ.7.-R⁴.-F.o.-12 fr.

301. . . . . . . K. Λ. ϹΕΠ. ϹΕΟΥΗΡΟϹ. . . . Même tête.
    R'. ΗΡΑΚΛΗΑϹ. ΕΝ. ΠΟΝΤΩ. Hercule nu, ayant
par derrière la dépouille du lion pendante, et saisissant
par les cheveux l'amazone Hippolite démontée de son
cheval, à laquelle il porte un coup de massue. □. *Sestini, l. c. N°* 29 . . . . Æ.7.-R⁵.-F.o.-24 fr.

302. ΑΥΤ. Κ. Λ. ϹΕΠ. ϹΕΟΥΗΡΟϹ. ΠΕΡ. Même tête.
    R'. ΗΡΑΚ. ΠΟΝΤ. Hercule debout, frappant de sa
massue l'hydre de Lerne. □. . . . Æ.7.-R⁴.-F.o.-12 fr.
Sestini, l. c. N° 31.

303. . . . . Même tête.
    R'. ΗΡΑΚΛΕΙΑϹ. ΕΝ. ΠΟΝΤΩ. Hercule nu, de-
bout, tenant de la main dr. sa massue, et de la g.
trois pommes des Hespérides. □. Æ.6.-R⁴.-F.o.-12 fr.
Vaillant, Num. gr.

304. ΑΥ. Κ. Λ. ϹΕΠ. ϹΕΥΗΡΟϹ. ΠΕΡ. Même tête, à
droite, sans le *paludamentum*.
    R'. ΗΡΑΚΛΗΑϹ. ΠΟΝΤΩ Hercule nu et barbu,
debout, tenant la massue de la main droite, et de la
gauche la dépouille du lion et une pomme des Hespérides . . . . , Æ.8.-R⁴.-F.o.-12 fr.

305. ΑΥ. ΚΑΙ. Λ. ϹΕΠΤΙΜΙ. ϹΕΟΥΗΡΟϹ. ΑΥ. Même
tête, à droite, avec le *paludamentum*.

R̸. CEBACT. H̄PAKΛEΩ. Hercule debout, au milieu d'un vaste édifice, ayant deux portiques tétras-
tyles de chaque côté......... Æ.8.-R⁴.-F.o.-12 fr.

Julia Domna.

306. .... Tête de J. Domna.
R̸. HPAKΛEIAC. EN. ΠONTΩ. Pallas casquée,
debout, tenant une patère de la main droite au-dessus
d'un autel, et de la gauche une haste; à ses pieds, un
bouclier. ▢. *Vaillant, Num. gr.* Æ.6.-R⁴.-F.o.-12 fr.

307. IOYΛIA. AYTOYCTA. Même tête.
R̸. HPAKΛHAC. EN. ΠONTO. (*sic*). Vénus à
demi-nue, debout, présentant de la main droite une
pomme à Cupidon, debout à ses pieds. ▢. *Mus. Theup.,*
p. 953.................. Æ.6.-R⁴.-F.o.-12 fr.

308. ..... A. ΔOMNA. CEBACTH. Même tête, à droite.
R̸. HPAKΛHAC. ΠONTΩ. Femme debout, vêtue
de la *stola,* tenant une fleur de la main droite, et un
pli de sa robe de la gauche: : : : : Æ.4½.-R³.-F.o.-6 fr.

309. IOYΛIA. ΔOMNA, CEBA. Même tête.
R̸. HPAKΛEΩN. Femme debout, tenant une
branche de la main droite, et de la gauche pendante
un vase? ▢. *Mus. Theup., l. c.* Æ.4.

Caracalla.

310. ANTΩNEINOC. AYTOYCTOC. Tête laurée de
Caracalla.
R̸. HPAKΛHAC. EN. ΠONTΩ. Æsculape debout,
la main droite sur son bâton, enveloppé par un serpent. ▢. *Sestini, Lett. IV, p.* 104. Æ.6.-R⁴.-F.o.-12 f.

311. ΑΥ. Μ. ΑΥΡΗΛΙΟC. ΑΝΤΩΝΙΝΟC. ΑΥΓ. Tête
laurée et imberbe de Caracalla, à droite, avec le *paludamentum.*

℟. ΗΡΑΚΛΗΑC. ЄΝ. ΠΟΝΤΩ. Hercule, avec la
dépouille du lion tombant de ses épaules, retenant par
le frein le cheval de Diomède, qui est cabré, et lui
portant de la gauche un coup de massue. ◻. *Eckhel,
Cat. Mus. Caes. Vindob.*, t. I, p. 145. *Tab. III.
Fig.* 5. . . . . Æ.9.-R⁴.-F.o.-30 fr.

312. ΑΥ. Μ. ΑΥΡΗΛΙΟC. ΑΝΤΩΝΙΝΟC. ΑΥΓ. Même
tête.

℟. ΗΡΑΚΛΗΑC. ЄΝ. ΠΟΝΤΩ. Hercule nu, mar-
chant à dr., et saisissant par les cornes un taureau furieux; au bas une massue et un arc. Æ.8½.-R⁴.-F.o.-30 f.

313. ΑΥΤ. Μ. ΑΥΡΗΛΙ. ΑΝΤΩΝΙΝΟC. . . . . . Même
tête, à droite, avec *paludamentum* et cuirasse.

℟. ΗΡΑΚΛΗΑC. . . . . Hercule marchant, à
droite; il est représenté portant sur son dos le sanglier
d'Erymanthe. . . . . Æ.8.-R⁴.-F.o.-12 fr.

314. Autre; ΗΡΑΚΛΕΙΑC. ЄΝ. ΠΟΝΤΩ. Hercule
domptant un taureau; au bas, une massue et un carquois. ◻. *Vaillant, Num. gr.* . . . Æ.6.-R⁴.-F.o.-12 fr.

315 Autre; figure virile nue, debout, tenant de la main
droite une haste. ◻. *Vaill., l. c.* . . . Æ.4.-R².-F.o.-4 fr.

316. Autre; ΗΡΑΚΛΕΩΤΩΝ. ЄΝ. ΠΟΝΤΩ. Femme
debout, tenant un bâton ou sceptre de la main droite.
◻. *Vaill., l. c.* . . . . Æ.6.-R².-F.o.-6 fr.

317. ΑΝΤΩΝЄΙΝΟC. ΑΥΓΟΥCΤΟC. Même tête, à
droite, avec le *paludamentum.*

℟. ΗΡΑΚΛΗΑC. ЄΝ. ΠΟΝΤΩ. La Fortune debout,

319 n'est pas d'Héraclée.

tenant un gouvernail de la main droite, et une corne
d'abondance de la gauche........ Æ.5½.-R².-F.o.-6 fr.

318. ......AYP. ANTΩNINOC. Tête laurée de Caracalla, à droite, avec le *paludamentum.*

R′. HPAKΛHAC. ƐN Π..... Figure virile nue,
debout, portant une petite figure sur la main droite,
et la gauche sur la haste....... Æ.3½.-R².-F.o.-3 fr.

319. AYTOK. ANT .....Même tête, à droite, avec
le *paludamentum.*

R′. ....PAKΛH...... Figure à demi nue, et debout (a).............. .... Æ.9.-R².-F.o.-9 fr.

Geta. ⚹

320. Π. CƐΠT. ΓETAC. K. Tête nue de Géta.

R′. HPAKΛHAC. *vel* HPAKΛHIAC. ƐN. ΠONTΩ.
Tête de Pallas. □............. Æ.4.-R².-F.o.-4 fr.
Sestini, Descr., p. 256. Nº 3.

321. Π. CƐΠTI. ΓETAC. K. Même tête, à droite, avec
le *paludamentum.*

R′. HPAKΛHAC. ƐN. ΠONTΩ. Buste de Pallas,
avec une ægide hérissée de serpens. Æ.4.-R².-F.o.-4f.

322. Π. CƐΠT. ΓETAC. K. Même tête.

R′. HPAKΛHAC. EN. ΠONTΩ. Æsculape debout.
□. *Sestini, Lett. IV, p.* 104. *Nº* 3.. Æ.6.-R².-F.o-6 fr.

323. Π. CƐΠ. ΓETAC. K. Même tête, à droite, avec le
paludamentum.

R′. Même légende. Hygiée debout, à droite, donnant à manger à un serpent..... Æ.4.-R².-F.o.-4 fr.

____

(a) Ces deux médailles sont très-frustes.

324. Autre; ΗΡΑΚΛ... ΕΝ. Π....Hygiée debout, àg.,
donnant à manger à un serpent... Æ.4½.-R².-F.o.-4fr.

325. ....K. Π. CΕ. ΓΕΤΑC. ΑΥΓ. Tête laurée et
légèrement barbue de Géta, à droite. ..

℞. ΗΡΑΚΛΕΙΑC. ΕΝ. ΠΟΝΤΩ. Hygiée debout,
donnant à manger à un serpent; elle est tournée vers
la droite..................... Æ.6.-R².-F.o.-6 fr.

326. Λ. CΕΠ. ΓΕΤΑC. ΚΑΙ. Tête nue.

℞. ΗΡΑΚΛΗΑC. ΠΟΝΤΩ. Bacchus succinct debout, tenant le *diota* de la main droite, et de la
gauche un thyrse ou une haste. ⊡. Æ.4.-R².-F.o.-4 fr.
            Haym., Th. Br., II. Tab. XLI. Fig. 10.

327. Π. CΕΠΤΙ. ΓΕΤΑC. Κ. Même tête.

℞. ΗΡΑΚΛΗΑC. ΕΝ. ΠΟΝΤΩ. Bonus Eventus
nu, debout, tenant une patère de la main droite, et
des épis de la gauche........ Æ.4.-R².-F.o.-4 fr.

328. Autre; ΗΡΑΚΛΕΙΑC. ΕΝ. ΠΟΝΤΩ. Même type.
⊡. *Vaillant, Num. gr*.......... Æ.4.-R².-F.o.-4 fr.

329. Autre; ΗΡΑΚΛΕΙΑC. ΕΝ. ΠΟΝΤΩ. Femme debout, vêtue de la *stola*, tenant de la main droite une
couronne, et de la gauche des épis. ⊡.Æ.4.-R².-F.o.-4f.
                        Vaillant, l. c.

330. Autre; femme vêtue de la *stola*, tenant une corne
d'abondance de la main dr., et un bâton de la g.,
sur lequel elle est appuyée. ⊡.... Æ.4.-R².-F.o.-4fr.
                        Vaillant, l. c.

331. Autre; ΗΡΑΚΛΕΙΑC. ΕΝ. ΠΟΝΤΩ. Aigle sur un
cippe, tenant une couronne dans son bec. ⊡. *Vaillant,*
l. c..., ... Æ.4.-R².-F.o.-4 fr.

Elagabalus?

332. . . . ., Tête d'Élagabale?

R̸. HPAKΛEIAC. EN. ΠONTΩ. Hercule marchant, portant le sanglier d'Érymanthe sur ses épaules. ▢. *Vaill., Num. gr.* . . . . Æ.9.-R⁴.-F.o.-20 fr.

333. AY. KAI. M. AŸP. ANTΩN. . . . . Tête laurée d'Élagabale?

R̸. H̄P̄AKΛEOT. (*sic*) THC. CEBACT. Temple? ▢. *Gessner, Impp.,* 158. *Fig.* 7. . . . . Æ. *Mod. inc.*

Macrinus.

334. AYT. K. M. OΠEΛ. CETH. MAKPEINOC. AYT. Tête laurée de Macrin, à droite, avec le *paluda-\mentum.*

R̸. HPAKΛHAC. EN. ΠONTΩ. Hercule nu, marchant à droite, et saisissant par les cornes un taureau furieux. ▢. . . . . Æ.8½.-R⁶.-F.*.-40 fr. Dumersan, Descr. du Cab. Allier de Hauteroche. Pl. XI. N° 2.

335. Autre; HPAKΛEIAC. EN. ΠONTΩ. Hercule debout, tenant sa massue de la main droite levée, et de la gauche les dépouilles du lion; à ses pieds, Cerbère. ▢. *Vaill., Num. gr.* . . . . Æ.9.-R⁶.-F.o.-36 fr.

336. Autre; HPAKΛEIAC. EN. ΠONTΩ. Hercule debout, près le joug des bœufs; tenant une patère de la main gauche. ▢. *Vaill., l. c.* . . . . Æ.9.-R⁶.-F.o.-36 fr.

Diadumenianus.

337. . . . . Tête de Diaduménien.

R̸. HPAKΛEIAC. EN ΠONTΩ. Pallas à mi-corps debout. ▢. *Vaill., Num. gr* . . . . . Æ.6.-R⁵ -F.o.-24 fr

Tome V. Supp. E

338. . . . . Tête de Diaduménien.

R̸. ΗΡΑΚΛΕΙΑC. ΕΝ. ΠΟΝΤΩ. Æsculape debout, la main droite posée sur son bâton enveloppé par un serpent. ▢. *Vaill. Num. gr.* . . Æ.6.-R⁶.-F.o.-24 fr.

339. Autre; ΗΡΑΚΛΕΙΑC. ΕΝ. ΠΟΝΤΩ. Harpocrate debout, la m. dr. sur sa bouche, et une corne d'abondance dans la g. ▢.*Vaill., l. c.* . . Æ.4.-R⁵.-F.o.-15 fr.

Maesa.

340. . . . . . .ΜΑΙCΑ. . . . . . Tête de Mæsa, à droite.
R̸. ...ΚΛΕΩΣ.(*sic*) ΕΝ. ΠΟΝΤΩ. Vénus nue, debout; à ses pieds, un enfant ou Cupidon. Æ.8.-R⁴.-F.o.-12 fr.

341. Même tête.
R̸. ΗΡΑΚΛΕΩΝ. *meliùs* ΗΡΑΚΛΗΑC. ΕΝ. ΠΟΝΤΩ. Femme debout, tendant la main à une petite figure debout à ses pieds. ▢. *Vaill. l. c.* Æ.6.-R⁴.-F.o.-12 fr.

Severus Alexander.

342. ΑΥΤ. Κ. ΑΥ. C... ΑΛΕΞΑΝ...(*litt. fug.*) Tête laurée de Sévère Alexandre, à droite.
R̸. ΗΡΑΚΛΕΑC. ΕΝ. ΠΟΝΤΩ. Bacchus debout, tenant de la main droite un vase, et de la gauche un thyrse; à ses pieds, une panthère. Æ.6.-R⁴.-F.o.-12 fr.

343. CΕΥΗ. ΑΛΕΖΑΝΔΡΟC. ΚΑΙCΑΡ. Même tête nue.
R̸. ΗΡΑΚΛΕΩΤΑΝ. ΕΝ. ΠΟΝΤΩ. Massue. ▢. *Sestini, Lett. n. Cont., VII*, 56. *N°* 37. Æ.7.-R⁴.-F.o.-12 f.

Mamaea.

344. . . . . Tête de Mamée.
R̸. ΗΡΑΚΛΕΩΤΑΝ. ΠΟΝΤΟΥ. Figure debout et en robe, ayant un voile qui passe d'un bras à l'autre;

340. ΗΡΑΚΛΕΩΤΑΝ ΠΟΝΤΩ.

elle tient de la main droite quelque chose qui ressemble
à une grosse racine avec feuilles. ⬚. Æ.3.-R⁶.-F.o.-18 f.
D'Ennery, Cat., p. 608. Nº 3. Note 3.

345. ΙΟΥΛΙΑ. ΜΑΜΑΙΑ. ΑΥΓ. Tête de Mamée, à
droite, avec la *stola.*

R. ΗΡΑΚΛΕΩΤΑΝ. ΠΟΝΤΟΥ. Femme vêtue d'une
longue robe et voilée, la tête surmontée du *lotus,* portant sur la main droite un globe. ⬚. *Cab. de feu
M. Tôchon*................─. Æ.5.-R⁶.-F.o.-18 fr.

Maximinus.

346. Γ. ΙΟΥ. ΟΥΗΡ. ΜΑΖΙΜΕΙΝΟC. ΑΥΓ. Tête laurée
de Maximin, avec le *paludamentum.*

R. ΗΡΑΚΛΗΑC. ΕΝ. ΠΟΝΤΩ. Bacchus debout,
à gauche, le *strophium* tombant des épaules, tenant
le *cantharum* de la main droite, et un thyrse de la
gauche. ⬚. *Sestini, Descriz. dell. Med. ant. del Mus.
Hederv., t. II, p.* 51. *Nº* 11..... Æ.4.-R⁶.-F.o.-18 fr.

Balbinus.

347. ΑΥΤΟ. Κ. Δ. ΒΑΛΒΙΝΟΣ. ΑΥΓ. Tête laurée de
Balbin.

R. ΗΡΑΚΛΕΩΤΑΝ. ΠΟΝΤ...... Hygiée debout,
faisant manger un serpent dans une patère. ⬚. *Haym.,
Th. Br., p.* 356. *T. XLIV. Fig.* 8. Æ.7.-R⁸.-F.o.-60 fr.

Gordianus Pius.

348. Μ. ΑΝΤ. ΓΟΡΔΙΑΝΟC. ΑΥΓ. Tête laurée de
Gordien-le-Pieux; sur le cou, Δ en contre-marque.

R. ΗΡΑΚΛΕΩΤΑΝ. ΠΟΝΤΟΥ. Bacchus en habit
court, debout à gauche, tenant le *cantharum,* la main

E*

gauche posée sur le côté; derrière, un thyrse orné de bandelettes, planté en terre. ⬜... Æ.3.-R⁴.-F.o.-8 fr.

Sestini, Descriz. dell. Med. ant. del Mus. Hederv. t. II, p. 51. Nº 12.

349. M. ANT. ГОРΔΙΑΝΟC. AYГ. Tête laurée de Gordien.

℟. HPAKΛEΩTAN. EN. ΠΟΝΤΩ. Hercule debout, tenant sa massue de la main droite, et la dépouille du lion de la gauche. ⬜.......... Æ.9.-R⁴.-F.o.-20 fr.

Sestini, Lett. num., t. IV, p. 105. N° 4.

350. .... Même tête.

℟. HPAKΛEIAC. EN. ΠΟΝΤΩ. Hercule debout, tenant de ses deux mains sa massue levée, et menaçant Cerbère. ⬜............. Æ. Mod. inc.

Spanhem, Pr. Num. I, p. 264; et Hard., Op. sel., p. 66.

351. M. ANT. ГОРΔΙΑΝ..... Г. Même tête, à droite, avec le *paludamentum*.

℟. HPAKΛEΩT.... ΠΟΝΤΩ. Hercule nu, marchant à droite, tenant Cerbère enchaîné de la main droite, et de la gauche sa massue et la dépouille du lion de Némée.............. Æ.8.-R⁴.-F.o.-12 fr.

352. M. ANT. ГОРΔΙΑΝΟC. KAIC. Tête nue de Gordien, à droite, avec le *paludamentum*.

℟. HPAKΛEΩ..... ΠΟΝΤΩ. Figure virile nue, marchant à dr., armée d'une lance. Æ.8.-R⁴.-F.o.-12 f.

Valerianus Junior.

353. ΠΟΥ. ΛΙΚ. ΟΥΑΛΕΡΙΑΝΟΣ. Tête nue de Valérien jeune, à droite, avec le *paludamentum*.

℟. HPAKΛHΛΓ. NEΩKOPΩ. ΠΟΝΤ. La Fortune debout, regardant à gauche, vêtue de la *stola*, tenant un gouvernail de la main droite, et une corne d'abondance de la gauche............ Æ.6.-R⁴.-F.o.-12 fr.

Gallienus.

354. .... Tête de Gallien.

R'. HPAKΛHÁC. ΠÒNTOŸ (*a*). Hercule à genoux, étouffant le lion de Némée; au bas une massue. □. *Vaill., Num. gr.*............ Æ.6.-R⁴.-F.o.-12 fr.

355. Λ. Κ. Π. ΑΙ. ΓΑΛΛΙΗΝΟC. CЄB. Tête laurée de Gallien, à droite, avec le *paludamentum.*

R'. HAKΛHÁC (*sic*). NЄΩKOP. Π... Hercule à genoux, à droite, étouffant le lion de Némée; dessous, une massue couchée .... Æ.7½.-R³.-F.o.-9 fr.

356. ......HNOC. AΥΓ. Tête laurée, à droite, avec le *paludamentum.*

R'. HPA..... KOPΩN. Figure ailée nue et barbue, marchant à droite, tenant transversalement de ses deux mains une haste, autour de laquelle est un serpent................ Æ.6.-R⁴.-F.o.-12 fr.

357. AΥ. Π. ΛΙ. ΓΑΛΛΙΗΝΟC. CЄB. Tête laurée, à droite, avec cuirasse.

R'. HPAK..... NЄWKOPΩ. Urne des jeux, avec deux palmes, sur une table carrée. Æ.6.-R⁴.-F.o.-12 f.

358. AΥ. Π. ΛΙΚ. ΓΑΛΛΙΗΝΟC. CЄ. Tête laurée, à droite, avec le *paludamentum.*

R'. HPAKΛHÁC. NЄΩKOPΩN. Urne des jeux, avec deux palmes, sur une table carrée; sur l'urne, on lit: HPA (*litt. fug.*)............. Æ.6.-R⁵.-F.o.-24fr.

(*a*) Banduri a relevé cette leçon de Vaillant, et a prétendu qu'il fallait lire HPAKΛHÁC. NЄΩKOPOΥ. *Voyez* tome I, pag. 203.

ROIS D'HÉRACLÉE.

TIMOTHEVS et DIONYSIVS.

(Contemporains d'Alexandre; le premier règne 15 ans, le second 32, selon Diodore.)

Voyez dans la Descript., tom. II, pag. 444, les Médailles grecques de ces rois en argent.

SUPPLÉMENT.

359.° Tête imberbe de Bacchus, couronnée de lierre et de pampre; derrière, un thyrse et une petite massue.

℞. ΤΙΜοΘΕοΥ. ΔΙοΝΥΣΙοΥ. Hercule debout, à gauche, touchant un trophée auquel est appuyée une massue; entre les jambes, une tête de bélier à terre. ▢. *Sestini, Descriz. dell. Med. ant. del Mus. Hederv., t. II, p. 51. N° 1. . . . . .Æ.5½.-R⁶.-F.*.-100 fr.*

DIONYSIVS.

Voyez dans la Descript., tom. II, pag. 444, les Médailles grecques de ce roi, en argent.

AMASTRIS, Dionysii uxor, posteà Lysimaci.

Voyez dans la Descript., tom. II, pag. 445, les Médailles grecques de cette reine, en argent et en bronze. Voyez Amastris de Paphlagonie, Supp., t. IV, p. 554. N°⁵ 7 et 8.

IVLIOPOLIS, *nunc* BEY-BAZAR.

*Voyez dans la Descript., tom. II, pag. 445, les Médailles
IMPÉRIALES grecques, en bronze, de*

Trajan.   Caracalla.   Maxime.
Commode.   Géta.   Gordien-le-Pieux.
Sept. Sévère.   Paula.   Gallien.
J. Domna.   Sév. Alexandre.

SUPPLÉMENT.

360. ΙΟΥΛΙΟΠΟΛΕΙΤΩΝ. Tête de Sérapis.
℞. Légende effacée. Hercule nu debout, la main
droite posée sur un trophée, et tenant de la gauche
sa massue et les dépouilles du lion. ⛛. Æ.4.-R⁸.-F.6.-50 f.
Mus. Theup., p. 1274.

Antinoüs.

361. ΑΝΤΙΝΟΟC. ΗΡ..... ΑΓΑΘΟC. Tête nue d'Antinoüs, à droite.
℞......... ΛΙΤΩΝ. Bœuf debout, à droite,
avec un croissant sur le flanc? (a). Æ.6.

Commodus.

362. Α.Κ. ΑΛ. ΑΥ. ΚΟ. ΗΡΑΚΙΩ (*sic; pro* ΗΡΑΚ. ΡΩ.)
Tête laurée de Commode.
℞. ΙΟΥΛΙΟΠΟΛΕΙΤΩΝ. Tête de Sérapis. ⛛. *Christ.
Ramus, Cat. num. vet. reg. Daniae, t. I, pag. 202.
N° 1* .... Æ.6.-R⁴.-F.6.-12 fr.

___

(a) Les légendes sont retouchées.

363. ΑΥ. ΚΑΙ. Λ. ΑΥ. ΚΟ. ΗΡΑΚΛΗC. (a). Tête laurée de Commode.

℞. ΙΟΥΛΙΟΠΟΛΙC. Tête voilée de femme. ▢. *Vaillant, Num. gr.* . . . . : Æ.4.-R⁴.-F.o.-8 fr.

364. Autre; ΙΟΥΛΙΟΠΟΛΕΙΤΩΝ. Tête tourrel. de femme dans un temple. ▢. *Vaill., l. c.* . . Æ.6.-R⁴.-F.o.-12 fr.

365. Autre; ΙΟΥΛΙΟΠΟΛΕΙΤΩΝ. Le dieu Lunus, coiffé du bonnet phrygien, tenant une patère de la main dr., et une haste de la gauche. ▢. . . . Æ.6.-R⁴.-F.o.-12 fr.

Vaill., l. c.

366. Légende presque entièrement effacée. Même tête, à droite.

℞. ΟΥΛΙΟΠΟΛΕΙΤΩΝ. Le dieu Lunus à cheval, à dr.; un croissant sur les épaules. Æ.7.-R⁴.-F.o.-12 f.

367. ΚΟΜΜΟΔ. Λ. ΑΥΡ. ΑΝΤΩΝΕΙΝΟC. Tête laurée.

℞. ΙΟΥΛΙΟΠΟ. . . . . Buste du dieu Lunus, avec une barbe hérissée et la tête radiée, tenant dans la main dr. levée la pomme de pin. ▢. Æ.9.-R⁴.-F.o.-20 f.

Sestini, Descriz. dell. Med. ant. del Mus. Hederv., t. II,
p. 51. Nº 1. C. M. H. Nº 4409. Tab. XXIX. Fig. 655.

Septimius Severus.

368. ΑΥ. Κ. Λ. CΕΠΤ. CΕΟ. . . . . . OC. C. Tête laurée de Septime Sévère, à droite.

℞. ΙΟΥΛΙΟΠΟ. . . . . . . Jupiter assis sur un siége, à gauche, à demi couvert du *pallium*; des épis dans la main d., et la g. sur la haste pure. Æ.7.-R⁴.-F.o.-12 f.

(a) Sur la médaille du Cab. Allier, on lit : A. K. Λ. A. ΑΥ. ΚΟ. ΗΡΑΚ. ΡΩ (*sic*), ce qui est plus exact.

369. AYT. K. A. CEΠ. CEYHPOC. Π. C. Même tête.
R'. IOYΛIOΠOΛEITΩN. Jupiter assis, tenant le
foudre de la main droite, et la haste pure de la gauche.
□. *Mus. Theup.*, *p.* 940.......Æ.9.-R⁴.-F.o.-20 fr.

370. AY. K. A. CEΠTI. CEYHPOC. Π. Même tête, à
droite, avec le *paludamentum.*
R'. IOYΛIOΠOΛEITΩN. Némésis debout, tournée
à gauche, vêtue de la *stola,* portant la main droite à
sa bouche, et la gauche pendante; à ses pieds, une
roue. □. *Cab. de feu M. Tôchon...* Æ.7.-R⁴.-F.o.-12 f.

Julia Domna.

371. IOYΛIA. CEBACTH. Tête de J. Domna.
R'. IOYΛIOΠOΛEITΩN. Lunus à cheval, avec un
croissant sur les épaules. □......Æ.6.-R⁴.-F.o.-12 fr.
Eckhel, Cat. Mus. Caes. Vindob., t. I, p. 145. N° 1.

Caracalla.

372. M. AYP. ANTΩNINOC. Tête nue de Caracalla
jeune, avec le *paludamentum.*
R'. IOYΛIOΠOΛEITΩN. Æsculape debout, avec
ses attributs ordinaires. □......Æ.6.-R⁴.-F.o-12 fr.
Sestini, Descriz. deil. Med. ant. del Mus. Hederv.,
t. II, p. 52. N° 3.

373. .... Tête laurée.
R'. IOYΛIOΠOΛEITΩN. Æsculape et Hygiée, avec
leurs attributs. □. *Vaill., N. gr.* Æ.6.-R⁴.-F.o.-12 fr.

374. ANTΩNINOC. AYT. Même tête imberbe, à droite.
R'. IOYΛIOΠOΛEITΩN. Hygiée debout, vêtue de la
stola, et tournée à dr., donnant à manger à un serpent
qu'elle tient dans sa main dr.... Æ.8.-R².-F.o.-6 fr.

375. Autre; IOYΛIOΠOΛEITΩN. Lunus, avec le bon-

net phrygien et le croissant; tenant une patère de la main dr., et une haste de la g. ☐. Æ.6.-R^2.-F.o.-6 fr.

Vaill., Num. gr.

Geta.

376. Π. CΕΠ. ΓΕΤΑC. K. Tête nue de Géta.

℞. ΙΟΥΛΙΟΠΟΛΕΙΤΩΝ. Femme tourrelée debout, dans un temple tétrastyle, tenant de la main droite une haste, et de la gauche une corne d'abondance; sur le fronton du temple, une patère. ☐. Æ.7.-R^3.-F.o.-9 fr.

Sestini, Descriz. dell. Med. ant. del Mus. Hederv., t. II, p. 52. N° 4. C. M. H. N° 4500.

Severus Alexander.

377. M. ΑΥΡ. CΕΥΗ. ΑΛΕΞΑΝΔΡΟC. Tête laurée, a droite, de Sévère Alexandre, avec le *paludamentum*.

℞. ΙΟΥΛΙΟΠΟΛΕΙΤΩΝ. Jupiter assis sur un siége, à gauche, vêtu du *pallium*, son aigle sur la main dr., et la g. sur la haste pure. . . . . . . Æ.7.-R^2.-F.o.-6 fr.

378. . . . . Tête de Sévère Alexandre.

℞. ΙΟΥΛΙΟΠΟΛΕΙΤΩΝ. Jupiter assis, tenant de la main droite une patère, et de la gauche une haste. ☐. *Vaill., Num. gr.* . . . . Æ.6.-R^2.-F.o.-6 fr.

379. M. ΑΥΡ. CΕΥ. ΑΛΕΞΑΝΔΡΟC. ΑΥΓ. Tête laurée, à droite, avec le *paludamentum*.

℞. ΙΟΥΛΙΟΠΟΛΕΙΤΩΝ. Buste du dieu Lunus, coiffé du bonnet phrygien, et un croissant derrière le dos. (a). . . . . Æ.6.-R^2.-F.o.-6 fr.

(a) Cette médaille diffère un peu de celle qui est décrite tom. II, pag. 448. N° 195.

380. . . . . Tête de Sévère Alexandre. . . . . .

℞. ΙΟΥΛΙΟΠΟΛΕΙΤΩΝ. Lunus debout, avec le bonnet phrygien, et un croissant sur les épaules, tenant de la m. dr. une patère. ▯. Æ.6.-R².-F.o.-6 fr.

Vaillant, Num. gr.

381. Autre; ΙΟΥΛΙΟΠΟΛΕΙΤΩΝ. Trois enseignes militaires. ▯. *Vaill.*, *l. c*. . . . . Æ.4.-R².-F.o.-4 fr.

Maximinus.

382. Γ. ΙΟΥ. ΟΥΗ. ΜΑΞΙΜΙΝΟC. ΑΥΤ. Tête laurée de Maximin.

℞. ΙΟΥΛΙΟΠΟΛΕΙΤΩΝ. Lunus debout, portant sur la main droite tendue une pomme de pin, et de la gauche une haste. ▯. . . . . Æ.5.-R⁴.-F.o.-8 fr.

Eckhel, Cat. Mus. Caes. Vindob., t. I, p. 146. N° 2. Tab. III. N° 7.

383. Autre; ΙΟΥΛΙΟΠΟΛΕΙΤΩΝ. Aigle sur un foudre; tenant dans son bec une couronne. ▯. Æ.6.-R³.-F.o.-9 f.

Vaill., loc. cit.

Maximus.

384. ΙΟΥ. ΟΥΗ. ΜΑΞΙΜΟC. Κ. Tête nue de Maxime.

℞. ΙΟΥΛΙΟΠΟΛΕΙΤΩΝ. Lunus debout, sur un croissant, tenant une patère de la main dr., et de la g. une haste; à ses pieds, un autel, Æ. ▯. *Mod. inc.*

Gusseme.

385. . . . . ΟΥΗ. ΜΑΖΙΜΟΣ. Κ. Même tête. . . . . . .

℞. ΙΟΥΛΙΟΠΟΛΕΙΤΩΝ. Æsculape et Hygiée debout. . . . . Æ.6.-R³.-F.o.-9 fr.

386. Γ. ΙΟΥ. ΟΥΗ. ΜΑΖΙΜΟΣ. Κ. Tête nue de Maxime, à droite, avec le *paludamentum.*

℞. ΙΟΥΛΙΟΠΟΛΕΙΤΩΝ. Aigle éployé sur un

foudre, à droite, tenant une couronne dans son
bec.................................. Æ.6.-R^3.-F.o.-9 fr.

387. Γ. ΙΟΥ. ΟΥΗ. ΜΑΞΙΜΟC. Κ. Tête nue de Maxime,
à droite, avec le *palud.;* derrière, une contre-marque.
Ŗ. ΙΟΥΛΙΟΠΟΛΕΙΤΩΝ. Aigle éployé sur un foudre,
à d., avec une couronne dans le bec. Æ.6.-R^3.-F.o.-9 f.

Gordianus Pius.

388. Μ. ΑΝΤ. ΓΟΡΔΙΑΝΟΕ. ΑΥΓ. Tête radiée de
Gordien-le-Pieux, à droite, avec le *paludamentum.*
    Ŗ. ΙΟΥΛΙΟΠΟ.....ΙΤΩΝ. Aigle romaine entre
deux enseignes militaires (*a*)...... Æ.4.-R^4.-F.o.-8 fr.

389. Μ. ΑΝΤ. ΓΟΡΔ... Tête radiée de Gordien-le-Pieux.
    Ŗ. ΙΟΥΛΙΟΠΟΛΕΙΤΩΝ. Trois enseignes mili-
taires. ☐. *Eckhel, Cat. Mus. Caes. Vindob., t. I,
p.* 146. *N°* 4................. Æ.4.-R^4.-F.o.-8 fr.

Philippus Junior.

390. Μ. ΙΟΥΛΙ. ΦΙΛΙΠΠΟΣ. Κ. Tête de Philippe jeune.
    Ŗ. ΙΟΥΛΙΟΠΟΛΕΙΤΩΝ. Trois enseignes mili-
taires, sur l'une desquelles est posée une couronne.
☐...................... Æ.4.-R^4.-F.o.-8 fr.
      Eckhel, loc. cit. N° 5; Froelick Tent., p. 462.

Valerianus Senior.

391. ΠΟΥ. ΛΙΚ. ΟΥΑΛΕΡΙΑΝΟC. CΕΒ. Tête radiée de
Valérien, à droite, avec le *paludamentum.*
    Ŗ. ΙΟΥΛΙΟΠΟΛΕΙΤΩΝ. Cybèle, assise sur un

(*a*) Une médaille presque semblable a été trop estimée.
Voyez Descript., tom. II, pag. 448. N° 198.

siége, à gauche, la tête tourrelée, une patère dans la
main droite, et le bras gauche posé sur le *tympanum;*
à ses pieds, un lion............ Æ.6.-R³.-F.o.-9 fr.

392. ΠΟΥ. ΛΙΚ. ΟΥΑΛΕΡΙΑΝΟC. CEB. Tête radiée de
Valérien, avec le *paludamentum.*

℟. ΙΟΥΛΙΟΠΟΛΕΙΤΩΝ. Figure tutulée assise, tenant de la main droite une patère, le coude gauche
appuyé sur son siége, le pied gauche posé sur une
proue de vaisseau. ▢........... Æ.6.-R³.-F.o.-9 fr.
Band., t. I, p. 133.

Gallienus.

393. ΠΟ. ΛΙΚ. *vel* ΠΟ. ΛΙ. ΕΓΝ. ΓΑΛΛΗΝΟΓ. (*sic*).
Tête radiée de Gallien.

℟. ΙΟΥΛΙΟΠΟΛΕΙΤ. *vel* ΙΟΥΛΙΟΠΟΛΕΙΤΩΝ. Trois
enseignes militaires. ▢........ Æ.4.-R³.-F.o.-6 fr.
Sestini, Descr., p. 257. Nº 3; et Christ. Ramus, l. c.

394. Autre; ΙΟΥΛΙΟΠΟΛΕΙΤΩΝ. Trois enseignes militaires. ▢. *Vaill., Num. gr.*..... Æ.4.-R³.-F.o.-6 fr.

METROVM.

Voyez *la Descript.*, tom. *II*, pag. 448, *la Médaille* AUTONOME
*grecque, en bronze, attribuée faussement à cette ville par
Eckhel, mais que nous regardons comme étant de la ville de
Pessinus de la Galatie.* Voyez *notre Descr.*, tom. *IV*, p. 391.
Nº 104.

NICAEA, *nunc* JSNIK.

(Ère de la ville de Nicée, 457 de la fondation de Rome,
297 avant J.-C.)

Voyez *dans la Descript., tom. II, pag.* 449 *et suivantes, les
Médailles* AUTONOMES *grecques en bronze, et les* IMPÉRIALES
grecques en bronze de

J. César.	Commode.	Tranquilline.
Auguste.	Sept. Sévère.	Philippe fils.
Claude.	J. Domna.	Hostilien.
Messaline.	Caracalla.	Treb. Galle.
Néron.	Géta.	Valérien père.
Vespasien.	Macrin.	Valérien jeune.
Domitien.	Élagabale.	Gallien.
Trajan.	Macsa.	Salonine.
Antonin-le-Pieux.	Sévère Alexandre.	Macrien.
M. Aurèle.	Mamée.	Quietus.
Faustine-la-Jeune.	Maxime.	
L. Vérus.	Gordien-le-Pieux.	

SUPPLÉMENT.

395. ΝΙΚΑΙΕΩΝ. Tête de Bacchus.

B'. ΕΠΙ. ΓΑΙΟΥ. ΠΑΠΠΡΙΟΥ. ΚΑΡΒΩΝΟΣ. Thyrse.

☐. *Sestini, Descr., p.* 258. *N°* 1. Æ.5.-R⁴.-F.o.-8 fr.

396. ΝΙΚΑΙΕΩΝ. Tête ceinte de lierre de Bacchus, à
droite; devant, le monogramme (1400 du Rec.).

B'. ΕΠΙ. ΓΑΙΟΥ. ΠΑΠΠΡΙΟΥ. ΚΑΡΒΩΝΟΣ. Rome
Nicéphore, assise sur des armes, à gauche, portant
une Victoire sur la main droite, et la gauche sur la
haste; dans le champ, la lettre M.; à l'exergue, on
lit ΡΩΜΗ.................. Æ.5½.-R³.-F.o.-9 fr.

397. .... Tête de femme.

B'. ΕΠΙ. ΓΑΙΟΥ. ΠΑΠΠΡΙΟΥ. ΚΑΡΒΩΝΟΣ. ΡΩΜΗ.

NICAEA

Ville de la Bithynie .

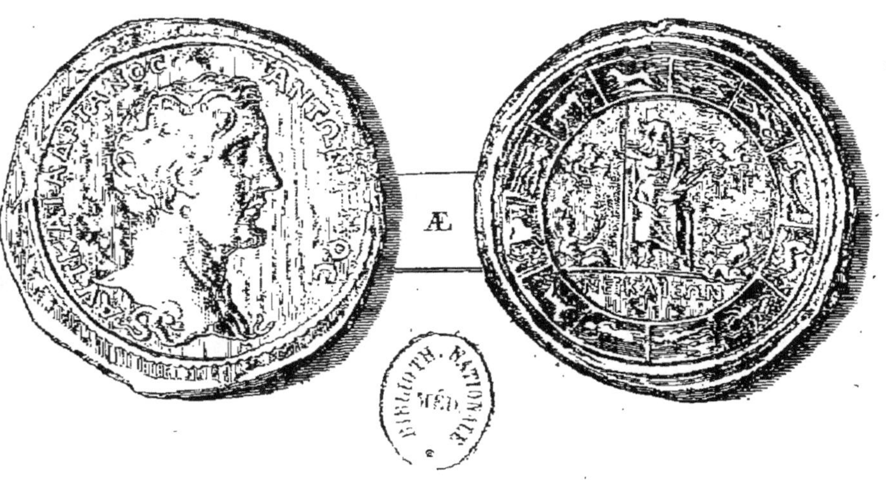

Médaillon d'Antonin le Pieux.

Voyez Descript. de Médailles Ant.
T. II. P. 453, N.° 225 .

Rome casquée, assise sur des boucliers, portant une Victoire de la main dr., et une haste dans la g. ☐. *Eckh.*, *Cat. m. C. Vind.*, *I, p.* 146. *N°* 1.. Æ.6.-R³.-F.o.-9 fr.

398. ΝΙΚΑΙΕΩΝ. Tête laurée de femme ; devant, le monogramme (331) ; dessous, ΔΚΣ. (224).

℞. ΕΠΙ. ΓΑΙΟΥ. ΠΑΠΙΡΙΟΥ. ΚΑΡΒΩΝΟΣ. Thyrse. ☐. *Sestini, Descr., p.* 258. *N°* 2. Æ.5.-R⁴.-F.o.-8 fr.

399. ΝΙΚΑΙΕΩΝ. Tête de femme.

℞. ΕΠΙ. ΓΑΙΟΥ. ΟΥΙΒΙΟΥ. ΠΑΝΣΑ. Dessous, ΕΛΣ (235). Victoire marchant, tenant dans la main droite levée une couronne, et dans la gauche une palme ; dans le champ, deux monogrammes. ☐. *Sestini, loc. cit. N°* 3................ Æ.5.-R⁴.-F.o.-8 fr.

400. ΝΕΙΚΕΑ. Tête tourrelée de femme.

℞. ΝΕΙΚΑΙΕΩΝ............ Victoire marchant, à gauche. ☐. *Sestini, l. c. N°* 4.. Æ.5.-R⁴.-F.o.-8 fr.

J. Caesar.

401.......... ΑΙΕΩΝ. Tête de Jules César.

℞. ..ΠΙ. ΓΑΙΟΥ. ΟΥ...ΒΙΟΥ. ΠΑΝΣΑ. Victoire marchant, à gauche, tenant une Victoire et une palme ; à l'exergue, ΒΛΣ. (232) ; dans le champ, le monogramme (498). ☐............ Æ.5.-R⁸.-F.o.-40 fr.

Mus. Sanclem., Num. sel., t. II, p. 3. Tab. XXXVI. Addit. N° 1.

402. Légende effacée. Même tête nue, à droite.

℞. ΕΠΙ. Γ..ΙΟ.. ΟΥΙΒΙΟΥ. ΠΑΝΣΑ. Victoire marchant à droite, tenant une couronne de la main droite levée, et portant de la gauche une palme sur l'épaule ; dans le champ, le monogramme (499) ; à l'exergue, ΓΛΣ. (233)....... Æ.6.-R⁸.-F.o.-50 fr.

403. Légende effacée. Tête nue de Jules César, à droite.

Ṝ. ΕΠΙ. Γ..ΙΟ.. ΟΥΙΒΙΟΥ. ΠΑΝΣΑ. Victoire marchant, à droite, tenant une couronne de la main droite levée, et portant de la gauche une palme sur l'épaule; dans le champ, le monogramme (500); à l'exergue, ΓΑΣ. (233) ▢....... Æ.6.-R⁸.-F.o.-50 fr.

Mus. Sanclem., Num. sel., t. II, p. 3. Tab. XIII. N⁰ 2.

404. ΝΙΚΑΕΩΝ. Même tête.

Ṝ. ΕΠΙ. ΓΑΙΟΥ. ΟΥΙΒΙΟΥ. ΠΑΝΣΑ. ΑΝΘΥΠΑΤΟΥ. Dans le bas, ΕΑΣ. (235). Victoire marchant, tenant dans la main droite levée une couronne, et dans la gauche une palme. ▢. Æ.6.-R⁸.-F.o.-50 fr.

Sestini, Descriz. dell. Med. ant. del Mus. Hederv., t. II, p. 52. N⁰ 1. C. M. H., 4504.

Augustus.

405. .... Tête d'Auguste.

Ṝ. ΝΙΚΑΙΕΩΝ. Jupiter assis, tenant une patère de la main droite, et la haste de la gauche; à ses pieds, un aigle. ▢. *Vaill., Num. gr....* Æ.4.-R⁴.-F.o.-8 fr.

Caïus Caesar.

406. ΓΑΙΟC. ΚΑΙCΑΡ. Tête nue de Caïus, à gauche.

Ṝ. ΝΙΚΑΙΕΩΝ. Taureau marchant. ▢. *Sestini, l. c., p.* 53. *N⁰*4. *C. M. H. N⁰* 7355. Æ.4.-R⁶.-F.o.-20f.

Tiberius.

407. .....ΚΑΙΣΑΡ. ΣΕΒ. ΓΕ....... Tête laurée de Tibère, à gauche.

Ṝ. ...,..ΜΙΝΔΙΟΥ. ΠΟΛΛ....... Tête casquée de Pallas, à droite........... Æ.7.-R⁴.-F.o.-12 fr.

Claudius.

408. ΤΙ. ΚΛΑΥΔΙΟΣ. ΚΑΙΣΑΡ. ΓΕΡΜΑΝΙΚΟΣ. Tête
nue de Claude, à gauche.
R̪. Γ. ΚΟΗΔΙΟΣ. ΒΑΛΒΟΣ. ΑΝΘΥΠΑΤΟΣ. Au
milieu du champ, le mon. (501).□.Æ.5.-R^5.-F.*.-15 fr.
Morell., in Fam. Cœlia.

409. ...... ΚΑΙΣΑΡ. ΣΕΒΑΣΤΟΣ. ΓΕΡΜΑΝΙΚ. ......
Même tête.
R̪. Λ. ΜΙΝΔΙΟΣ. ΒΑΛΒΟΣ. ΑΝΘΥΠΑΤΟΣ. Au mi-
lieu du champ, le mon. (502). □. Æ.5.-R^5.-F.*.-15 fr.
Mus. Sanclem., Num. sel., t. II; p. 86.

410. Autre, avec : Λ. ΜΙΝΔΙΟΣ. ΒΑΛΒΟΣ. ΑΝΘΥ-
ΠΑΤΩΣ. Temple hexast. à double étage, sur le fronton
duquel on lit : ΝΙΚΑΙΕΩΝ. □.... Æ.6.-R^6.-F.*.-30 fr.
Morell., in Fam. Mindia.

Messalina.

411. ΜΕΣΣΑΛΙΝΑ. ΣΕΒΑΣΤΗ. ΝΕΑ. ΗΡΑ. Tête de
Messaline ; devant, deux épis.
R̪. ΓΕΛΙΟΣ. ΡΟΥΦΟC. ΑΝΘΥΠΑΤΟΣ. ΝΕΙΚΑ-
ΕΩΝ (a). Superbe édifice ou portique. □. *Vaill., Num.
gr.* .... Æ.9.-R.^{8}.-F.*.-300 fr.

412. ΜΕΣΣΑΛΕΙΝΑ. ΣΕΒΑΣΤΗ. ΝΕΑ. ΗΡΑ. Même
tête et les deux épis.
R̪. ΕΠΙ. Γ. ΚΑΔΙΟΥ. ΡΟΥΦΟΥ. ΑΝΘΥΠΑΤΟΥ.
ΠΑΤΡΩΝΟΣ. Tête nue de Britannicus, à gauche ; dans

(a) Cette leçon de Vaillant ne paraît pas exacte. *Voyez* la
médaille suivante.

le champ, d'un côté, le monogr. (504); de l'autre, le
monogr. (505). ▢............ Æ.9.-R⁸.-F.*.-400 fr.

Sestini, Desc., p. 258. N° 5.

413. Autre; ΕΠL ΓΑΙΟΥ. ΚΛΔΙΟΥ. ΡΟΥΦΟΥ. ΑΝ-
ΘΥ.... ΠΑΤΡΩΝΟΣ. Tête laurée de Britannicus, à
gauche; devant, une lyre et un monogramme; derrière, un autre monogr. ▢..... Æ.9.-R⁸.-F.*.-400 fr.

Sestini, Descriz. dell. Med. ant. del Mus. Hederv.,
t. II, p. 53. N° 5.

Nero.

414. ΝΕΡΩΝ. ΚΛΑΥΔΙΟΣ. ΚΑΙΣΑΡ. ΣΕΒΑΣΤΟΣ. Tête
radiée de Néron jeune, à gauche; devant, le *lituus*.
   ℞. Μ. ΤΑΡΚΥΙΤΙΟΣ. ΠΡΙΣΚ. ΝΕΙΚ. Un trophée;
au bas, un autel............. Æ.6.-R².-F.o.-6 fr.

415. Autre; Μ. ΤΑΡΚΥΙΤΙΟΥ. ΠΡΙΣΚ. ΑΝΘΥΠΑΤΟ.
ΠΡΑΤΤΩΝΤΟC., ΝΕΙΚ. Autel allumé. ▢. *Vaillant,
Num. gr.* ... . Æ.6.-R⁴.-F.o.-12 fr.

416. ΝΕΡΩΝ. ΚΛΑΥΔΙΟΣ. ΚΑΙΣΑΡ. ΣΕΒΑΣΤΟΣ. Même
tête npe.
   ℞. Μ. ΤΑΡΚΥΙΤΙΟΥ. ΠΡΕΙΣΚΟΥ. ΑΝΘΥΠΑΤΟ.
ΝΕΙΚ. Autel allumé, sur lequel est écrit : ΠΑΤΡΩΝΟΣ.
▢. *Eckhel, Cat. Mus. Caes. Vindob.,* t. I, p. 146,
Tab. III. Fig. 9............. Æ.5.-R⁵.-F.o.-15.fr.

417. Autre; ΕΠΙ. ΑΤΤΙΟΥ. ΛΑΚΩΝΟΣ. ΑΝΘΥΠΑ-
ΤΟΥ ΝΕΙΚΑΙΕΩΝ. Autel, capricorne, corne d'abon-
dance, globe, pavot et une gerbe d'épis(a). ▢. *Vaill.,
Num. gr.*.................. Æ.9.-R⁴.-F.o.-20 fr.

(a) Morell. a lu sur le devant de l'autel : ΝΕΡΩΝΟΣ.
Voyez Fam. Attia.

Vespasianus.

418. ΑΥΤΟΚΡΑΤΟΡΙ. ΚΑΙΣΑΡΙ. ΣΕΒΑΣΤΩ. ΟΥΕΣ-
ΠΑΣΙΑΝΩ. N̅E̅IKAEI. Tête laurée de Vespasien, à
droite.

℞. ΕΠΙ. ΜΑΡΚΟΥ. ΠΛΑΝΚΙΟΥ. ΟΥΑΡΟΥ. ΑΝ-
ΘΥΠΑΤΟΥ. Tête de Bacchus couronnée de pampre,
à gauche. ▢. . . . . Æ.8.-R⁴.-F*.-12 fr.
Cab. de M. Millingen, et Cab. de France.

419. ΑΥΤΟΚΡΑΤΩΡΙ. ΚΑΙΣΑΡΙ. ΣΕΒΑΣΤΩ. ΟΥΕΣ-
ΠΑΣΙΑΝΩ. N̅E̅IKA. Même tête, à droite; devant, une
contre-marque, dans laquelle sont ces lettres liées :
ΜΗΤΕ. *vel* ΜΗΤΣ.

℞. ΕΠΙ. ΜΑΡΚΟΥ. ΠΛΑΝΚΙΟΥ. ΟΥΑΡΟΥ. ΑΝ-
ΘΥΠΑΤΟΥ. Gerbe de cinq épis. ▢. Æ.6.-R⁴.-F*.-12 fr.
Morell., Fam. Plancia.

420. Autre; même légende. Arc, carquois et massue.
▢. *Morell., l. c.* . . . . Æ.6.-R⁴.-F*.-12 fr.

421. Autre, avec : ΜΑΡΚΟΣ. ΠΛΑΝΚΙΟΣ. ΟΥΑΡΟΣ.
ΑΝΘΥΠΑΤΟΣ., et le monogr. (503, en cinq lignes),
dans une couronne de chêne. ▢. Æ.8.-R⁴.-F*.-12 fr.
Morell., l. c.

422. ΑΥΤΟΚΡΑΤΟΡΙ. ΚΑΙΣΑΡΙ. ΣΕΒΑΣΤΩ. ΝΙΚ-
ΑΙΕΙΣ. Même tête.

℞. ΜΑΡΚΟΣ. ΠΛΑΝΚΙΟΣ. ΟΥΑΡΟΣ. ΑΝΘΥΠΑ-
ΤΟΣ., dans une couronne de laurier. ▢. *Mus. Arig.*
t. II, 6 ; 49. . . . . Æ.9.-R⁴.-F*.-20 fr.

423. ΑΥΤΟΚ. ΚΑΙΣΑΡ. ΣΕΒΑΣΤΟΣ. ΟΥΕΣΠΑΣΙΑ-
ΝΟΣ. Même tête.

℞. ΕΠΙ. ΜΑΡΚΟΥ. ΣΑΛΟΧΙΔΗΝΟΥ (*sic*). Α... .
Quadrige d'éléphans sur lequel est l'empereur debout.

F*

tenant un rameau de la main droite, et une haste de la gauche; dans le champ, NEIK. ΠP. B. □. *Sestini,* *Lett.* n9 *Cont. VIII, p.* 9. *N*°1 . Æ. MM. R⁴. F.*. -4o fr.

424. ΑΥΤΟΚΡ. ΚΑΙΣΑΡ. ΣΕΒΑΣ. ΟΥΕΣΠΑΣΙΑΝΟΣ. Tête laurée de Vespasien.

R. ΕΠΙ. ΣΑΛΟΥΙΔΗΝΟΥ. ΑΣ. ΦΙΡΜΙΑΝΑ. ΑΝ-ΘΥΠΑΤΟΥ. Femme assise, à gauche, tenant de la main droite une patère, et une corne d'abondance de la g., devant, ΒΙΘΥΝΙΑ. □. Æ. MM. R⁴. F.*. -4o fr. *Sestini,* l. c. N°. 2. Tab. I. Fig. 6.

Titus.

425. ΤΙΤΟΣ. ΑΥΤΟΚΡΑΤΩΡ. ΣΕΒ. Tête laurée de Titus, à droite.

R. ΕΠΙ. Μ. ΣΟΥΛΠΙΚΙΟΥ. ΠΡΟΚΛΟΥ. ΑΝΘΥ-ΠΑΤ (a). Dans le champ, NEIK. Tête tourrelée de femme, à d. □. *Morell., Fam. Sulpic. Sub. Nicom.* Æ. 6.

Domitianus. . . . . □

426. Tête de Domitien.

R. ΝΙΚΑΙΕΙΣ. ΖΕΥΣ. ΜΗΛΙΟΣ. Tête nue de Jupiter. □. *Vaill., Num. gr.* . . . . . Æ. *Mod. inc.*

427. . . . . MITIANOC. Tête laurée de Domitien, avec un animal courant, en contre-marque sur le cou.

R. ΖΕΥΣ. ΜΗΛΙΟΣ. Jupiter assis, tenant un foudre de la main droite, et la haste de la gauche. □. *Piovene, Mus. Farn., t. IX. Tab. VIII. Fig.* 21; *et Gessner.* . . . . Æ. 6. -R⁴. -F.o. -12 fr.

____

(a). Fausse leçon, à ce qu'il paraît.

425. a. ΤΙΤΟΣ. ΚΑ. ϹΕΒΑϹΤΟϹ. Tête laurée de Titus, à dr.

R ΕΠΙ.Μ.ΝΕΡΑΠΑΠΑΝΣΑΠ . . . . Gerbe
Κο . Π . Æ. 7.

428. ..... HEOYC. ΔOME (*sic*). Tête de Domitien, à d.
℞. ΔIOΣ. AΓOPAIOY. Autel allumé, orné d'une
guirlande de fleurs............ Æ.4.-R⁷.-F.o.-24 fr.

429. .... ΔOMIT......... Même tête laurée.
℞. ΔIOΣ. AΓOPAIOY. Aigle debout. ☐. *Mus.
Sanclem., Num. sel., t. II, p.* 150. Æ.4.-R⁷.-F.o.-24 fr.

430. AYT. ΔOMITIANOΣ. KAIΣAPOΣ......... Même
tête, à droite.
℞. TON. KTIΣ. NIKAEIΣ. ΠPΩTOI. ΠONT.
KAI. BIΘ. Bacchus debout, en habit de femme, et
couronné de lierre; tenant probablement de la m. d. le
cantharum, et de la g. un thyrse. Æ.7.-R³.-F.o.-9 fr.

431. AYT. ΔOMITIANOΣ. KAIΣAP. ΣEB. ΓEP. Même
tête laurée, à droite.
℞. TON. KTIΣ. NEIKAIEIΣ. ΠPΩT. ΠON.
KAI. B. (*a*). Hercule Farnèse debout, le bras droit derrière le dos, la gauche appuyée sur sa massue, avec
la dépouille du lion. ☐......... Æ.6.-R³.-F.o.-9 fr.
Dumersan, Descr. du Cab. Allier de Hauteroche,
pl. XI. N° 4.

432. AYT. ΔOMITIANOΣ. KAIΣAP. ΣEB. ΓEPM.
Même tête. ....
℞. NIKAIEIΣ. ΠPΩTOI. THΣ. EΠAPX. TON.
KTIΣTHN. Tête de Bacchus jeune, ceinte de lierre.
☐. *M. Sancl., Num. sel.,* II, 150. Æ.8.-R⁴.-F.o.-12 fr.

433. AYT. ΔOMITIANOΣ. KAIΣAP. ΣEB. ΓEP. Même
tête. ....
℞. NEIKAIEIΣ. ΠPΩTOI. THΣ. EΠAPXEI.

____

(*a*). Dans Arigoni, on a lu ΠONT. ΔAMB, il y gr. urbi Impp.
al. t. II, p. 16. Sestini, loc. cit.

L'empereur en *paludamentum*, debout, la main droite
étendue, et une haste dans la g. ▱. Æ.9.-R⁴.-F.o.-20 fr.
Mus. Theup., p. 855.

434. ΔΟΜΙΤΙΑΝΘΣ. ΚΑΙΣΑΡ. ΣΕΒ. ΓΕΡ. Tête laurée
de Domitien.

℟. ΝΕΙΚΑΙΕΙΣ. ΠΡΩΤΟΙ. ΤΗΣ. ΕΠΑΡΧΕΙΑΣ.
Femme debout, tenant de la droite . . . . et de
la gauche une corne d'abond. ▱. Æ.9.-R⁴.-F.o.-20 fr.
Wise, Cat. num. Bodl., t. XII. Fig. 1, p. 5o et 273.

435. ΑΥΤ. ΔΟΜΙΤΙΑΝΟΣ. ΚΑΙΣΑΡ. ΣΕΒ. ΓΕΡ. Même
tête.

℟. ΝΕΙΚΑΙΕΙΣ. ΠΡΩΤΟΙ. ΤΗΣ. ΕΠΑΡΧΕΙΑΣ.
L'Espérance march. à g. ▱. : Æ.-MM.-R⁴.-F.o.-40 fr.
Sestini, Descr. num. vet., p. 258. N° 6.

436. ΑΥΤ. ΔΟΜΙΤΙΑΝΟΣ. ΚΑΙΣΑΡ. ΣΕΒ. ΓΕ. Même
tête radiée, à droite.

℟. ΝΕΙΚΑΙΕΙΣ. ΠΡΩΤΟΙ. ΤΗΣ. ΕΠΑΡΧ. Un ca-
ducée. . . . . Æ.3$\frac{1}{2}$.-R².-F.o.-4 fr.

Trajanus.

437. . . . . Tête de Trajan.
℟. ΝΕΙΚΑΙΕΩΝ. Tête tourr. ▱. Æ.4.-R³.-F.o.-6 fr.
Vaillant, Num. gr.

438. ΑΥΤ. ΤΡΑΙΑΝΟΝ. ΚΑΙ. ϹΕ. ΓΕΡ. ΔΑ. Même tête
laurée.
℟. ΔΙΟϹ. Autel. . . . . Æ.5.-R³.-F.o.-6 fr.

439. ΑΥΤ. ΝΕΡ. ΤΡΑΙΑΝΟϹ. ΚΑΙϹΑΡ. ϹΕΒΑ. Même
tête.
℟. Autel allumé. ▱ . . . . Æ.5.-R³.-F.o.-6 fr.
Sestini, loc. cit., p. 259. N° 7.

Hadrianus.

440. . . . . Tête d'Hadrien.

Ꝝ. ΘΕΑ. ΔΗΜΗΤ. ΝΕΙΚΑΙΕΙC. Cérès dans un bige avec un flambeau? ▢. *Gussem.* . . . *Æ. Mod. inc.*

441. Autre; ΥΓΕΙΑ. ΚΑΙ. ΑCΚΛΗΠΙΩ. ΝΙΚΑΙΕΙC. Æsculape et Hygiée debout? ▢. . . . *Æ. Mod. inc.*

Hard., Oper. sel., et 121; et Gessner, Impp., 92-18.

Aelius Caesar.

442. Λ. ΑΙΛΙΟC. ΚΑΙCΑΡ. Tête nue d'Élius.

Ꝝ. ΝΙΚΑΙΕΩΝ. Statue placée sur une colonne? ▢. *Hard., Oper. sel., p.* 122. Nᵒ 764. *Æ.*6. . . . .

443. Autre; ΝΙΚΑΙΕΩΝ. Figure nue assise, soutenue par des pieds de lion, tenant de la main dr. une haste, et de la g. un bâton recourbé?. ▢. *Æ.*6. . . . : . . . .

Vaillant, Num. gr.

Antoninus Pius.

444. ΑΥΤ. ΚΑΙC. Τ. ΑΙΛ. ΑΔΡ. ΑΝΤΩΝΙΝΟC. C. Tête laurée d'Antonin-le-Pieux, à droite.

Ꝝ. ΝΕΙΚΑΙΕΩΝ. Jupiter à demi couvert du *pallium*, assis sur un siége, à gauche, tenant une patère de la m. d., et la g. sur la haste pure. *Æ.*8.-R².-F.o.-6 fr.

445. ΑΥΤ. ΚΑΙ. ΤΙ. ΑΙΛ. ΑΔΡ. ΑΝΤ. Même tête radiée, à gauche.

Ꝝ. ΝΙΚΑΙ. . . Pallas, armée d'un bouclier et d'une lance, et combattant dans un char traîné par quatre chevaux, à droite. (a) . . . . *Æ.*4. . . . .

(a) Médaille suspecte.

445. bis.
~~....~~ ΑΥΤ ΚΑΙCΑΡ ΑΝΤΩΝΙΝΟC
B. à d.
R. ΝΕΙΚΑΙΕΩΝ. Pallas debout,
l'app. sur la lance, tenant chouette
sur la m. droite.
Æ. 20 mill.
acq. Cadalvène 1826.

446. . . . . , . Tête d'Antonin-le-Pieux.

R̃. NIKAIA. Tête tourrelée couronnée de lierre ;
derrière, un carquois. ☐. . . . . Æ.6.-R².-F.o.-6 fr.
Vaillant, Num. gr.

447. ΑΥΤ. ΚΑΙΣΑΡ. ΑΝΤΩΝΙΝΟΣ. . . . . . Tête laurée.

R̃. NEIKAIEΩN. Harpocrate nu debout, la main
droite sur la bouche, et une corne d'abondance dans
la gauche. ☐. *Mus. Theup.*, 892. Æ.4.-R².-F.o.-4 fr.

448. Autre; NEIKAIEΩN. Tête de la nymphe Nicéa,
couronnée de lierre. ☐. . . . . Æ.4.-R⁴.-F.o.-8 fr.
Sestini , Descriz. dell. Med. ant. del Mus. Hederv.,
t. II, p. 53. N° 11.

449. Autre ; NIKAIEΩN. Télesphore debout , vêtu du
capuchon. ☐. *Vaill., l. c.* . . . . Æ.4.-R².-F.o.-4 fr.

450. ΑΥΤΟ. ΚΑΙCΑΡ. ΑΝΤΩΝΙΝΟC. Même tête laurée.

R̃. NIKAIEΩN. Serpent s'élançant sur un autel, à
droite . . . . Æ.4.-R¹.-F.o.-2 fr.

451. ΑΥΤ. ΚΑΙCΑΡ. ΑΝΤΩΝΙΝΟC. Même tête laurée,
à droite, avec le *paludamentum.*

R̃. NIKAIEΩN. Serpent s'élançant sur un autel, à
gauche. Æ.4.-R¹.-F.o.-2 fr.

452. ΑΥΤΟ. ΚΑΙCΑΡ. ΑΝΤΩ. . . . . . . Même tête.

R̃. N. .ΚΑΙΕΩN. Le Soleil radié, nu , marchant,
à droite, le bras droit étendu , et tenant de la m. g.
la chlamyde, ou *pallium*. . . . . . Æ.6.-R¹.-F.o.-3 fr.

453. ΑΥΤ. ΚΑΙC. Τ. ΑΙΛ. ΑΔΡ. ΑΝΤΩΝΙΝΟC. Même
tête laurée, à droite, la chlamyde sur l'épaule gauche.

R̃. NEIKAIEΩN. La Fortune debout, à gauche, le
modius sur la tête, vêtue de la *stola ,* tenant un gouvernail de la main droite, et une corne d'abondance
de la gauche. . . . . Æ.8.-R¹.-F.o.-6 fr.

454. ΑΥΤΟ. ΚΑΙCΑΡ. ΑΝΤ....... Tête laurée d'Antonin-le-Pieux, à droite.

R̵. ΝΕΙΚΑΙΕΩΝ.-Griffon accroupi, tourné à dr.; le pied g. de devant sur une roue. Æ.4.-R¹.-F.o.-2 fr.

455. Autre; ΝΕΙΚΑΙΕΩΝ. Bœuf Apis debout, à droite, avec un disque entre les cornes.. Æ.4.-R¹.-F.o.-2 fr.

456. Autre; ΝΙΚΑΙΕΩΝ. Autel enveloppé par un serpent. □. *Vaill., Num. gr*........ Æ.4.-R¹.-F.o.-2 fr.

457. Autre; Serpent dressé en spirale. □. *Sestini, Desc.* p. 259. *N°* 10................ Æ.4.-R¹.-F.o.-2 fr.

458. Autre; ΝΙΚΑΙΕΩΝ. Colonne antonine sur laquelle est la statue de l'empereur. □.....Æ.6.-R³.-F.o.-9 fr.
Vaill., l. c.

459. Autre; M. ΑΥΡΗΛΙΟΝ. ΚΑΙCΑΡΑ. ΝΙΚΑΙΕΙC. Marc Aurèle, à cheval. □... Æ.-MM.-R⁴.-F.o.-40 fr.
Vaill., l. c.

460. ΑΥΤΟ. ΚΑΙCΑΡ. ΑΝΤΩΝΙΝΟC. Même tête, à droite, avec le *paludamentum*.

R̵. ΤΟΝ. CΩΤΗΡΑ. ΝΙΚΑΙΕΙC. Æsculape debout, enveloppé dans le *pallium*, la main droite sur son bâton, autour duquel est un serpent. Æ.4.-R².-F.o.-4 fr.

461. Autre; ΝΙΚΑΙΕΩΝ. ΤΟΝ. CΩΤΗΡΑ. Æsculape debout. □. *Sest., D., p.* 259. *N°* 11... Æ.4.-R².-Fo.-4 fr.

462. ΑΥΤ. ΚΑΙ. T. ΑΙΛ. ΑΔΡ. ΑΝΤΩΝΙΝΟC. CΕΒ. Même tête, à droite.

R̵. CΩΤΗΡΙ. ΑCΚΛΗ. Au bas, ΝΙΚΑΙΕΙC. Autel sur lequel est le serpent d'Æsculape dressé. □. *Mus. Sancl., Num. sel., t. II, p.* 227........ Æ.4.-R².-F.o.-4 fr.

463. ΑΥ. ΚΑΙ. ΤΙ. ΑΙ. ΑΔΡΙ. ΑΝΤΩΝΕΙΝΟC. Même tête laurée, à droite, avec le *paludamentum*.

℞. CΩTHPI. ACKΛHΠΙΩ. NIKAIEIC. Æsculape
debout. . . . . Æ.6½.-R⁴.-F.o.-12 fr.

464. ΑΥΤΟ. ΚΑΙCΑΡ. ΑΝΤΩΝΙΝΟC. Tête laurée d'Antonin, à droite, avec le *paludamentum*.

℞. NIKAIEIC. ΘEΑ. ΥΓEΙΑ. Hygiée debout, et
vêtue de la *stola*, donnant à manger à un serpent
dans une patère. . . . . Æ.6.-R⁴.-F.o.-12 fr.

465. Autre; ΥΓEΙΑ. ΚΑΙ. ACKΛHΠΙΩ. Hygiée et Æsculape debout. ▢. *Vaill., Num.gr.* Æ.6.-R⁴.-F.o.-12 f.

466. Autre; Hygiée et Æsculape debout, avec leurs attributs; Télesphore au milieu. ▢.Æ.-MM.-R⁴.-F.o.-40 fr.
Vaill., l. c.

467. Autre; ΘEΩ. ΤEΛECΦΟΡΩ. NIKAIEIC. (a). Télesphore debout. ▢. *Vaill., l. c.* . . . . Æ.5.-R³.-F.o.-6 fr.

468. ΑΥΤ. Κ. Τ. ΑΙΛ. ΑΔΡ. ΑΝΤΩΝΙΝΟC. Même tête,
à droite, sans le *paludamentum*.

℞. CΩTHPI. ACKΛH. NIKAIEIC. Serpent tourné
à droite, s'élançant d'un autel. . . Æ. 4.-R³.-F.o.-6 fr.

469. ΑΥΤ. ΚΑΙCΑΡ. ΑΝΤ. . . . . Même tête nue, à
droite.

℞. NIKAIEΩN. Un autel allumé; sur le devant,
on lit: ΔΙΟC., figuré en deux lignes; et à l'exergue,
ΑΙΤΑΙΟΥ. . . . . Æ.4.-R⁷.-F.o.-30 fr.

470. Autre; ΔΙΟΝΥCΟΝ. ΚΤΙCΤΗΝ. NIKAIEIC. Bacchus debout, tenant le *cantharum* de la main droite,
et son thyrse de la gauche; à ses pieds, un tigre. ▢.
Vaill., l. c. . . . . Æ.6.-R⁴.-F.o.-12 fr.

(a) Cette légende a été mal lue. Descript., tom. II, pag. 453.
Nº 224.

471. . . . . Tête d'Antonin-le-Pieux.

R′. ΔΙΟΝΥCΟΝ. ΚΤΙC. ΝΙΚΑΙΕΙC. Bacchus nu,
debout, tenant de la main droite une grappe de raisin, et de la gauche un thyrse. ▫. Æ.4.-R⁴.-F.o.-8 fr.
Vaillant, Num. gr.

472. ΑΥΤΟ. ΚΑΙCΑΡ. ΑΝ. . . . . . . Même tête laurée,
à droite, avec le *paludamentum*.

R′. ΤΟΝ. ΚΤΙCΤΗΝ. ΝΙΚΑΙΕΙC. Hercule nu, debout, la main droite posée sur sa massue, et la dépouille du lion sur le bras g. . . . . Æ.7.-R⁴.-F.o.-12 fr.

473. . . , ... ΚΑΙ. Τ. ΑΙΛ. ΑΔΡ. ΑΝΤΩΝΙΝΟC. CΕΒ.
Même tête, à droite.

R′. ΙΠΠΑΡΧΟC. ΝΙΚΑΙΕΩΝ. Hipparque barbu, et
couvert d'un ample vêtement, assis sur une base, à
gauche, la tête nue; portant un globe sur la main
droite, et la gauche appuyée sur la base qui lui sert
de siége. . . . . Æ.6½.-R⁶.-F.*.-50 fr.

474. ΑΥΤ. ΚΑΙ. ΑΔΡΙΑΝΟC. ΑΝΤΩΝΕΙΝΟC. Même
tête nue, à droite, la poitrine couverte de l'ægide.

R′. ΑΥΡΗΛΙΟΝ. ΚΑΙCΑΡΑ. ΝΙΚΑΙΕΙC. Marc Aurèle à cheval, allant à droite, la main droite armée
d'une lance. . . . . Æ.12.-R⁴.-F.o.-40 fr.

Faustina Senior.

475. . . . . Tête de Faustine.

R′. ΝΙΚΑΙΕΩΝ. Femme à demi nue, assise sur un
siége, tenant un sceptre de la main droite; une autre
figure tourrelée, debout devant elle, tient de la main
droite une haste. ▫. . . . . Æ.6.-R⁶.-F.o.-50 fr.
Vaillant, l. c.

M. Aurelius

476. . . . . Tête de M. Aurèle.
 R⁀. NIKAIEΩN. Têtes affrontées de Sérapis et d'Isis,
avec leurs attributs. ▢. . . . . Æ.6.-R⁶.-F.o.-24 fr.
         Vaillant, Num. gr.

477. ΑΥΤ. Μ. ΑΥΡ. ΑΝΤΩΝΙΝΟC. Même tête, nue et
barbue, à droite, avec une cuirasse.
 R⁀. NIKAIEΩN. Harpocrate nu, à gauche, une
mitre sur la tête, la main droite sur la bouche, et
portant sur le bras g. une corne d'abondance et la
chlamyde. . . . . Æ.5½.-R³.-F.o.-9 fr.

478. M. ΑΥΡ. ΑΝΤΩΝΙ. ΑΥΤ. (sic). Tête nue, et légèrement barbue, à droite.
 R⁀. NIKAIEΩN. Pallas debout, à gauche, la main
droite sur sa lance, et la gauche sur son bouclier
posé à terre. . . . . Æ.6.-R¹.-F.o.-3 fr.

479. Autre; NIKAIEΩN. Pallas debout, tenant de la
main droite une patère, et de la gauche la haste; à
ses pieds, un bouclier ▢. . . . . . Æ.9.-R².-F.o.-12 fr.
         Vaillant, l. c.

480. Autre; NIKAIEΩN. Char du Soleil sur des nuages;
au bas, un Fleuve couché; on aperçoit au-dessus une
partie du zodiaque. . . . . Æ.MM.-R⁵.-F.⁜.120 fr.

481. Autre; NIKAIEΩN. Æsculape debout, la main dr.
sur son bâton, enveloppé par un serpent. ▢. Vaill.,
loc. cit. . . . . Æ.9.-R².-F.o.-12 fr.

482. . . . . ΑΝΤΩΝΕΙΝΟC. Tête laurée et barbue,
à droite, avec une cuirasse.
 R⁀. NEIKAIEΩN. Æsculape debout, vêtu du *pal-*

488. a. AY. K. M. AYP. Tête de M. Aurèle
à dr.
R̵. NIKAIEΩN. * : Serpent.
Æ. 4.

Acq. Guilleminot.

lium; regardant à gauche, la main dr. sur son bâton,
autour duquel est un serpent... Æ.7.-R¹.-F.o.-3 fr.

483. .... Tête de M. Aurèle.

R̵. CΩTHPA. ACKΛH. NIKAIEIC. Æsculape, avec
son bâton, dans nn temple tétrastyle. ☐. *Vaillant,
Num. gr.*.................. Æ.5.-R⁴.-F.o.-8 fr.

484. .... AYP. ANTΩNEINOC. Même tête, à
droite.

R̵. NIKAIEΩN. Hygiée debout, avec la *stola,* à d.,
donnant à manger à un serpent.... Æ.8.-R¹.-F.o.-3 fr.

485. AY. K. M. AYP. ANTΩNINOC. Tête laurée de
M. Aurèle.

R̵. NIKAIEΩN. Hygiée debout, faisant manger un
serpent dans une patère. ☐. ,..Æ.9.-R¼.-F.o.-6 fr.
Eckhel, Cat. Mus. Caes. Vindob., t. I; p. 147. No.7.

486. M. AYPHΛIC. ANTΩNI. AYT (*sic*). Même tête nue
et légèrement barbue, à droite.
R̵. NIKAIEΩN. Même type.. Æ.6½.-R⁴.-F.o.-3 fr.

487. M. AYP. .... NOC. K. Tête nue de M. Aurèle
jeune, à droite, avec le *paludamentum.*
R̵. NIKAIEΩN. Télesphore debout, enveloppé dans
un manteau.................. Æ.4.-R¹.-F.o.-2 fr.

488. Autre; NIKAIEΩN. Serpent s'échappant de la ciste
mystique. ☐. *Vaill., l. c.*........ Æ.6.-R³.-F.o.-9 fr.

489. Autre; NEIKAIEΩN. Autel enveloppé par un serpent. ☐. *Mus. Arig., t. II. Urb. gr. Impp. Tab. XIV.
Fig.* 168.................. Æ.4.-R¹.-F.o.-2 fr.

490. Autre; COT...... (*sic*) ACKΛIΠΠO (*sic*) NI-

KAIEIC (*a*). Autel enveloppé par un serpent. ⬠ *Arig.,
II. Urb. gr. Impp. T. XIV. F.* 167. Æ.4.-R².-F.o.-4 f.

491. ΑΥ. Κ. Μ. ΑΥΡ. ΑΝΤΩΝΕΙΝΟC. Tête nue et
barbue de M. Aurèle, à droite.

R'. ΝΙΚΑΙΕΩΝ. Bacchus assis sur un siége à trois
pieds, tenant de la main droite un thyrse qu'il con-
temple; derrière lui, on voit un jeune faune qui semble
fuir (*b*) .... Æ.6.-R⁴.-F.o.-12 fr.

492. Autre; ΔΙΟΝΥCΟΝ. ΚΤΙC. ΝΙΚΑΙΕΙC. Bacchus nu,
debout, tenant une grappe de raisin de la main droite,
et un thyrse de la gauche. ⬠... Æ.6.-R⁴.-F.o.-12 fr.
Vaillant, Num. gr.

493. ΑΥ. Κ. Μ. ΑΥΡ. ΑΝΤΩΝΕΙΝΟC. Tête laurée.

R'. ΤΟΝ. ΚΤΙCΤΗΝ. ΝΙΚΑΙΕΩΝ. Hercule nu,
marchant à gauche, tenant sa massue de la main dr.,
et de la g. un arc et la dépouille du lion. ⬠ *Sestini,
Descriz. dell. Med. ant. del Mus. Hederv., t. II, p.* 54.
N° 13. *C. M. H.* 4507............ Æ.6.-R⁴.-F.o.-12 fr.

494. ΑΥ. Κ. Μ. ΑΥΡ. ΑΝΤΩΝΕΙΝΟC. Même tête barbue,
à droite, couronnée de laurier, avec une cuirasse.

R'. ΝΙΚΑΙΕΩΝ. Satyre debout, coiffé d'un bonnet
pointu, tourné à gauche, tenant de la main droite une
fourche à trois dents, et de la gauche une outre;
derrière un terme de Priape. ⬠ Æ.8.-R⁵.-F.o.-24 fr.
Dumersan, Descr. du Cab. Allier de Hauteroche.
Pl. XI. N° 5.

(*a*) *Meliùs* ΑCΚΛΗΠΙΩ. CΩΤΗΡΙ. ΝΙΚΑΙΕΙC.

(*b*) Cette médaille n'a pas été décrite avec exactitude, t. I de
la Descript., pag. 153, n° 229. Vaillant, de son côté, a cru re-
connaitre une nymphe près de Bacchus, ce dont nous doutons.

495. ΑΥ. Κ. Μ. ΑΥΡ. ΑΝΤΩΝΕΙΝΟC. Tête de Marc Aurèle, couronnée de laurier.

℞. ΝΙΚΑΙΕΩΝ. Satyre barbu, avec une queue et des pieds de bouc, debout, un peu incliné, tenant le *pedum* dans la main droite levée, et soutenant une outre vide de la gauche penchée. ▢. Æ.6.-R⁴.-F.o.-12 fr.
Sestini, Descriz. dell. Med. ant. del Mus. Hederv., t. II, p. 54. N⁰ 15.

496. ΑΥΤ. ΚΑΙ. Μ. ΑΥΡΗ. ΑΝΤΩΝΙΝΟC. Tête nue et barbue de M. Aurèle, à droite.

℞. ΝΕΙΚΑΙΕΩΝ. Tête de femme, à droite, le *modius* sur la tête, avec la *stola;* un carquois derrière le dos, et un arc devant la poitrine. Æ.8.-R⁴.-F.*.-18 fr.

397. ΑΥ. Μ. ΑΥΡΟ. (*sic*) ΑΝΤΩΝΕΙΝΟC. Tête nue et barbue, avec le *paludamentum.*

℞. ΝΙΚΑΙΕΩΝ. Tête voilée et tourrelée de femme, à droite . . . . Æ.6½.-R⁴.-F.o.-12 fr.

498. . . . . Κ. Μ. ΑΥΡ. ΑΝΤΩΝΕΙ . . . . . Tête laurée, à droite.

℞. ΝΙΚΑ . . . . . Tête tourrelée de femme, à droite, ceinte de lierre, avec une touffe de cheveux derrière la tête; et vêtue de la *stola* . . . . Æ.7½.-R⁴.-F.o.-12 fr.

499. Autre; ΝΙΚΑΙΕΩΝ. Tête de Faustine jeune. ▢.
Vaill., Num. gr . . . . Æ.6.-R⁴.-F.o.-12 fr.

500. Autre; ΝΙΚΑΙΕΩΝ. Hercule portant sur ses épaules un sanglier renversé. ▢. Æ.6.-R⁴.-F.o.-12 fr.
Vaillant, l. c.

501. Autre; ΝΙΚΑΙΕΩΝ. Hercule debout, tenant de la main droite la dépouille du lion, et de la gauche sa massue. *Vaill., l. c.* ▢ . . . . Æ.6.-R².-F.o.-6 fr.

502. . . . . Tête laurée de M. Aurèle.

R͛. ΑΛΕΞΑΝΔΡΟΝ. ΝΙΚΑΙΕΙC. Tête d'Alexandre-le-Grand. ☐. . . . . Æ.4.-R⁴.-F.o.-8 fr.

Vaillant, Num. gr.

503. ΑΥΤ. ΚΑΙ. Μ. ΑΥΡΗ. ΑΝΤΩΝΕΙΝΟC. Tête laurée et barbue, à droite.

R͛. ΝΕΙΚΑΙΕΩΝ. Victoire marchant à gauche, tenant une couronne de la main droite, et un trophée de la gauche. . . . . Æ.8½.-R¹.-F.o.-6 fr.

504. ΑΥ. ΚΑΙ. Μ. ΑΥΡΗ. ΑΝΤΩ. . . OC. Même tête, à d.

R͛. ΝΙΚΑΙΕΩΝ. Victoire marchant à gauche, tenant une couronne de la main droite, et une palme de la gauche. . . . . Æ.7.-R¹.-F.o.-3 fr.

505. Autre; ΝΙΚΑΙΕΩΝ. Rome casquée assise, tenant une Victoire de la main droite, et de la gauche une haste. ☐. Vaill., l. c. . . . . Æ.6.-R.¹.-F.o.-3 fr.

506. ΑΥΤ. ΚΑΙ. Μ. ΑΥΡΗ. ΑΝΤωΝΕΙΝΟC. Même tête laurée et barbue, à droite.

R͛. ΝΙΚΑΙΕωΝ. La Fortune debout, vêtue de la *stola*, le *modius* sur la tête, tenant un gouvernail de la main droite, et une corne d'abondance de la main gauche. . . . . Æ.7½.-R⁴.-F.o.-3 fr.

507. ΑΥΤ. ΚΑΙ. Μ. ΑΥΡ. ΑΝΤΩΝΙΝΟC. Même tête, à gauche.

R͛. ΝΕΙΚΑΙΕωΝ. Femme tourrelée et vêtue de la *stola*, debout, tenant de la main droite une patère, et de la gauche une corne d'abondance; à ses pieds, un autel allumé. . . . . Æ.5½.-R¹.-F.o.-2 fr.

508. Μ. ΑΥΡΗΛΙ. ΑΝΤΩΝΙΝ. . . . Tête nue.

R͛. ΝΙΚΑΙΕΩΝ. Femme tourrelée debout devant

un autel; elle tient de la droite une patère, et de la
gauche une corne d'abondance. ▢. Æ.9.-R¹.-F.o.-6 fr.
Sestini, Desc., p. 259. N° 13.

509. ΑΥ. Κ. Μ. ΑΥΡ. ΑΝΤΩΝΕΙΝΟC. Tête laurée et
barbue, à droite, avec une cuirasse.

R'. ΝΙΚΑΙΕΩΝ. Aigle éployé, à droite, sur une
base ornée d'une guirlande de fleurs, entre deux enseignes militaires............. Æ.7.-R¹.-F.o.-3 fr.

510. ΑΥ. Κ. Μ. ΑΥΡ. ΑΝΤΩΝΕΙΝΟC. Tête laurée.

R'. ΝΙΚΑΙΕΩΝ. Aigle sur une base, entre deux enseignes militaires, ornés du capricorne. ▢. *Eckhel,
Cat. Mus. C. Vind., I*, 147. *N°* 8. Æ.9.-R¹.-F.o.-6 fr.

511. Autre; ΝΙΚΑΙΕΩΝ. Urne des jeux, avec deux
palmes entre lesquelles est un buste à tête barbue. ▢.
Vaill., Num gr............. Æ.6.-R⁴.-F.o.-12 fr.

Faustina Junior.

512. ΦΑΥCΤΕΙΝΑ. CΕΒΑCΤΗ. Tête de Faustine.

R'. ΝΙΚΑΙΕΩΝ. Jupiter assis, tenant de la main dr.
une patère, et de la gauch. une haste; à ses pieds, un
aigle. ▢..... .... Æ.6.-R⁴.-F.o.-12 fr.
Froelich, 4 tent., p. 214.

513. Autre; Jupiter assis, portant sur la main droite une
petite Victoire, et de la g. une haste; à ses pieds, un
aigle. ▢. *Eckhel, l. c., p.* 147. *N°* 11. Æ.9.-R⁴.-F.o.-24 fr.

514. Autre; ΝΙΚΑΙΕΩΝ. Cérès debout, sur un char
traîné par deux dragons; elle tient dans chaque main
un flambeau ardent. ▢. *Vaill., l. c.* Æ.6.-R⁴.-F.o.-12 fr.

515. Autre; ΝΙΚΑΙΕΩΝ. Bacchus et une femme tourrelée, l'un tenant un thyrse, et l'autre une haste. ▢.
Vaill., l. c. .... Æ.9.-R⁴.-F.o.-24 fr.

Tome V. Supp.   G

516. . . . . Tête de Faustine jeune.

R̃. NIKAIEΩN. Bacchus et Ariane assis, s'embrassant. ▢. *Vaill., Num. gr.*. . . . . . Æ.5.-R⁴.-F.o.-8 fr.

517. Autre; NIKAIEΩN. Divinité assise sur un loup, tenant de la main droite une corne d'abondance, et de la g. un sceptre. ▢. *Vaill., l. c.*. . Æ.9.-R⁴.-F.o.-24 fr.

518. ΦAYCTEINA. CEBACTH. Même tête, à droite.

R̃. NIKAIEΩN. Hercule couché et endormi sur un lion marchant à droite, tenant de la main droite Cupidon, et de la g. sa massue (*a*). . . Æ.8.-R⁴.-F.o.-12 fr.

519. Autre; NIKAIEΩN. Les trois Grâces nues s'embrassant. ▢. *Vaill., l. c.*. . . . . . Æ.6.-R⁵.-F.o.-24 fr.

520. Autre; NIKAIEΩN. Même type. ▢. *Sestini, Descriz. dell. Med. ant. del Mus. Hederv., t. II, p.* 54. *Nᵒ* 17. . . . . Æ.9.-R⁵.-F.o.-50 fr.

521. ANNEA. ΦAYCTEINA. CEB. Même tête.

R̃. AΓAΘH. TYXH. NIKAIEΩN. Femme assise (la Fortune) sur des rochers sur lesquels sa main g. est appuyée; elle tient un gouvernail de la dr. ▢. *Vaill., l. c.*. . . . . Æ.5.-R⁴.-F.o.-9 fr.

L. Verus.

522. AY. K. A. AYP. OYHPOC. CEB. Tête nue de Lucius Vérus, à droite.

R̃. NIKAIEΩN. Jupiter, vêtu du *pallium*, assis sur un siége, à gauche, tenant une patère de la main droite, et la g. sur la haste pure. . Æ.7½.-R².-F.o.-6 fr.

(*a*) Médaille déjà décrite avec inexactitude. *Voyez* Descript., t. II, p. 454. Nᵒ 236.

523. . . . . . . AΥPH. . OΥHP. . ΑPME. ΠAP. Tête laurée
de L. Vérus.

℞. NEIKAIEΩN. Têtes accolées de Sérapis et
d'Isis, l'une ornée du *modius*, et l'autre de la fleur du
lotus. ◻ . . . . Æ.9.-R⁵.-F.o.-60 fr.
Mus. Sancl., Num. sel., t. II, p. 262.

524. AΥT. Λ. AΥPHΛIΘC. OΥHPOC. Même tête, avec
le *paludamentum*.

℞. NEIKAIEΩN. Pallas casquée debout, à gauche,
ayant sur la main droite une chouette, et tenant de
la gauche une haste ferrée; à côté, un bouclier. ◻.
Sestini, Descr dell. Med. ant. del Mus. Hederv.,
t. II, p. 54. N° 19 . . . . Æ.6.-R¹.-F.o.-3 fr

525. AΥ. K. Λ. AΥP. OΥHPOC. CEB. Même tête nue,
à droite, avec le *paludamentum*.

℞. NIKAIEΩN. Minerve debout, à gauche, tenant
une patère de la main droite, et la gauche sur un
bouclier posé à terre . . . . Æ.6.-R¹.-F.o.-3 fr.

526. Autre; NIKAIEΩN. Minerve debout, à droite, la
main droite sur la haste, et la gauche sur son bouclier posé à terre . . . . Æ.6.-R¹.-F.o.-3 fr.

527. Autre; NIKAI . . . . . Le Soleil nu, marchant, le
bras étendu. ◻ . . . . Æ.6.-R¹.-F.o.-3 fr.
Gessner, Impp. Tab. CXIX. Fig. 24.

528. AΥT. Λ. AΥP. OΥHPOC. CEB. Même tête.

℞. NIKAIEΩN. Victoire debout en face, tenant de
la main droite levée une couronne, et de la gauche
une palme. ◻ . . . . Æ.4.-R¹.-F.o.-2 fr.
Sestini, Descriz. dell. Med. ant. del Mus. Hederv.,
t. II, p. 54. N° 18. C. M. H., 4510.

G *

529. . . . . Tête de Lucius Vérus.

℟. NEIKAIEΩN. Autel enveloppé par un serpent. ▢. *Mus. Arig., I. al.* 5 80. . . . . Æ.4.-R¹.-F.o.-2 fr.

530. Autre; NIKAIEΩN. Serpent dressé. ▢. *Mus. Arig., l. c.,* 6. 80. . . . . , ... Æ.4.-R¹.-F.o.-2 fr.

531. Autre; NIKAIEΩN. Femme debout, près d'un autel, tenant de la main droite une patère. ▢. *Vaill., Num. gr.* . . . . , . , ... Æ.9.-R².-F.o.-12 fr.

532. AYT. KAI. Λ. AYPH. OYHPOC. CEBA. Tête laurée, à droite.

℟. NEIKAIEΩN. L'empereur à cheval, allant à g., la main dr. levée, tenant les rênes de la g., et la chlamyde flottante derrière le dos. Æ.9.-R².-F.o.-12 fr.

533. Autre; NIKAIEΩN. Aigle sur un cippe, entre deux enseignes militaires. ▢. *Vaill., l. c.* Æ.6.-R¹.-F.o.-3 fr.

534. AYT. KAIC. Λ. AYPH. OYHP. APM. CEB. Même tête nue.

℟. PΩMAIΩN. NIKHN. NEIKAIEIC. Victoire écrivant sur un bouclier placé sur une colonne. ▢. *Eckhel, Syllog., I, p.* 67. . . . . Æ.9.-R³.-F.o.-18 fr.

535. Autre; ΔIONYC. . . . . . ECTIΑ. NIKAIC., *meliùs* ΔIONYCION. KTICTHN. NIKAIEIC. Bacchus debout, devant un autel, tenant le *cantharum* de la main dr., et un thyrse de la g. ▢. . . . . Æ.6.-R².-F.o.-6 fr.

      Mus. Arig., I. Urb. gr. Impp. al. Tab. V, 79.

536. AYT. KAI Λ. OYHPOC. CE. Même tête.

℟. NIKAIEIC. KTICTH. Temple tétrastyle, dans lequel est Bacchus debout, tenant le *cantharum* de la

main d., et son thyrse de la g. ☐..Æ.6.-R⁴.-F.o.-12 fr.
Eckhel, Cat. Mus. Caes. Vindob., t. I, p. 147. N° 12.

537. AYT. KAIC. AYP. OYHP. KAICAP. Tête nue de
L. Vérus.

R⁄. NIKAIE..N. OMONOIA. Femme debout,
tenant de la main droite une patère, et de la gauche
une corne d'abondance; à ses pieds, un autel. ☐.
Eckhel, Num. vet., p. 184...... Æ.9.-R².-F.o.-12 fr.

538. AYT. KAIC. Λ. AYP. OYHPOC. Même tête.
R⁄. CΩTHPA. NIKAIEΩN. Autel enveloppé par un
serpent. ☐................... Æ.4.-R⁴.-F.o.-8 fr.
Sestini, Descr., p. 259. N° 14.

Commodus.

539. M. AY. KOM. ANTΩNEINOC. Tête nue de Commode, à droite, la barbe longue, et avec le *paludamentum.*

R⁄. NIKAIEΩN. Jupiter à demi couvert du *pallium,*
assis sur un siège, à gauche, tenant de la main dr.
une patère, et la gauche appuyée sur la haste pure ;
à ses pieds, son aigle éployé.. Æ.7½.-R⁴.-F.o.-12 fr.

540. .... Tête de Commode.
R⁄. NIKAIEΩN. Jupiter assis, tenant de la main dr.
une patère, et de la g. une haste. ☐.Æ.9.-R⁴.-F.o.-20 f.
Vaill., Num. gr.

541. Autre; NIKAIEΩN. Sérapis debout, avec le *modius,* la main dr. levée, et une haste dans la g. ☐.
Vaill., l. c................ Æ.6.-R³.-F.o.-9 fr.

542. ....KO. ANTΩNI..... Tête laurée et barbue, à droite, avec le *paludamentum.*

℞. NIKAIEΩN. Tête de Sérapis, à droite, avec le *pallium*. . . . . Æ.8.-R².-F.o.-6 fr.

543. M. AY. KOMO... .Ω. Tête laurée et barbue de Commode, à droite.

℞. NIKAIEΩN. Tête de Sérapis, tournée vers la droite. . . . . Æ.7.-R².-F.o.-6 fr.

544. Autre; NIKAIEΩN. Aigle éployé à droite, sur un autel orné d'une guirlande de fleurs, entre deux enseignes militaires. . . . . Æ.7½.-R¹.-F.o.-3 fr.

545. KOMMOΔOC. AYΓOYCTOC. Même tête, avec une contre-marque.

℞. NIKAIEΩN. Aigle éployé avec une couronne dans son bec tourné. □. . . . . Æ.4.-R².-F.o.-4 fr.

Sestini, Descriz. dell. Med. ant. del Mus. Hederv., t. II, p. 55. N° 22. C. M. H. N° 4580. Sub M. Aurel.

546. A. K. M. AY. KOM. ANTΩNINOC. Tête radiée, avec le *paludamentum*, et deux contre-marques; l'une offrant la Victoire, et l'autre une tête de femme.

℞. NIKAIEΩN. Tête tourrelée de femme, avec la *stola*. □. *Sestini, l. c. p.* 55. N° 24. Æ.6.-R¹.-F.o.-3 fr.

547. AY. M. AY. KOM. ANTΩNINOC. Tête laurée, avec le *paludamentum*.

℞. NIKAIEΩN. Tête de femme tourrelée, avec la *stola*. □. *Sestini, l. c.,* N° 25.... Æ.6.-R¹.-F.o.-3 fr.

548. M. AY. KOM. ANTΩNINOC. Tête nue et barbue, à droite.

℞. NIKAIEΩN. Minerve debout, à droite, tenant une patère de la main droite, et la gauche sur la haste; à ses pieds, un bouclier.. . . . . Æ.5.-R¹.-F.c.-2 fr.

549. ΑΥΤ. ΑΥΡΗ. ΚΟΜΟΔΟΣ ΚΑΙCΑΡ. Téte nue et
jeune de Commode.

℞. ΝΙΚΑΙΕΩΝ. Pallas debout, la main droite sur
la haste; le gauche sur son bouclier posé à terre. ▫.
Sestini, Descr., p. 259. N° 15.... Æ.6.-R¹.-F.o.-3 fr.

550. ΑΥΡ. ΚΟ. ΑΝΤ.... Même tête laurée;
devant, la Victoire en contre-marque.

℞. ΝΙΚΑΙΕΩΝ. Æsculape appuyé sous les aisselles
sur son bâton enveloppé par un serpent, la main
droite derrière le dos. ▫........... Æ.6.-R².-F.o.-6 fr.

Sestin., Descriz. dell. Med. ant. del Mus. Hederv., II,
p. 55. N° 21. C. M. H. N° 4459. Sub Amastri Paph.

551. Autre; ΝΙΚΑΙΕΩΝ. Hygiée debout, faisant manger un serpent dans une patère. ▫. Æ.6.-R².-F.o.-6 fr.
Vaill., Num. gr.

552. Autre; ΝΙΚΑΙΕΩΝ. Cérès marchant à droite, tenant dans chaque main un flambeau ardent. ▫. *Vaill.,
l. c.* .... Æ.6.-R².-F.o.-6 fr.

553. Autre; ΤΟΝ ΚΤΙCΤΗΝ ΝΙΚΑΙΕΩΝ. Bacchus
debout sur un char, traîné par deux panthères, tenant de la main droite un vase, et de la gauche un
thyrse. ▫. *Vaill., l. c.* .... Æ.6.-R².-F.o.-6 fr.

554. ΑΥ. ΚΟΜ. ΑΝ (ΤΩΝΙ)ΝΟC. ΚΑΙCΑΡ. Même
tête jeune et nue.

℞. ΔΙΟΝΥCΟΝ. ΚΤΙC. ΝΙΚΑΙ (ΕΩΝ). Bacchus couvert d'une peau de bouc, debout en face, tenant de la
main droite une grappe de raisin, et de la gauche un
thyrse. ▫................... Æ.6.-R⁵.-F.o.-20 fr.
Sestini, l. c., p. 54. N° 20. C. M. H. N° 4511. Sub L. Vero.

555. ΚΟΜΟΔΟC. ΚΑΙCΑΡ. Même tête nue, à droite,
avec la chlamyde attachée sur les épaules.

℞. NIKAIEΩN. Bacchus assis sur un siége, à g.
tenant le *cantharum* incliné de la main droite, et la haste
de la g.; à ses pieds, une panthère.. Æ.6.-R².-F.*.-6 fr.

556. Légende altérée. Tête de Commode nue et imberbe, à droite, avec le *paludamentum.*

℞. ᴣNEIKAIEΩN. Bacchus nu, assis dans une petite barque, avec un mât incliné.. . Æ.4.-R⁴.-F.*.-8 fr.

557. Autre; NIKAIEΩN. Petite barque sur laquelle
Bacchus est assis, tenant de la main droite un vase, et
de la gauche un thyrse: ◻...... Æ.4.-R⁴.-F.*.-8 fr.

             Vaill., Num, gr.

558. ......A. K........ AN...... Tête barbue laurée,
à droite; derrière, se trouve une Victoire en contre-
marque.

℞. NIKAIEΩN. Tête de femme tourrelée, à droite,
et couronnée de lierre.......... Æ.8.-R⁴.-F.o.-12 fr.

559. A. K. M. AY. KO. ANTΩNI. Tête laurée et barbue,
à droite, avec cuirasse.

℞. NIKAI...... Hercule debout en repos, le bras
droit derrière le dos, et la gauche appuyée sur sa
massue posée sur un rocher, et portant la dépouille
du lion.......................: Æ.7½.-R²-F.o.-6 fr.

560. Autre; NIKAIEΩN. Tête diadémée d'Alexandre-
le-Grand. ◻. *Vaill., l. c*........ Æ.4.-R².-F.o.-4 fr.

561. A. K. M. AYP. KO. ANTΩNEINOΣ. Même tête
radiée.

℞. NIKAIEΩN. Temple hexastyle. ◻. *Mus. Theup.,*
925...................... : Æ 9.-R².-F.o.-12 fr.

562. Autre; NIKAIEΩN. Temple tétrastyle, dans lequel
est la Fortune debout. ◻. *Vaill., l. c.* Æ.6.-R².-F.o.-6 fr.

563. .... KO. ANTΩNIN... Tête laurée et barbue,
de Commode, à droite.

    R'. ... KAIEΩN. Figure debout, dans un temple
hexastyle . . . . Æ.7½.-R².-F.o.-6 fr.

564. Autre; NIKAIEΩN. Commode tenant une patère
de la main droite, et faisant un sacrifice à Jupiter,
assis devant lui. ◻. *Vaill., N. gr.* Æ.6.-R⁴.-F.o.-19 fr.

565. Autre ; NIKAIEΩN. BEIΘY. Commode à cheval,
courant, à droite, la main dr. armée d'une lance. ◻.
Vaill., l. c. . . . . Æ.6.-R².-F.o.-6 fr.

566. AYT. KOMOΔ. ANTΩNIN . . . . Tête laurée jeune,
avec un trophée sur l'épaule.

    R'. NIKAIEΩN. L'empereur lauré en habit mili-
taire, debout, tenant de la main droite un globe surmonté de la Victoire, et de la gauche une haste ; à ses
pieds, un captif. ◻. . . . . Æ.5.-R².-F.o.-4 fr.
Mus. Sanciem., Num. sel., t. II, p. 270, Tab. XXIII. Nº 197.

567. Δ. AYPH. KOMOΔOC. KAICAP. Tête nue et imberbe, à droite, avec la chlamyde sur l'épaule gauche ;
dessus, une contre-marque.

    R'. NIKAIEΩN. L. Vérus debout, vêtu de la toge,
et sacrifiant sur un autel en présence de Jupiter assis
sur un siège, et tourné à gauche, à demi couvert du
pallium, tenant une patère de la main droite, et la
gauche sur la haste pure. . . . . . Æ.8.-R⁵.-F.o.-24 fr.

568. Δ. K. M. AY. KO. ANTΩNIN. Tête laurée et
barbue, à droite.

    R'. KOMOΔO.. BACIΛEYONTOC. O.. YOC-
MOC. (*sic*) EYTYXEI. NIKAIEΩN. en sept lignes,
dans une couronne de laurier. Æ.8.-R⁵.-F.o.-100 fr.

569. A... K. M. AY. KOM. ANTΩN. Tête laurée de
Commode, à droite.

℟. IEPOI, ΑΓΩΝ, NIKAIEWN. Urne des jeux,
avec une palme .... Æ.8.-R⁵.-F.o.-24 fr

570. A. K. M. A, KO. ANTΩNI. Tête nue et barbue,
à droite.

℟. IEPOC. ΑΓΩΝ. NIKAIEΩN. Diota; dessous,
une massue couchée. □........ Æ.4.-R⁴.-F.*.-8 fr.
                                    Cab. de feu M. Tochon.

571. M. AYP. KOMMOΔOC. Même tête légèrement barbue, à droite, avec le *paludamentum*.

℟. IEPOC. ΑΓΩΝ. NIKAIEΩN. Urne des jeux,
avec une palme .... Æ.4.-R⁴.-F.o.-8 fr.

572. AYT. K. M. AYP. KO. ANTΩNIN. Tête laurée.

℟. NIKAIEΩN. Trois urnes avec une palme dans
chacune d'elles; au dessus, IEPOC.; au bas, ΑΓΩΝ. □.
Sestini, Descriz. dell. Med. ant. del Mus. Hederv.,
t. II, p. 56. Nº 30 .... Æ.6.-R⁴.-F.o.-12 fr.

573. A. K. M. A. KO. ANTΩNI. Tête nue et barbue,
à droite.

℟. IEPOC. ΑΓΩΝ. NIKAIEΩN. Athlète debout,
posant de la main droite une couronne sur sa tête, et
tenant une palme de la gauche... Æ.3.-R³.-F.*.-6 fr.

574. A. M. AY. KO. ANTΩ. Même tête.

℟. Même légende et même type, Æ.3.-R³.-F.*.-6 fr.

575. A. K. M. A. KO. ANTΩ,..... Même tête.

℟. IEPOC..... NIKAIEΩN. Vase à une anse,
semblable au *præfericulum*; à côté, à gauche, une
palme..................... Æ.3.-R³.-F.*.-6 fr.

576. Autre; NIKAIEΩN. Table sur laquelle sont deux

urnes accompagnées de deux palmes ; dessous, on lit :
KOMOΔEIA. □. *Vaill., Num. gr.* Æ.6.-R⁴.-F.o.-12 fr.

577. KOI ANT . . . Tête nue et imberbe de Commode.

R'. KOMOΔEIA. NIKAIЄωN. Une urne avec une palme. □ . . . . Æ.3.-R⁴.-F.*.-8 fr.

Sestini, Descriz. dell. Med. ant. del Mus. Hederv., t. II, p. 55. Nº 29.

578. AY. K. KOMOΔOC. ANTωNINOC. Tête laurée et barbue, à droite.

R'. ΘHCЄA. NIKAIЄIC. Tête imberbe couverte d'une peau de lion, à droite. . . . Æ.3½.-R⁸.-F.*.-40 fr.

479. AY. K. . KOMOΔOC. . . . Même tête.

R'. AΛЄΞANΔPON. NIKAIЄIC. Tête diadémée d'Alexandre-le-Grand, à droite. . Æ.4.-R³.-F.*.-6 fr.

580. Légende altérée. Tête nue et imberbe avec le *paludamentum.*

R'. AΛЄΞANΔPON. NIKAIЄIC. Tête diadémée d'Alexandre-le-Grand, à gauche. . Æ.3.-R³.-F.*.-6 fr.

581. Autre ; AΛЄΞANΔPON. NIKAIЄIC. Jupiter nu debout, tenant un foudre de la main droite, et de la gauche la haste. □. *Vaill., N. gr.* Æ.4.-R⁴.-F.o.-8 fr.

582. A. K. M. AY. KO. ANTωNЄINOC. Tête nue et barbue, à droite, avec le *paludamentum.*

R'. IΠΠAPXOC. NIKAIЄωN. Hipparque à demi couvert du *pallium*, assis sur un cippe, et tourné à gauche, portant la main droite vers un globe posé sur une colonne, et la main gauche appuyée sur un cippe. □. *Cab. de M. de Brondsted.* . . . . Æ.7.-R⁶.-F.*.-50 fr.

Septimius Severus.

583. AYT. K. Λ. CEΠ. CEYHPOC. Π. Tête laurée de
Septime Sévère, à droite.

R٢. NIKAIEΩN. Jupiter assis sur un siége, à gauche,
à moitié couvert du *pallium*, tenant de la main droite
une patère, à ce qu'il paraît, et la gauche sur la haste
pure.................... Æ.7.-R.².-F.o.-6 fr.

584. AYT. K. Λ. CEΠT. CEYHPOC. Π. Même tête.

R٢. NIKAIEΩN. Jupiter à demi nu, assis sur un siége,
à gauche, tenant une patère de la main droite, et la
gauche sur la haste pure........ Æ.6½.-R².-F.o.-6 fr.

385. AYT. K. Λ. CEΠ. CEOYHPOC. ΠE. Même tête
laurée.

R٢. NIKAIEΩN. Jupiter assis, vêtu d'une longue
robe, tenant de la main droite une patère et de la
gauche une haste. ▢......... Æ.6.-R².-F.o.-6 fr.
Eckhel, Cat. Mus. Caes. Vindob., t. I, p. 147. Nᵒ 14.

386. ....OYHPOC. AYTO........ Même tête, à
droite.

R٢. NIKAIEΩN. Aigle éployé à droite, et regardant à gauche............... Æ.2½.-R¹.-F.o.-2 fr.

587. A. K. Λ. CEΠTI. CEOYHPON. AYT. Même tête
entre deux contre-marques, offrant la Victoire et la
tête radiée de Caracalla.

R٢. NIKAIEΩN. Pallas assise, à gauche, tenant de
la main droite étendue une petite Victoire, la gauche
appuyée sur la haste et en même temps sur son bouclier. ▢. *Sestini, Descriz. dell. Med. ant. del Mus.*
Hederv, II, 56. Nᵒ 32........ Æ.6.-R².-F.o.-6 fr.

588. ΑΥΤ. Κ. Λ. CE......... Tête laurée de Septime
Sévère, à droite, sans le *paludamentum*.
Ŗ. ...... AIE...N. Æsculape et Hygiée debout,
avec leurs attributs............... Æ.6.-R³.-F.o.-9 fr.

589. Autre; NIKAIEΩN. Æsculape debout, avec le *pallium*, la main droite sur son bâton enveloppé par un
serpent. ⌑. *Vaill., N.g.*........ Æ.4.-R².-F.o.-4 fr.

590. ΑΥ. Κ. Λ. CEΠΤΙ. CEOYHPOC. Π. Même tête,
avec une tête laurée en contre-marque. ...... *£.*. ....
Ŗ. NIKAIEWN. Hygiée debout, tenant de la main
droite une patère, dans laquelle mange un serpent. ⌑.
Frœlich, 4 tent., p. 237....... Æ.6.-R².-F.o.-6 fr.

591. Λ. CEΠ. CEOYHPOC. Même tête.
Ŗ. NIKAIEΩN, *vel* NEIKAIEΩN. Télesphore de-
bout, avec son manteau. ⌑...,.. Æ.4.-R².-F.o.-4 fr.
Vaillant, 1. c., et Sestini, Lett. num., p. 260. Nᵒ 19.

592. Λ. Κ. Λ. CE. CEY. ΠE. Tête nue, à droite.
Ŗ. NIKAIEΩN. Un serpent dressé, tourné du côté
gauche.................... Æ.3.-R¹.-F.o.-2 fr.

593. . .ΚΛ. CEΠ... CEYHPOC. Π. Tête laurée, à dr.,
avec le *paludamentum;* derrière, une contre-marque.
Ŗ. NIKAIEΩN. (*a*) Bacchus assis tourné vers la
gauche, la main droite posée sur sa tête, et tenant de
la main gauche un thyrse; à ses pieds, on voit une
panthère .... Æ.7½.-R³.-F.o.-9 fr.

594. Autre; NIKAIEΩN. Hercule saisissant par les
cornes un cerf; à terre, massue. ⌑. Æ.6.-R³.-F.o.-9 fr.
Vaillant, 1. c.

____

(*a*) Pellerin a lu AXAIEΩN. C'est une erreur à rectifier
dans notre Descript., t. II, p. 160. Nᵒ 100.

595. ΑΥ. Κ. Λ. CΕΠΤΙ. CΕΟΥΗΡΟC..... Tête laurée
de Septime Sévère, avec une autre plus petite en contre-marque, dont le caractère semble indiquer celui
de Pertinax ou de Septime Sévère lui-même.

℞. ΝΙΚΑΙΕΩΝ. L'Équité debout, tenant de la main
droite une balance, et de la main gauche une corne
d'abondance. □................ Æ.6.-R³.-F.o.-9 fr.
Eckhel, Cat. Mus. Caes. Vindob., p. 147. N° 15.

596. Autre; la Fortune debout. □.. Æ.6.-R¹.-F.o.-3 fr.
Vaillant, Num. gr.

597. Autre; CΕΟΥΗΡΟC. ΝΙΚΑΙΕΩΝ. L'empereur en
toge, debout, tenant une patère de la main droite, et
une haste de la gauche. □....... Æ.6.-R².-F.o.-6 fr.
Vaillant, l. c.

598. ΑΥΤ. Κ. Λ. CΕΠΤΙ. CΕΟΥΗΡΟC. ΑΥΤ. Même tête,
à droite.

℞. CΕΟ....... ΝΙΚΑΙΕΩΝ. Septime Sévère, la
tête radiée, debout, vêtu de la toge, tenant une palme
de la main droite, et l'aigle romaine de la gauche; une
contre-marque............... Æ.7½.-R².-F.o.-6 fr.

599. Autre; CΕΟΥΗΡΕΙΑ. ΝΙΚΑΙΕΩΝ. L'empereur en
toge, tenant une patère de la main droite, et un bâton
d'ivoire de la gauche. □. Vaill., l. c. Æ.6.-R³.-F.o.-9 fr.
Vaillant, l. c.

600. CΕΟΥΗΡ.., ΑΥΓΟ. Même tête laurée.
℞. ΝΙΚΑΙΕΩΝ. Urne des jeux, avec une palme. □.
Cab. de feu M. Beaucousin.... Æ.4½.-R².-F.o.-4 fr.

601. ΑΥ. Κ. Λ. ΣΕΠΤ. ΣΕΟΥΗΡΟΣ....... Tête laurée
de Septime Sévère.

℞. ΣΕΟΥΗΡΙΑ. ΝΙΚΑΙΕΩΝ. Urne dans laquelle

sont deux palmes. ▢.............. Æ.4.-R².-F.o.-4 fr.
Mus. Theup., p. 941.

602. ΑΥΤ. ΚΑΙ. Λ. ΣΕΠΤ. ΣΕΟΥΗΡΟΣ. Π. Tête laurée,
avec un signe monétaire.

R̃. ΣΕΟΥΗΡΕΙΑ. ΦΙΛΑΛΕΛΦΕΙΑ. ΝΙΚΑΙΕΩΝ. (a)
Figure à demi nue, assise sur un rocher, portant sur
la main droite l'urne des jeux de laquelle sort une
palme; à ses pieds, vase à anse. ▢. Æ.9.-R⁴.-F.o.-24 fr.
Frœlich, 4. tent., p. 236. Fig. 1.

603. ΑΥΤ, Κ. ΣΕΠΤ. ΣΕΟΥΗΡΟΣ. ΠΕΡΤ. ΑΥΓΟΥ.
Même tête.

R̃. ΣΕΟΥΗΡΙΑ. ΦΙΛΑΔΕΛΦΕΙΑ. ΜΕΓΑΛΑ. ΝΙ-
ΚΑΙΕΩΝ. Table sur laquelle est une urne entre les têtes
de Caracalla et de Géta; sous la table, vase avec deux
palmes. ▢. *M. Theup.*, 941..., Æ.MM.-R⁴.-F.o.-40 fr.

604. Autre; ΕΠΙ. ΣΤΡ..... ΝΕΙΚΑΕΩΝ. (*sic*) ΚΥΖΙ-
ΚΗΝΩΝ. Sévère à cheval, frappant d'un javelot un
barbare. ▢. *Vaill., l. c.*......... Æ.9.-R³.-F.o.-18 fr.

Julia Domna.

605. .... Tête de Julia Domna.

R̃. ΝΙΚΑΙΕΩΝ. Jupiter assis, tenant de la main dr.
une patère, et de la gauche une haste. ▢. *Vaillant,
Num. gr.*,................ Æ.6.-R¹.-F.o.-3 fr.

606. Autre; ΝΙΚΑΙΕΩΝ. Pallas casquée, assise sur une
cuirasse, tenant une Victoire de la main droite, et
une haste de la gauche. ▢......... Æ.9.-R¹.-F.o.-6 fr.
Vaillant, l. c.

(a) Le P. Hardouin rapporte la même légende, au milieu
d'une couronne, sans donner le diamètre de la médaille, Oper.
sel., pag. 122.

607. ΙΟΥΛΙΑ. ΠΙΑ, ΑΥΓΟΥCΤΑ. Tête de J. Domna.

℞. ΝΙΚΑΙΕΩΝ. Pallas assise, tenant de la main droite une patère, et de la gauche une haste. ▢. *Sest., Desc., p.* 260. *N°* 20 . . . . Æ.6.-R².-F.o.-6 fr.

608. ΙΟΥΛΙΑ. ΑΥΓΟΥCΤΑ. Même tête, à droite, la poitrine couverte de la *stola.*

℞. ΝΙΚΑΙΕΩΝ. Le Soleil nu et radié, marchant à gauche, la main droite levée, et tenant de la gauche un fouet et la chlamyde . . . . Æ.7½.-R².-F.o.-6 fr.

609. Autre semblable, mais . . . . Æ.8.-R².-F.o.-6 fr.

610. ΙΟΥΛΙΑ. ΑΥΓΟΥCΤΑ. Même tête.

℞. ΝΙΚΑΙΕΩΝ. Æsculape debout avec ses attributs. ▢. *M. Sancl., N. sel., II,* 297. Æ.6.-R².-F.o.-6 fr.

611. Autre; ΝΙΚΑΙΕΩΝ. Télesphore debout, couvert de son manteau. ▢. *Vaill., N. gr.* Æ.4.-R².-F.o.-4 fr.

612. ΙΟΥΛΙΑ. ΔΟΜΝΑ. Même tête.

℞. ΝΙΚΑΙΕΩΝ. Les trois Grâces debout, s'embrassant. ▢. *Mus. Theup., p.* 955. Æ.6.-Rᴬ.-F.o.-12 fr.

613. ΙΟΥΛΙΑ. CΕΒΑCΤΗ. Même tête, à droite.

℞. ΝΙΚΑΙΕΩΝ. Cérès vêtue de la *stola* et voilée, debout à gauche, tenant des épis de la main droite, et la gauche sur la haste pure. . Æ.6½.-R¹.-F.o.-3 fr.

614. ΙΟΥΛΙΑ. ΔΟΜΝΑ. CΕΒ. Même tête; dessous, une tête incuse; derrière, une autre contre-marque, avec un homme debout.

℞. ΝΙΚΑΙΕΩΝ. Femme tenant un flambeau, sur un char traîné par deux taureaux. ▢. Æ.9.-R⁴.-F.o.-20 fr.

Gessner, Impp. Tab. CXXXVIII. N°.36.

615. Autre; ΝΙΚΑΙΕΩΝ. Femme voilée debout, tenant un sceptre de la main gauche. ▢. Æ.6.-R¹.-F.o.-3 fr.

Mus. Theup., p. 955.

616. ΙΟΥΛΙΑ. ΑΥΓΟΥϹΤΑ. Tête de Julia Domna, avec la *stola*, à droite.

℟. ΝΙΚΑΙΕΩΝ. Bacchus et Ariadne, accompagnés de Cupidon, sur un char traîné par deux centaures mâle et femelle, précédés d'un faune, tenant le *pedum* (a). . . . . Æ.7½.-R⁴.-F.o.-12 fr.

617. ΙΟΥΛΙΑ. ϹΕΒΑϹΤΗ. Même tête.

℟. ΝΙΚΑΙΕΩΝ. Serpent s'élançant de la ciste mystique. ▢. *Mus. Theup.*, p. 955. . Æ.5.-R².-F.o.-4 fr.

618. . . . . ΛΙΑ. ϹΕΒΑϹΤΗ. Même tête, à droite, avec la *stola*; derrière, une petite Victoire en contremarque.

℟. ΟΜΟΝΟΙΑ. ΝΙΚΑΙΕΩΝ. Femme vêtue de la *stola*, et le *modius* en tête, assise sur un siege, à g., tenant une patère de la main droite, et une haste de la gauche ▢. . . . . Æ.8.-R⁴.-F.o.-12 fr.
Dumersan, Descr. du Cab. Allier de Hauteroche, Pl. XI. N° 6.

619. Autre; ΝΙΚΑΙΕΩΝ. Hercule debout, saisissant un cerf par le bois. ▢. *Vaill., N. gr.* Æ.6.-R².-F.o.-6 fr.

620. Autre; ΝΙΚΑΙΕΩΝ. Hercule debout, la main dr. sur sa massue, et la dépouille du lion sur le bras g.; à ses pieds, Cerbère. ▢. . . . . . . Æ.9.-R².-F.o.-12 fr.
Vaill., loc. cit.

621. Autre; ΝΙΚΑ. . . . . . Figure militaire debout, vêtue du *paludamentum* (b), tenant une patère de la main

---

(a) Cette médaille n'avait pas été décrite avec exactitude. *Voyez* tom. II, pag. 458. N° 259.

(b) Caracalla jeune.

Tome V. Supp.   H

droite, et la gauche sur la haste; derrière, là Victoire
lui pose une couronne sur la tête. Æ.7.-R³.-F.o.-9 fr.

622. ΙΟΥΛΙΑ. ΑΥΓΟΥCTA. Tête de Julia Domna, à
droite, avec la *stola.*

R̸. NIKAIEΩN. Rome assise sur une cuirasse, et
tournée à gauche, portant une Victoire sur la main
droite, et la gauche sur la haste. Æ.7½.-R¹.-F.o.-3 fr.

623. Autre; NIKAIEΩN. Temple hexastyle, au milieu
duquel est la Fortune debout, tenant un gouvernail
de la main droite, et une corne d'abondance de la
gauche...................... Æ.6.-R¹.-F.o.-3 fr.

624. Autre; NIKAIEΩN. La Fortune debout dans un
temple hexastyle. ◻. *Vaill., N. gr.* Æ.6.-R¹.-F.o.-3 fr.

625. ΙΟΥΛΙΑ. ΑΥΓΟΥΣ..... Même tête.

R̸. NIKAIEΩN. Homme debout, tenant de la droite
..... et de la g. un long flambeau. ◻. *Mus. Theup.,
pag.* 955...................... Æ.9.-R².-F.o.-12 fr.

626. Autre; NIKAIEΩN. Temple hexastyle. ◻. *Mus.
Theup. p.* 955.................. Æ.6.-R².-F.o-6 fr.

627. ΙΟΥΛΙΑ. ΠΙΑ. ΑΥΓΟΥCTA. Même tête, à droite.

R̸. NIKAIEΩN., écrit en deux lignes, en travers
du champ, et entre un *vexillum* surmonté de l'aigle romaine et deux enseignes militaires. Æ.8.-R¹.-F.o.-3 fr.

628. Autre; NIKAIEΩN. Deux enseignes militaires; au
milieu l'aigle légionnaire. ◻..... Æ.6.-R¹.-F.o.-3 fr.

Vaill., l. c.

629. Autre; NIKAIEΩN. Urne des jeux, avec une
palme. ◻. *Vaill., l. c.*.......... Æ.6.-R¹.-F.o-3 fr.

630.—ΙΟΥΛΙΑ. ϹΕΒΑϹΤΗ. Tête de Julia Domna; derrière, la Victoire en contre-marque.

R'. ΝΙΚΑΙΕΩΝ. ϹΕΟΥΗΡΕΙΑ. Grande urne des
jeux, avec deux palmes. □. . . . . . . Æ.6.-R².-F.o.-6 fr.
Sestini, Desc. dell. Med. ant. dei Mus. Hederv.,
t. II, p. 66. N.º 34.

631. Autre; ΝΕΙΚΑΕΩΝ. ΠΕΡΓ. ΚΙΑΒΙΑΝ. Fleuve couché, peut-être le Caïcus, qui arrose les campagnes
non loin de Pergame; il tient un roseau de la main
droite, et le bras gauche est posé sur une urne. □.
Vaill., Num. gr. . . . . Æ.5.-R⁴.-F.o.-15 fr.

Julia Domna, cum filiis.

632. ΙΟΥΛΙΑ. ϹΕΒΑϹΤΗ. Tête de Julia Domna, à
droite; derrière, une Victoire deb. en contre-marque.

R'. ΑΝΤΩΝΙΝΟϹ. ΑΥΓ. ΓΕΤΑϹ. ΚΑΙ. ΦΙΛΑ-
ΔΕΛΦΙΑ. ΝΙΞΑΙΕΩΝ. Têtes affrontées de Caracalla
et celle de Géta; l'une de ces deux têtes est laurée, et
l'autre nue. . . . . Æ.9.-R⁶.-F.o.-100 fr.

633. Autre; avec ΑΥΓΟΥϹΤΙΑ. ΚΑΙ. ΦΙΛΑΔΕΛΦΙΑ.
ΝΙΚΑΙΕΩΝ. Têtes de Caracalla et de Géta; l'une laurée
et l'autre nue. □. Vaill., l. c. . . . Æ.9.-R⁶.-F.o.-100 fr.

Caracalla.

634. . . . . Tête de Caracalla.

R'. ΝΙΚΑΙΕΩΝ. Jupiter nu, debout, tenant de la
main droite une patère, et de la gauche un foudre. □.
Vaill., l. c. . . . . Æ.6.-R¹.-F.o.-3 fr.

635. Autre; ΝΙΚΑΙΕΩΝ. Jupiter nu, debout, tenant de
la main droite une patère, et de la main gauche

... une haste; à ses pieds se trouve un aigle. ▢. *Froelich,
4 tent., p.* 265 .... Æ.9.-R¹.-F.o.-6 fr.

636. ΑΝΤΩΝΙΝΟC. ΑΥΤΟΥCΤΟC. Tête laurée et barbue de Caracalla, à droite.

     ℞. ΝΙΚΑΙΕΩΝ. Jupiter couvert du *pallium*, assis sur un siége, à gauche, tenant une patère de la main droite, et la g. sur la haste pure.. Æ.8.-R¹.-F.o.-3 fr.

637. ΑΝΤΩΝΕΙΝΟC. ΑΥΓ .... Tête radiée, à droite.

     ℞. Même légende et même type Æ.7.-R¹.-F.o.-3 fr.

638. ΑΝΤΩΝΙΝΟC. ΑΥΤΟΥCΤΟC. Tête laurée.

     ℞. ΝΙΚΑΙΕΩΝ. Jupiter assis, tenant de la main droite une patère, et de la gauche la haste; à ses pieds, un aigle. ▢................. Æ.9.-R¹.-F.o.-6 fr.
Eckhel, Cat. Mus. Caes. Vindob., t. I, p. 148. Nº 23.

639. ΑΝΤΩΝΙΝΟC. ΑΥΤΟΥCΤΟC. Tête laurée et barbue, à droite, sans le *paludamentum*.

     ℞. ΝΙΚΑΙΕΩΝ. Sérapis à demi couvert du *pallium*, la main droite levée, et la haste pure dans la gauche; à ses pieds, un autel allumé... Æ.5½.-R¹.-F.o.-3 fr.

640. ΑΝΤΩΝΙΝΟC. ΑΥΤΟΥCΤΟC. Même tête, avec le *paludamentum*.

     ℞. ΝΙΚΑΙΕΩΝ. Minerve debout, à gauche, tenant une patère de la main droite, et la haste pure de la gauche; à ses pieds, un bouclier.. Æ.8.-R¹.-F.o.-3 fr.

641. M. ΑΥΡ. ΑΝΤΩΝ. ΚΑΙ. Tête imberbe laurée, à droite; derrière, une figure debout, en contre-marque.

     ℞. ΝΙΚΑΙΕΩΝ. Minerve debout, à gauche, tenant une patère de la main droite, et la gauche sur la haste; à ses pieds, un bouclier........ Æ.7.-R¹.-F.o -3 fr.

642. . . . . Tête de Caracalla. . . . .

R᷃. ΝΙΚΑΙΕΩΝ. Pallas casquée debout, la main
droite sur son bouclier, et la haste dans la gauche.
□. *Vaill., Num. gr.* . . . . Æ.6.-R¹.-F.o.-3 fr.

643. Autre; ΝΙΚΑΙΕΩΝ. Pallas casquée assise, tenant
de la main droite une patère, et de la gauche une
haste. □. *Vaill., l. c.* . . . . Æ.6.-R¹.-F.o.-3 fr.

644. Autre; ΝΙΚΑΙΕΩΝ. Pallas assise, faisant manger
dans une patère un serpent dressé, et tenant une haste
de la main gauche. □. . . . . Æ.6.-R¹.-F.o.-3 fr.
Eckhel, Cat. Mus. Caes. Vindob., t. I, p. 148. N°27.

645. Autre; ΝΙΚΑΙΕΩΝ. Rome casquée assise, tenant
une petite Victoire de la main droite, et une haste de
la gauche. □. *Eckhel, l. c. N°* 30. Æ.6.-R¹.-F.o.-3 fr.

646. M. ΑΥΡΗΑ. ΑΝΤωΝΙΝΟC. ΚΑΙCΑΡ. Tête laurée.

R᷃. ΝΙΚΑΙΕΩΝ. Æsculape debout, tenant de la
main droite son bâton, enveloppé par un serpent. □.
Eckhel, l. c. N° 18. . . . . Æ.6.-R¹.-F.o.-3 fr.

647. Autre; ΝΙΚΑΙΕΩΝ. Hygiée debout, vêtue d'une
tunique; tenant de la main droite une patère dans laquelle mange un serpent. □. . . . . . Æ.9.-R¹.-F.o.-6 fr.
. . . . Vaill., l. c.

648. ΑΝΤΩΝΙΝΟC. ΑΥΤΟΥCΤΟC. Même tête, à droite,
avec cuirasse. . . . .

R᷃. ΝΙΚΑΙΕΩΝ. Mars barbu debout, la main droite
appuyée sur son bouclier posé à terre, et la gauche
sur sa lance. . . . . Æ.8.-R¹.-F.o.-3 fr.

649. Autre; sans la cuirasse. . . . . . Æ.8.-R¹.-F.o.-3 fr.

650. .... Tête de Caracalla.

R̓. NIKAIEΩN. Cérès vêtue de la *stola*, debout, tenant des épis de la main droite, et la haste pure de la gauche. ▢. *Vaill., Num. gr...* Æ.9.-R¹.-F.o.-6 fr.

651. ANTΩNINOC. AYΓOYCTOC. Même tête laurée tournée à droite.

R̓. NIKAIEΩN. Femme debout, vêtue de la *stola*, tenant des épis et une patère de la main droite, et la gauche sur un bâton noueux. ▢. *Cab. de feu M. Beaucousin d'Amiens* .... Æ.6.-R¹.-F.o.-3 fr.

652. Même légende. Tête radiée de Caracalla, à droite.

R̓. NIKAIEΩN. Même type.... Æ.8.-R¹.-F.o.-3 fr.

653. Autre; NIKAIEΩN. Cérès entourée d'une voile, tenant une torche dans chaque main, sur un char traîné par deux dragons. ▢..... Æ.9.-R².-F.o.-12 fr.

Vaill., l. c.

654. M. A. ANTΩNINOL. KAIΣAP. Tête nue et imberbe de Caracalla, avec le *paludamentum;* derrière, Pallas debout en contre-marque.

R̓. NIKAIEΩN. Bacchus deb. en habit de femme, tenant le *cantharum* de la main droite, et son thyrse de la gauche .... Æ.7.-R¹.-F.o.-3 fr.

655. Autre; NIKAIEΩN. Bacchus nu, debout, le *cantharum* dans la main droite, et un thyrse dans la gauche................ Æ.7½.-R¹.-F.o.-3 fr.

656. Autre; NIKAIEΩN. Bacchus en habit de femme, assis, tenant de la main droite un thyrse, la gauche appuyée sur son siége; à ses pieds, une panthère

couronnée par un satyre, tenant le *pedum*. ▢.*Vaill.,
Num. gr*................ ﬞ. Æ.6.-R⁴.-F.o.-12 fr.

657. .... Tête de Caracalla.

℞. NIKAIEΩN. Bacchus en habit de femme, sur
un char traîné par quatre éléphans; il tient de la main
droite un vase et de la gauche un thyrse. ▢. *Vaill.,
l. c*..................... Æ.6.-R⁴.-F.o.-12 fr.

658. ANTΩNINOC. AYΓOYCTOC. Tête laurée de
Caracalla.

℞. NIKAIEΩN. Bacchus nu debout, portant de la
main droite un cep de vigne, et étendant la gauche
sur une figure qni paraît être un satyre bondissant,
tenant de la main droite le *pedum*; aux pieds de Bacchus, un tigre. ▢............ Æ.6.-R⁴.-F.o.-12 fr.
Eckhel, Cat. Mus. Caes. Vindob., t. I, p. 148.
N.° 21.

659. ......ANTΩNINOC......... Même tête laurée
barbue, à gauche.

℞. NIKAIEΩN. Bacchus nu debout, sous un cep de
vigne, portant la main d. au-dessus de sa tête, la g. sur
nu satyre. ▢. *Com. Wiczay, Mus. Hederv., tom. I,
p. 4. N° 29. Tab. XXXI. N° 700*. Æ.7.-R⁴.-F.o.-12 fr.

660. ANTΩNINOC. AYΓOYCTOC. Même tête, à dr.,
avec le *paludamentum*.

℞. NIKAIEΩN. La Fortune debout, avec ses attributs ordinaires.............. Æ.7½.-R¹.-F.o.-3 fr.

661. ANTΩNINOC. AYΓOYCTOC. Même tête, sans
paludamentum.

℞. NIKAIEΩN. La Fortune debout, vêtue de la
stola, tenant un gouvernail de la main droite, et une
corne d'abondance de la gauche.. Æ.8.-R¹.-F.o.-3 fr.

662. ΑΝΤΩΝΙΝΟC. ΑΥΓΟΥCΤΟC. Tête barbue laurée
de Caracalla, avec le *paludamentum.*

R̵. ΝΙΚΑΙΕΩΝ. Femme vêtue de la *stola,* debout,
tenant une balance de la main droite, et une haste
de la gauche. ☐. . . . . Æ.9.-R¹.-F.o.-6 fr.
Sestini, Descriz. dell. Med. ant. del Mus. Hederv.,
t. II, p. 56. N° 35. C. M. H. Fig..4515.

663. Autre; ΝΙΚΑΙΕΩΝ. La Justice debout, vêtue de
la *stola,* tenant une balance de la main droite, et une
corne d'abondance de la g. ☐. . . Æ.6.-R¹.-F.o.-3 fr.
                              Vaill., Num. gr.

664. ΑΝΤΩΝΙΝΟC. ΑΥΓΟΥCΤΟC. Tête laurée, à droite,
avec cuirasse.

R̵. ΝΙΚΑΙΕΩΝ. Femme tourrelée, à gauche, vêtue
de la *stola,* tenant une patère de la main droite, et
la haste pure de la gauche; devant cette figure, un
autel. . . . . Æ.7.-R¹.-F.o.-3 fr.

665. Autre; ΝΙΚΑΙΕΩΝ. Femme assise, à gauche, tenant un rameau de la main dr., et une haste de la
gauche. ☐. *Arig.,* IV. N°53. T. XII. Æ.5.-R¹.-F.o.-2 fr.

666. Autre: ΘΗCΕΑ. ΝΙΚΑΙΕΩΝ, Thésée lui-même,
sous les traits d'Hercule imberbe debout, tenant une
patère de la main droite, la gauche appuyée sur une
massue. ☐. *Vaill., l. c.* . . . . Æ.5.-R⁵.-F.o.-15 fr.

667. ΑΝΤΩΝΙΝΟC. ΑΥΓΟΥCΤΟC. Tête laurée.

R̵. ΝΙΚΑΙΕΩΝ. Hercule saisissant par les cornes
un cerf terrassé. ☐. *Eckhel, Cat. Mus. Caes. Vindob.,
t. I, p.* 148. N° 24. . . . . Æ.6.-R².-F.o.-6 fr.

668. ΑΝΤΩΝΙΝΟC. ΑΥΓΟΥCΤΟC. Tête laurée.

R̵. ΝΙΚΑΙΕΩΝ. Hercule debout soulevant sa mas-

sue de la main droite, et domptant de la gauche les
chevaux de Diomède. ▢. *Eckhel, Cat. Mus. Caes.
Vindob., t. I, p.* 148. *N°* 25. . Æ.6.-R⁴.-F.o.-12 fr.

669. Autre; NIKAIEΩN. La nymphe Nicée, vêtue de
la *stola,* debout, à gauche, le *modius* en tête, tenant
le *diota* de la main droite, et un thyrse de la gauche;
à ses pieds, la ciste mystique entr'ouverte de laquelle
s'élance un serpent. ▢. *Sestini, Descriz. dell. Med.
ant. del Mus. Hederv., t. II, p.* 56. *N°* 36. *C. M. H.
N°* 4516. *Tab. XX. N°* 437.... Æ.6.-R⁴.-F.o.-12 fr.

670. Autre sembl., sans la ciste. ▢. Æ.6.-R⁴.-F.o.-12 fr.
Sestini, l. c., N° 37. Tab. XVI. Fig. XI.

671. ΑΝΤΩΝΙΝΟC. ΑΥΓΟΥCΤΟC. Tête laurée de Caracalla, à drcite, sans *paludamentum,* ni cuirasse.

R̃. NIKAIEΩN. Hercule Sagittaire nu, marchant
à droite, tuant les oiseaux de Stymphale; dans le
champ, deux oiseaux........... Æ.8.-R⁵.-F.o.-24 fr.

672. ΑΝΤΩΝΙΝΟC. ΑΥΓΟΥCΤΟC. Même tête.

R̃. NIKAIEΩN. Hercule assis sur un lion marchant
à droite, jouant de la main droite avec l'Amour, assis
sur sa cuisse, et tenant sa massue de la gauche. ▢.
Cab. Millingen.............. Æ.8.-R⁵.-F.o.-24 fr.

673. ΑΝΤΩΝΕΙΝΟC. ΑΥΓΟΥCΤΟC. Même tête, avec le
paludamentum; derrière, une petite tête humaine en
contre-marque.

R̃. NIKAIEΩN. Hercule debout étouffant Anthée,
qu'il soulève........... Æ.8.-R⁴.-F.o.-12 fr.

674. Autre; NIKAIEΩN. Hercule étouffant Anthée; à
terre, une massue. ▢........... Æ.6.-R⁴.-F.o.-12 fr.
Vaill., Num. gr.

675. Autre; NIKAIEΩN. Hercule étouffant le lion de

Némée; à terre, une massue, un arc et un carquois.
Ω. *Vaill., Num. gr.* . . . . ÆE.6.-R¹.-F.o.-3 fr.

676. . . . . Tête de Caracalla.

R/. ΝΙΚΑΙΕΩΝ. Hercule debout, tenant une pomme
et la dépouille du lion de la main droite, la gauche
appuyée sur sa massue. Ω. . . . . . . ÆE.9.-R¹.-F.o.-6 fr.

Vaill., l. c.

677. ΑΝΤΩΝΙΝΟΣ. ΑΥΓΟΥΣΤΟΣ Tête laurée de Caracalla.

R/. ΝΙΚΑΙΕΩΝ. Homme nu, saisissant un taureau
par les cornes. Ω. . . . . ÆE.9.-R⁴.-F.o.-20 fr.

Mus. Theup., p. 974.

678. ΑΝΤΩΝΙΝΟϹ. ΑΥΓΟΥϹΤΟϹ. Tête laurée, à dr.,
avec cuirasse.

R/. ΝΙΚΑΙΕΩΝ. Hercule nu, marchant à gauche,
et se retournant, la dépouille du lion sur le bras
droit, la main levée, armée de sa massue, et la g.
sur le côté. . . . . ÆE.7.-R⁴.-F.o.-12 fr.

679. ΑΝΤΩΝΙΝΟΣ. ΑΥΓΟΥΣΤΟΣ. Même tête, avec le
paludamentum.

R/. ΝΙΚΑΙΕΩΝ. Fleuve Sangaris, assis à terre, et
tourné à gauche, portant sur la main droite une proue
de vaisseau, et un roseau dans la gauche, le coude
appuyé sur une urne renversée d'où s'échappent des
eaux; à l'exergue, ΣΑΓΑΡΙΣ. . . ÆE.8.-R⁴.-F.o.-12 fr.

680. ΑΝΤΩΝΙΝΟϹ. ΑΥΓΟΥϹΤΟϹ. (*sic*). Même tête,
à droite, avec cuirasse.

R/. ΝΙΚΑΙΕΩΝ. L'empereur debout en habit militaire, tenant une patère de la main droite, et la g.
sur la haste; devant lui, un autel. ÆE.7.-R¹.-F.o.-3 fr.

681. ΑΝΤΩΝΙΝΟC. ΑΥΓΟΥCΤΟC. Tête laurée de
Caracalla, à droite, sans *paludamentum*.
℟. ΝΙΚΑΙΕΩΝ. L'empereur tenant l'aigle romaine
dans un quadrige allant à droite. Æ.8.-R⁴.-F.o.-12 fr.

682. Autre; ΝΙΚΑΙΕΩΝ. L'empereur tenant un sceptre,
et vêtu du *paludamentum*; sur un char traîné par
quatre chevaux. □. *Vaill., N. gr.* Æ.6.-R⁴.-F.o.-12 fr.

683. Autre; ΝΙΚΑΙΕΩΝ. Trirême avec des rameurs;
l'empereur assis à la poupe. □. Æ.9.-R³.-F.o.-18 fr.
Vaill., loc. cit.

684. Autre, avec le même type; mais Sérapis assis à la
poupe. □. *Vaill., l. c.* . . . . Æ.6.-R³.-F.o.-9 fr.

685. . . . ΤΩΝΙΝΟC. ΑΥΓ. Même tête, à droite.
℟. ΝΙΚΑΙΕΩΝ. Temple tétrastyle. Æ.4.-R².-F.o.-4 fr.

686 M. ΑΥΡ. ΑΝΤΩΝΙΝΟC. ΑΥΓ. Tête laurée et imberbe de Caracalla jeune, à droite.
℟. ΝΙΚΑΙΕΩΝ. Templ. tét. de face. Æ.3½.-R².-F.o.-4 fr.

687. . . . . ΑΥΡ. ΑΝΤΩ. . . . Tête nue et imberbe, à
droite, avec le *paludamentum*; deux contre-marques;
dans l'une, une Victoire; dans l'autre, une tête laurée.
℟. ΝΙΚΑΙΕΩΝ. Temple hexastyle au milieu duquel
est un point . . . . Æ.7.-R².-F.o.-6 fr.

688. ΑΝΤΩΝΙΝΟC. ΑΥΓΟΥCΤΟC. Tête laurée, à
droite.
℟. ΝΙΚΑΙΕΩΝ. Temple hexastyle. Æ.6.-R¹.-F.o.-3 f.

689. ΑΝΤΩΝΙΝΟC. ΑΥΓΟΥCΤΟC. Tête barbue laurée,
avec le *paludamentum*.
℟. ΝΙΚΑΙΕΩΝ. Temple polystyle vu de côté; dans
lequel est une idole. □. . . . . Æ.6.-R³.-F.o.-9 fr.
Sestini, Descriz. dell. Med. ant. del Mus. Hederv.,
t. II, p. 57. N⁰ 38. Ö. M. H. N⁰ 4517.

690. M. AY. ΆΝΤΩΝΙΝΟC. KAIC. Tête nue de Caracalla jeune, à droite.

   R̸. NIK. .IEΩN. Temple hexastyle. ☐. *Cab. de feu M. Tôchon* . . . .). Æ.3.-R².-F.o.-4 fr.

691. Autre; NIKAIEΩN. Temple, avec plusieurs colonnes, dans lequel est une idole debout. ☐. *Eckhel, Cat. M. Caes. Vind., I,* 148. Nᵒ 26. Æ.6.-R².-F.o.-6 fr.

692. ANTΩNINOC. AY. . . . . . OC. Tête laurée.

   R̸. NIKAIEΩN. Temple de face, soutenu et orné de côté par dix colonnes d'une grande proportion. ☐. *Mus. Sanclem, Num. sel., II,* 308. Æ.6.-R².-F.o.-6 fr.

693. M. AYP. ANTΩNINOC. AYΓ. Tête laurée, à droite.

   R̸. NIKAIEΩN. Aigle romaine entre deux enseignes militaires . . . . Æ.5.-R¹.-F.o.-2 fr.

694. Autre; NIKAIEΩN. Aigle légionnaire, avec trois enseignés militaires. ☐. *Vaill., N. g.* Æ.6.-R¹.-F.o.-3 fr.

695. Autre; NIKAIEΩN. Aigle tenant dans son bec une couronne. ☐. . . . . Æ.3.-R¹.-F.o.-2 fr.
                Mus. Arig., t. IV. Nᵒ 53. Tab. XII.

696. Autre; NIKAIEΩN. Ciste mystique de laquelle s'échappe un serpent. ☐. . . . . . . Æ.9.-R².-F.o.-18 fr.
    Mus. Arig., I. Urb. gr. Impp. al. Tab. IX. Fig. 148.

697. Autre; NIKAIEΩN. Autel allumé. ☐. Æ.5.-R².-F.o.-4 fr.
                Mus. Arig., l. c. Fig. 151.

698. . . . . . . EINOC. AYΓO. . . . Tête laurée jeune, à droite.

   R̸. NIKAIEΩN. Vase à deux anses, le ventre orné de cannelures, avec deux palmes. ☐. Æ.3.-R⁴.-F.o.-8 fr.
                    Cab. de M. Rollin.

699. A. K. M. AYPH. ANTΩNEINOC. AYΓ. Tête

laurée de Caracalla; derrière, une contre-marque
incertaine.

℞. CEYHPEIA. ΦI. NIKAIEΩN. Figure debout,
tenant de la main droite l'urne des jeux. ▢. *Eckhel,
Mus. Caes. Vind., I, p.* 148. *N*°19. Æ.6.-R⁴.-F.o.-12 fr.

700. ΑΝΤΩΝΙΝOC. ΑΥΓΟΥCΤOC. Tête laurée de Caracalla.

℞. ΤΥΧΗ. ΑΓΑΘΗ. NIKAIEΩN. Temple hexas-
tyle. ▢. *Eckhel, l. c. N*° 20. . . . . . Æ.6.-R².-F.o.-6 fr.

701. . . . . . K. M. ΑΥΡ. CE. ΑΝΤΩΝΙΝOC. ΑΥΓΟΥ. Tête
imberbe laurée, à droite, avec le *paludamentum;* derrière, une figure debout en contre-marque.

℞. ΣΕΥΗΡΕΙΑ. ΦΙΛΑΔΕΛΦΕΙΑ. NIKAIEΩN. Caracalla et Géta en toge, se donnant la main; au milieu,
une urne sur une table (*a*). . . Æ.9½.-R³.-F.o.-12 fr.

702. ΑΥΤ. K. M. ΑΥΡΗ. ΑΝΤΩΝΕΙΝOC. ΑΥΓΟΥ. Même
tête laurée, avec la Victoire en contre-marque.

℞. CΕΟΥΗΡΕΙΑ. +ΙΛΑΔΕΛ+ΕΙΑ. NIKAIEΩN. en
cinq lignes, dans une couronne de laurier. ▢. *Sestini,
Descriz. dell. Med. ant. del Mus. Hederv., t. II, p.* 58.
N° 48. . . . . Æ.6.-R³.-F.o.-9 fr.

703. Autre; NIKAIEΩN. Urne des jeux dans laquelle sont
des palmes pour les vainqueurs. ▢. Æ.5.-R¹.-F.o.-2 fr.
. . . . Vaill., Num. gr.

704. Autre; NEIKAIEΩN. ΤΩN. EN. KIΛBIANΩ. Fleuve
couché, tenant un roseau de la main droite; le bras

(*a*) Cette médaille a déjà été décrite, avec moins d'exactitude,
tom. II, p. 460. N° 272.

gauche appuyé sur une urne renversée, de laquelle
s'échappent des eaux. ◻. . . . . . . Æ.9.-R^3.-F.o.-18 fr.

Vaill., Num. gr.

Plautilla.

705. ΦΟΥΛ. ΠΛΑΥΤΙΛΛΑ. CEBAC. Tête de Plautille,
à droite, avec la *stola ;* derrière, une Victoire debout,
à droite, dans une contre-marque.

R$'$. ΝΙΚΑΙΕΩΝ. Minerve debout, à gauche, tenant
une patère de la main droite, et la haste de la gauche ;
à ses pieds, un bouclier. . . . . . Æ.8.-R^4.-F.o.-12 fr.

706. Autre; ΝΙΚΑΙΕΩΝ. Cérès voilée debout, tenant
des épis et un pavot de la main d., et une torche de
la gauche. ◻. *Vaill., l. c.* . . . . . . Æ.6.-R^2.-F.o.-6 fr.

707. Autre; ΝΙΚΑΙΕΩΝ. Femme voilée debout, tenant
une patère de la main droite, et la haste pure de la
gauche. ◻. *Vaill., l. c.* . . . . Æ.6.-R^2.-F.o.-6 fr.

708. Autre; ΝΙΚΑΙΕΩΝ. La Fortune debout, vêtue de
la *stola,* tenant un gouvernail de la main droite, et
une corne d'abondance de la g. ◻. Æ.6.-R^2.-F.o.-6 fr.

Vaill., l. c.

709. . . . . . ΟΥΛ. ΠΛΑΥΤΙΛΛΑ. CEB. Même tête et
même contre-marque.

R$'$. ΝΙΚΑΙΕΩΝ. La Fortune debout dans un temple
hexastyle. . . . . Æ.8.-R^4.-F.o.-12 fr.

710. ΠΛΑΥΤΙΛΛΑ. ΣΕΒΑΣΤΗ. Même tête.

R$'$. ΟΜΟΝΟΙΑ. ΝΙΚΑΙΕΩΝ. Femme tutulée assise,
tenant de la main droite une patère au-dessus d'un
autel ; et de la g. la haste. ◻. . . Æ.6.-R^4.-F.o.-12 fr.

Mus. Theup., p. 992.

711. .... Tête de Plautille.

R̸. NIKAEIΩN. Temple hexastyle terminé en forme conique. ▢. *Vaill., Num. gr....* Æ.6.-R³.-F o.-9 fr.

Géta.

712. Δ. CEΠTIM. ΓETAC. KAI. Tête nue de Géta; dessus, une petite tête de Septime Sévère en contre-marque, et derrière, une autre contre-marque dégradée.

R̸. NIKAIEΩN. Jupiter assis, tenant un foudre de la main dr., et la haste dans la g. ▢. Æ,6.-R³.-F.o.-9 fr. Eckhel, Cat. Mus. Caes. Vindob., t. I, p. 148. N° 33.

713. Δ. CEΠTI. ΓETAC. KAI. Tête nue de Géta enfant, à droite.

R̸. NIKAIEΩN. Minerve debout, à gauche, la main droite sur son bouclier posé à terre, la gauche sur la haste.................... Æ.2½.-R³.-F.o.-6 fr.

714. Δ. CEΠT. ΓETAC. KAICAS. (*sic*). Tête laurée de Géta, à droite.

R̸. NIKAIEΩN. Pallas assise, à gauche, portant sur la main droite un globe surmonté de la Victoire, la gauche posée sur un bouclier placé près d'elle, à terre..................... Æ.6½.-R³.-F.o.-9 fr.

715. Δ. CEΠT. ΓETAC. K. Tête nue de Géta.

R̸. NIKAIEΩN. Cérès debout, à gauche, tenant des épis de la main droite, et un flambeau de la g. ▢. *Sestini, Descriz. dell. Med. ant. del Mus. Hederv.,* t. II, p. 58. N° 51. *C.M.H.* 4524. Æ.4.-R².-F.o.-4 fr.

716. Δ. ΣEΠ. ΓETAΣ. K. Même tête.

R̸. NIKAIEΩN. Télesphore, ▢. Æ.5.-R⁶.-F.o.-6 fr. Mus. Theup., p. 996.

717. ΑΥΤ. Κ. Π. CΕΠΤ. ΓΕΤΑC. ΑΥΤ. Tête nue de Géta.
℞., ΝΙΚΑΙΕΩΝ. Femme debout devant un autel, tenant une patère de la main droite, et une corne d'abondance de la gauche. ▢.. Æ.-MM.-R⁴.-F.o.-40 fr. Eckhel, Cat. Mus. Caes. Vindob., t. I, p. 148. Nᵒ 35.

718. .... Même tête.
℞. ΝΙΚΑΙΕΩΝ. Hercule étouffant Anthée. ▢. *Vaill., Num. gr*..................... Æ.6.-R².-F.o.-6 fr.

719. Δ. CΕΠ. ΓΕΤΑC. Κ. Même tête.
℞. ΝΙΚΑΙΕΩΝ. Massue. ▢.... Æ.4.-R².-F.o.-4 fr. Sestini, Descriz. dell. Med. ant. del Mus. Hederv., t. II, p. 58. Nᵒ 52.

720. Autre; ΝΙΚΑΙΕΩΝ. Éléphant monté par son cornac. ▢. *Vaill., l. c*................ Æ.9.-R³.-F.o.-18 fr.

721. Autre; ΝΙΚΑΙΕΩΝ. Aigle tenant dans son bec une couronne. ▢. *Vaill., l. c*........ Æ.4.-R².-F.o.-4 fr.

722. Δ. CΕΠΤΙΜ. ΓΕΤΑC. ΚΑΙ. Tête nue de Geta enfant, à droite, avec la chlamyde.
℞. ΝΙΚΑΙΕΩΝ. Aigle tenant dans son bec une couronne, tourné à droite, et regardant à gauche, placé sur un autel orné d'une guirlande de fleurs, entre deux enseignes militaires. Æ.6½.-R⁴.-F.o.-12 fr.

723. Autre; temple tétrastyle. ▢... Æ.4.-R².-F.o.-4 fr.
Eckhel, l. c. Nᵒ 34

724. ΓΕΤΑC. ΚΑΙCΑΡ. Même tête.
℞. ΝΙΚΑΙΕΩΝ. Serpent dressé en spirale. ▢. *Sest., Descr., p*. 260. Nᵒ 23.......... Æ.4.-R².-F.o.-4 fr.

725. Π. CΕΠΤΙ. ΓΕΤΑC. ΚΑΙ. Même tête.
℞. ΝΙΚ...ΙΕΩΝ. Ciste bachique entr'ouverte, de laquelle s'échappe un serpent. ▢. Æ.4.-R².-F.o.-4 fr. Mus. Sanclem., Num. sel., t. III, p. 16.

726. ΓΕΤΑC. ΚΑΙCΑΡ. Même tête, à droite.

ℝ. ΝΙ... .ΩΝ. Autel allumé. ◻. Æ.3.-R².-F.o.-4 fr.

Cab. de M. Rollin.

727. Autre; ΝΙΚΑΙΕΩΝ. CΕΥΗΡΕΙΑ. ΦΙΛΑΔΕΛΦΕΙΑ. Table sur laquelle sont deux urnes, avec palmes; dessous, un vase. ◻. *Vaill., Num. gr.* Æ.6.-R⁴.-F.o.-12 fr.

728. ΑΥ. Α. CΕΠ. ΓΕΤΑC. ΑΥΤΟΚ. Tête laurée de Géta.

ℝ. ΝΙΚΑΙΕΩΝ. Trois enseignes militaires avec des couronnes au-dessus. ◻........ Æ.4.-R².-F.o.-4 fr.

Sestini, Descriz. dell. Med. ant. del Mus. Hederv., t. II, p. 58. N° 55.

729. ΓΕΤΑC. ΚΑΙCΑΡ. Tête nue de Géta.

ℝ. ΝΙΚΑΙΕΩΝ. Un vase dans lequel sont deux palmes. ◻. *Sestini, l. c.; II, p.* 58. N° 53. C. M. H. N° 4525........ Æ.4.-R².-F.o.-4 fr.

Macrinus.

730. ΑΥΤ. Κ. Μ. ΟΠΕΛ. CΕΟΥΗΡ. ΜΑΚΡΕΙΝΟC. ΑΥΓ. Tête laurée de Macrin, à droite.

ℝ. ΝΙΚΑΙΕΩΝ. Sérapis marchant à droite, couvert du *pallium*; la main droite levée, et tenant de la g. une haste pure transversale. Æ.7.-R².-F.o.-6 fr.

731. ΑΥΤ. Κ. Μ. ΟΠΕΛ. CΕΟΥΗΡ. ΜΑΚΡΙΝΟC. ΑΥΓ. même tête.

ℝ. ΝΙΚΑΙΕΩΝ. Même type. Æ.8.-R².-F.o.-6 fr.

732. Autre; ΝΙΚΑΙΕΩΝ. Pallas casquée debout, tenant une patère de la main droite, et une haste de la g.; à terre, un bouclier. ◻. *Vaill.* l. c. Æ.9.-R⁴.-F.o.-20 fr.

733. ΑΥΤ. Κ. Μ. ΟΠΕΛ. CΕΟΥΗΡ. ΜΑΚΡΕΙΝΟC. ΑΥΓ. Même tête, avec cuirasse.

R̶. NIKAIEΩN. L'Équité debout, vêtue de la *stola*,
tenant une balance de la main droite, et une corne
d'abondance de la gauche...... Æ.8.-R².-F.o.-6 fr.

734. AYT. K. M........ MAKPEINOC. AYΓ. Tête laurée
de Macrin, à droite.

R̶. NIKAIEΩN. Némésis debout, à gauche, vêtue
de la *stola*, soulevant un voile de la main droite, et
tenant de la main g. pendante un frein; à ses pieds,
une roue............................. Æ.7.-R².-F.o.-6 fr.

735. AYT. K. M. OΠEΛ. CEOYHP. MAKPEINOC.
AYΓ. Même tête, avec cuirasse.

R̶. NIKAIEΩN. Femme tourrelée, et vêtue de la
stola, assise sur un siége, tournée à gauche, et regardant derrière elle, tenant un sceptre de la main dr.,
et une corne d'abondance de la g. Æ.8.-R².-F.o.-6 fr.

736. Autre; NIKAIEΩN. Femme tutulée assise sur des
rochers; la main gauche est appuyée dessus, et elle
tient dans la droite des épis. □.... Æ.6.-R².-F.o.-6 fr.

Vaillant, Num. gr.

737. Autre; NIKAIEΩN. Femme debout, tenant, de
la main droite une patère au-dessus d'un autel, et une
haste de la gauche. □.......... Æ.6.-R².-F.o.-6 fr.

Vaill., l. c.

738. AYT. K. M. OΠEΛ. MAKPEINOC. A. Même tête.

R̶. NIKAIEΩN. Satyre debout, frappant du pied
gauche un vieillard; il tient le *pedum* de la main droite
sur son épaule, et de la gauche une peau de bouc. □.
Mus. Arig., *IV.* N°55. *Tab. XIV.* Æ.6.-R⁴.-F.o.-12 fr.

739. Autre; NIKAIEΩN. Satyre frappant du pied g. la

tête d'un animal dont il tient la dépouille dans la main
gauche. ☐. *Vaill., Num. gr.* . . . . . Æ.9.-R⁴.-F.o.-20 fr.

740. . . . . Tête de Macrin.

R. NIKAIEΩN. Éléphant conduit par un cornac,
tenant une baguette dans sa main étendue. ☐. *Vaill.,
l. c.* . . . . Æ.6.-R³.-F.b.-9 fr.

741. ΑΥΤ. Κ. Μ. ΟΠΕΛ. ΣΕΟΥΗΡ. ΜΑΚΡΙΝΟΣ. ΑΥΓ.
Tête laurée de Macrin.

R. NIKAIEΩN. Pythagore à demi-nu assis; devant
lui un globe placé sur un cippe très-élevé. ☐. *Mus.
Theup., p.* 1005 . . . . Æ.6.-R³.-F.o.-9 fr.

742. ΑΥΤ. Κ. Μ. ΟΠΕΛ. CEOHP. ΜΑΚΡΕΙΝΟC. ΑΥΤ.
Même tête, à droite, avec le *paludamentum.*

R. NIKAIEΩN. *Vexillum* surmonté de l'aigle romaine, entre deux enseign. milit. Æ.8.-R².-F.o.-6 fr.

Elagabalus.

743. . . . . Tête d'Élagabale.

R. NIKAIEΩN. Cybèle tourrelée, assise entre deux
lions. ☐. *Vaill., l. c.* . . . . Æ.6.-R¹.-F.o.-3 fr.

744. Autre; NIKAIEΩN. Femme tutulée assise, tenant
une branche de la main droite, et de la gauche une
haste. ☐. *Eckhel, Cat. Mus. Caes. Vindob., I, p.* 148.
Nᵒ 39 . . . . Æ.6.-R¹.-F.o.-3 fr.

745. Autre; NIKAIEΩN. Rome casquée assise, portant
sur la m. d. une petite Victoire, et de la g. une haste
surmontée d'un ornement. ☐. . . . . Æ.6.-R¹.-F.o.-3 fr.
Eckhel, l. c. Nᵒ 37.

746. Autre; NIKAIEΩN. Hercule domptant un taureau.
☐. *Eckhel, l. c. Nᵒ* 40 . . . . Æ.6.-R⁴.-F.o.-12 fr.

I*

747. M. AYP. ANTΩNINOC. AYT. Tête laurée, d'Élagabale, à droite.

R̶. NIKAIEΩN. Éléphant cuirassé, monté par un
cornac, ten. de la d. un aiguillon crochu. ◻.*Eckhel, C.
Mus. Caes. Vind.*, *I*, 148. *N*⁰ 36. Æ.6.-R².-F.o.-6 fr.

748. M. AYP. ANTΩNINOC. AYT. Même tête.

R̶. NIKAIEΩN. *Vexillum* surmonté d'un aigle
éployé entre deux enseign. mil. Æ.5½.-C.-F.o.-1 fr.

749. Autre ; NIKAIEΩN. Trois enseignes militaires sans
l'aigle.............................. Æ.6.-C.-F.o.-1 fr.

750. Autre ; NIKAIEΩN. Deux enseignes militaires entre
deux *vexillum*. ◻. *Vaill., Num. gr.* Æ.5.-C.-F.o.-1 fr.

751. Autre ; NIKAIEΩN. Aigle légionnaire entre deux
enseignes militaires. ◻. *Vaill., l. c.* Æ.6.-C.-F.o.-1 fr.

752. M. AYPH. ANTΩNINOC. AYTOYC. Même tête
laurée, à droite.

R̶. NIKAIEΩN., écrit à travers champ ; aigle romaine entre deux enseign. milit..... Æ.6.-C.-F.o.-1 fr.

753. M. AYPH. ANTΩNINOC. AYT. Même tête.

R̶. NIKAIEΩN., en deux lignes. *Trois enseignes
militaires*................... Æ.6.-C.-F.o.-1 fr.

754. Autre ; NIKAIEΩN. Un temple hexastyle représenté
de face.................... Æ.5½.-R¹.-F.o.-3 fr.

J. Paula.

755. IOYΛ. KOPNHΛIA. ΠAYΛΑ. CE. Tête de Julia
Paula.

R̶. NIKAIEΩN. Fortune deb. ◻. Æ.6.-R⁵.-F.o.-20 fr.
Eckhel, l. c. N⁰ 43.

Annia Faustina.

756. ANNIA. ΦΑΥC...... Tête d'Annia, Faustina.
    R⸴. NIKAIΩN. Trois enseign. militaires. ▫. *Sestini,
    Lett. num., t. IV, p. 105. N° 1... Æ.5.-R⁸.-F.o.-60 fr.

Aquilia Severa.

757. IOΥΛΙΑ. CΕΥ. (ΑΚΥΛΙΑ) CΕΒ. Tête d'Aquilia
    Severa.
    R⸴. NIKAIEΩN. Templ. hex. ▫. Æ.6.-R⁶.-F.o.-30 fr.
    Sestini, Descr. dell. Med. ant. del Mus. Hederv., t. II,
    p. 59. N° 61. C. M. H. 4529. T. XX. 438.

Maesa.

758. IOΥΛΙΑ. MAICA. AΥΓ. Tête de Maesa, à droite,
    avec la *stola* sur les épaules.
    R⸴. NIKAIEΩN. Urne des jeux, de laquelle sort une
    palme.................... Æ.5.-R².-F.o.-4 fr.
759. Autre. NIKAIEΩN. Trois enseignes militaires. ▫.
    Vaill., Num. gr.............. Æ.5.-R².-F.o.-4 fr.

Severus Alexander.

760. M. AΥP. ΓΕΗ. (sic) ΑΛΕΞΑΝΔΡΟΣ. AΥΓ. Tête
    laurée de Sévère Alexandre, à droite, avec le *palu-
    damentum*.
    R⸴. NIKAIEΩN. Jupiter assis sur un siège, à g.,
    tenant une patère de la main droite, la gauche sur la
    haste................... Æ.6.-R¹.-F.o.-3 fr.

761. M. AΥP. C. ΑΛΗΞΑΝΔ.... (sic) Même tête, à dr.,
    avec le *paludamentum*.
    R⸴. NIKAIEΩN. Même type... Æ.4.-R¹.-F.o.-2 fr.

762. M. ΑΥΡ. ΣΕΥΗ. ΑΛΕΞΑΝΔΡΟΣ. ΑΥΓ. Tête laurée de Sévère Alexandre, avec le *paludamentum*.

℞. ΝΙΚΑΙΕΩΝ. Minerve debout, à gauche, tenant une patère de la main droite, et la gauche sur la haste; à ses pieds un bouclier.............. Æ.6.-R¹.-F.o.-3 fr.

763. M. ΑΥΡ. ΣΕΥΗ. ΑΛΕΖΑΝΔΡΟΣ. ΑΥΓ. Même tête, à droite, avec le *paludamentum*.

℞. ΝΙΚΑΙΕΩΝ. Pallas debout, à gauche, tenant une patère de la main droite, et une haste de la gauche; à terre, un bouclier. ▢............ Æ.5.-R¹.-F.o.-2 fr.
           Cab. de M. Rollin.

764. Autre; ΝΙΚΑΙΕΩΝ. Pallas casquée assise, portant une Victoire sur la main droite, et tenant une haste de la gauche; à ses pieds, un bouclier. ▢. *Vaillant, Num. gr.*.................. Æ.6.-R¹.-F.o.-3 fr.

765. M. ΑΥΡ. ΣΕΗ. (*sic*) ΑΛΕΞΑΝΔΡΟΣ. ΑΥΓ. Même tête.

℞. ΝΙΚΑΙΕ...... Femme casquée debout, tenant de la main dr. une patère, et de la gauche une haste. ▢ *Mus. Theup., p.* 1027........ Æ.6.-R¹.-F.o.-3 fr.

766. M. ΑΥΡ. ΑΛΕΖΑΝΔΡΟΣ. ΚΑΙ. Tête nue de Sévère Alexandre.

℞. ΝΙΚΑΙΕΩΝ. Diane chasseresse marchant, tirant une flèche de son carquois de la main droite, et tenant un arc de la gauche. ▢.. Æ.5.-R².-F.o.-4 fr.
  Eckhel, *Cat. Mus. Caes. Vindob.*, I, 149. N° 45.

767. M. ΑΥΡ. ΣΕΥΗ. ΑΛΕΖΑΝΔΡΟΣ. ΑΥΓ. Tête laurée, à droite.

℞. ΝΙΚΑΙΕΩΝ. Æsculape debout, couvert du *pallium*, la main droite sur son bâton, autour duquel est un serpent............... Æ.6½.-R¹.-F.o.-3 fr.

768. M. AYP. GEY. ΑΛΕΞΑΝΔΡΟC. AYT. Tête laurée de Sévère Alexandre, à droite.

ℝ. ΝΙΚΑΙΕΩΝ. Hygiée debout, faisant manger un serpent dans une patère. ▢. . . . . . . Æ.5.-R².-F.o.-6 fr.
Sestini, Descriz. dell. Med. ant. del Mus. Hederv.; 1, 59. N° 65. C. M. H. N° 4540.

769. M. AYP. ΣΕΥ. ΑΛΕΞΑΝΔΡΟL. AYT. Même tête laurée, sans le *paludamentum.*

ℝ. ΝΙΚΑΙΕΩΝ. Vénus nue accroupie sur son pied droit, portant la main droite à sa chevelure, et tournant la tête par derrière vers un miroir que lui présente Cupidon, tenant un flambeau; de l'autre côté, un autre Cupidon tient un flamb. ▢. Æ.5.-R⁶.-F.o.-18 fr.
Sestini, l. c., p. 60. N° 79. Tab. XVI. N° 12.; et Eckhel, Cat. Mus. Caes. Vindob., I, p. 149. N° 57.

770. . . . . . ΣΕΥ. ΑΛΕΞΑΝΔΡΟC. AY. Même tête, avec la tête de Mamée en contre-marque.

ℝ. ΝΙΚΑΙΕΩΝ. Mercure debout, tenant une bourse de la main droite, et son caducée avec le *pallium* de la g. ▢. *Sestini, Desc.,* 260. N° 25.. Æ.6.-R¹.-F.o.-3 fr.

771. Autre; ΝΙΚΑΙΕΩΝ. Bacchus dans un char traîné par quatre éléphans, tenant le *cantharum* de la main droite, et un thyrse de la g. ▢.. Æ.9.-R⁸.-F.o.-18 fr.
Vaill., Num. gr.

772. . . . . AYP. ΣΕΥΗ. ΑΛΕΞΑΝΔΡΟC. AYT. Même tête, avec le *paludamentum.*

ℝ. . . . . ΑΙΕΩΝ. Bacchus assis sur un char traîné par quatre éléphans, à gauche; dans le champ, une Victoire en contre-marque. . . . . . Æ.6.-R³.-F.o.-9 fr.

773. Autre; ΝΙΚΑΙΕΩΝ. Harpocrate debout, portant la

main droite sur sa bouche, et tenant une corne
d'abondance de la gauche. ☐. Æ.6.-R².-F.o.-6 fr.
Vaill., Num. gr.

774. M. ΑΥΡ. CΕΥΗ. ΑΛΘΣΑΝΔΡΟΟ. (*sic*) ΑΥΓ. Tête
laurée de Sévère Alexandre, à droite, avec le *palu-*
damentum.

℞. ΝΙΚΑΙΕΩΝ. La Fortune debout, tenant un
gouvernail de la main droite, et une corne d'abondance de la gauche. Æ.8.-C.-F.o.-1 fr.

775. M. ΑΥΡ. CΕΥΗ. ΑΛΕΖΑΝΔΡΟΣ. ΑΥΓ. Même tête,
sans le *paludamentum.*
℞. ΝΙΚΑΙΕΩΝ. Même type. Æ.7.-C.-F.o.-1 fr.

776. M. ΑΥΡ. CΕΥΗ. ΑΛΕΖΑΝΔΡΟC. ΑΥΓ. Même tête,
avec le *paludamentum.*
℞. ΝΙΚΑΙΕΩΝ. Némésis debout, à gauche, vêtue
de la *stola,* la main droite sur sa poitrine, et tenant
de la gauche un frein; à ses pieds est placée une
roue. Æ.7.-C.-F.o.-1 fr.

777. ΑΥΤ. ΚΙ Μ. ΑΥΡ. ΑΛΕΖΑΝΔΡΟC. ΑΥΓ. Même
tête.
℞. ΝΙΚΑΙΕΩΝ. L'Équité debout, tenant une balance de la main droite, et une corne d'abondance de
la gauche. ☐. *Eckhel, Cat. Mus. Caes. Vindob., t. I,*
p. 149, *N°* 47 . . . . Æ.6.-R¹.-F.o.-3 fr.

778. M. ΑΥΡ. ΣΕΥΗ. ΑΛΕΞΑΝΔΡΟΣ. A. Même tête.
℞. ΝΙΚΑΙΕΩΝ. Femme debout, tenant de la main
droite une patère, et de la gauche un thyrse. ☐. *Mus.*
Theup., p. 1027 . . . . Æ.6.-R¹.-F.o.-3 fr.

779. Autre; ΝΙΚΑΙΕΩΝ. Femme debout, tenant de la
main droite des épis, et de la gauche une corne
d'abondance. ☐. *Eckhel, l. c. N°* 52. Æ.5.-R¹.-F.o.-2 fr.

780. M..ΑΥΡ.ϹΕΥΗ. ΑΛΕΖΑΝΔΡΟϹ. ΑΥΓ. Tête laurée
de Sévère Alexandre.

R. NIKAIΕΩN. Femme debout, vêtue de la *stola*,
et le *modius* sur la tête, tenant une patère de la main
dr., et une haste noueuse de la g. Æ.7.-R¹.-F.o.-3 fr.

781. Même légende et même tête, avec cuirasse ou *paludamentum*.

R. NIKAIΕΩN. Femme debout, vêtue de la *stola*,
à gauche, tenant une patère de la main droite, et
une corne d'abondance de la g.. Æ.7.-R¹.-F.o.-3 fr.

782. ...... ΑΛΕΖΑΝ...... ΑΥ. Même tête, à droite,
avec le *paludamentum*; devant, M. en monogr. et en
contre-marque.

R. NIKAIΕΩN. Femme debout, vêtue de la *stola*,
tenant une patère de la main droite, et une corne
d'abondance de la gauche....... Æ.7.-R¹.-F.o.-3 fr.

783. M. ΑΥΡ. ϹΕΥ. ΑΛΕΖΑΝΔΡΟϹ. ΑΥΓ. Même tête.
R. ΙΠΠΑΡΧΟϹ. NIKAIΕΩN. Hipparque assis sur
un cippe, à demi couvert de la chlamyde; à sa droite,
une sphère sur une colonne; sa main g. est appuyée
sur le cippe............. Æ.6.-R⁶.-F.o.-50 fr.

784. Autre; ΙΠΠΑΡΧΟϹ. NIKAIΕΩN. Même type. ▢.
Visconti, Iconogr. Pl. 57, N°. 3. Æ.6.-R⁶.-F.o.-50 fr.

785. M. ΑΥΡ. ϹΕΥΗ. ΑΛΕΖΑΝΔΡΟϹ. ΑΥΓ. Même tête.
R. NIKAIΕΩN. Lion courant. ▢. Æ.5.-R¹.-F.b.-2 fr.
Eckhel, Cat. Mus. Cæs. Vindob. I, 149, N° 50.

786. M. ΑΥΡ. ΑΛΕΖΑΝΔΡΟϹ. ΚΑΙ. Tête nue de Sévère
Alexandre. ....
R. NIKAIΕΩN. Temple hex. ▢. Æ.5.-R¹.-F.o.-2 fr.
Eckhel, l. c. N° 45.

787. . . . . Tête de Sévère Alexandre.
R̶. NIKAIEΩN. Temple tétr. □. Æ.6.-R¹.-F.o.-3 fr.
                              Vaill., Num. gr.
788. M. AYP. CEYH. AΛEZANΔPOC. AYΓ. Même tête,
à droite.
R̶. NIKAIEΩN. Temple hexast. Æ.5½.-R¹.-F.o-3 fr.
789. M. AYP. CEYH. AΛEZANΔPOC. AYΓ. Tête laurée
de Sévère Alexandre.
R̶. NIKAIEΩN. Urne des jeux, de laquelle sort une
palme.-□. . . . . Æ.⁵.-R¹.-F.o.-2 fr.
Eckhel, Cat. Mus. Caes. Vindob., I, 149. N° 51.
790. M. AYP. CEY. AΛEZANΔPOC. AYΓ. Même tête,
avec le *paludamentum*.
R̶. NIKA . . . N. Urne des jeux, sur une table
carrée; dessous, un vase. . . . . . Æ.6.-R¹.-F.o.-3 fr
791. M. AYP. CEY. AΛEZANΔPOC. A. Même tête.
R̶. NIKAIEΩN. Urne des jeux, de laquelle sort
une palme. . . . . Æ.6.-R¹.-F.o.-2 fr.
792. NIKAIEΩN. Table sur laquelle est posée une urne
avec des palmes; de chaque côté une petite urne.
□. *Arig., tom. II. Urb. gr. Impp. Tab. XXVIII.
Fig.* 39.8. . . . . Æ.6.-R¹.-F.o.-3 fr.
793. Autre; NIKAIEΩN. L'empereur en *paludamentum*, à cheval, en pacificateur; la main gauche armée
de la haste. □. *Vaill., l. c.* . . . . Æ.6.-R².-F.o.-6 fr.
794. Autre; NIKAIEΩN. Aigle romaine entre deux enseignes militaires. □. *Vaill., l. c.* . Æ.5.-R¹.-F.o.-2 fr
795. . . . . Tête de Sévère Alexandre.
R̶. NIKAIEΩN. Trois enseignes militaires. □. *Vaill.,
l. c.* . . . . Æ.-5.-R¹.-F.o.-2 fr.

796. M. AYP. CEYH. AΛEΞANΔPOC. AYΓ. Tête laurée de Sévère Alexandre, à droite, avec le *paludamentum.*

℞. NIKAIEΩN. Trois enseign. Æ.4½.-C.-F.o.-fr.

797. M. AYP. C. AΛEΞANΔPOC. AYΓ. Même tête.

℞. NIKAIEΩN. Même type. Æ.4½.-C.-F.o.-1 fr.

798. Deux autr. présque semblabl. Æ.4½.-C.-F.o.-1 fr.

799. M. AYP. ΣEYH. AΛEZANΔPOΣ. AYΓ. Tête laurée, à droite.

℞. NIKAIEΩN. Trois enseignes militaires; celle du milieu est surmontée de l'aigle rom. Æ.5.-C.-F.o.-1 fr.

800. M. AYP. CEYH. AΛZEANΔPOC. Tête radiée, avec le *paludamentum.*

℞. NIKAIEΩN. Trois autres enseignes militaires. . . . . Æ.5.-C.-F.o.-1 fr.

801. Deux autr. presque semblables. Æ.4.-C.-F.o.-1fr.

802. . . . . . . CE. AΛEZANΔPOC. AYΓ. Même tête, à droite,

℞. NIKAIEΩN. Trois enseignes militaires; celle du milieu est surmontée de l'aigle rom. Æ.4.-C.-F.o.-1 fr.

803. Autre presque semblable. . . . . Æ.4.-C.-F.o.-1 fr.

Orbiana.

804. ΓN. EΓ. (*sic*) BAP. OPBIAN. CEB. Tête d'Orbiana, à droite.

℞. NIKAIEΩN. Cérès voilée debout, vêtue de la *stola,* tenant un épi de la main droite, et la haste de la gauche. Æ.4½.-R⁶.-F.o.-30 fr.

Mamaea.

805. IOYΛIA. MAMAEA. ΑYΓOY. Tête de Ma-
méc.

℞. NIKAEΩN. Pallas debout, tournée à dr.; tenant une patère de la main droite, et une haste de
la gauche; à ses pieds, un bouclier. ▢ *Neumann,
Pop. num., II, p.* 12. . . . . Æ.5.-R².-F.o.-4 fr.

806. IOYΛIA. MAMAIA. AYΓOYCT. Même tête.

℞. NIKAIEΩN. Femme debout, tenant une patère
de la main droite, et une corne d'abondance de la g.
▢. *Sestini, Descr., p.* 260. *N°* 27. Æ.5.-R².-F.o.-4 fr.

807. IOYΛIA. MAMAIA. AYΓ. Même tête.

℞. NIKAIEΩN. Trois enseignes milit. ▢ *Eckhel,
Cat. M. Caes. Vind., I,* 149. *N°* 58. Æ.5.-R².-F.o.-4 fr.

808. IOYΛIA. MAMAIA. AYΓOY. Même tête, à dr.
℞. NIKAIEΩN. Trois ens. mil. Æ.5.-R¹.-F.o.-2 fr.

809. Autre; NIKAIEΩN. Urne des jeux, avec une palme.
▢. *Eckhel, l. c. N°* 59. . . . . Æ.5.-R¹.-F.o.-2 fr.

Maximinus.

810. Γ. IOY. OYH. MAΞIMEINOC. AYΓ. Tête
laurée de Maximin.

℞. NIKAIEΩN. Sérapis debout, la main dr. levée
tenant, à ce qu'il paraît, deux épis, et de la gauche
la haste pure. ▢ *Eckhel, l. c. N°* 61. Æ.6.-R¹.-F.o.-3 fr.

811. Γ. IOY. OYH. MAΞIMEINOC. AYΓ. Tête laurée.
℞. NIKAIEΩN. Pallas casquée debout, tenant de
la main droite une petite Victoire, et de la gauche

une haste; à ses pieds, un bouclier. ⊡ *Mus. Sanelem.,*
Num. sel., t. III, p. 65. . . . . Æ.6.-R¹.-F.o.-3 fr.

812. ΑΥΤ. Κ. Ι. ΟΥΗΡ. ΜΑΖΙΜΕΙΝΟϹ. ΑΥΤ. **Tête**
laurée de Maximin.

В. ΝΙΚΑΙΕΩΝ. Pallas assise, tenant de la main
droite une patère, et de la gauche une haste; derrière, un bouclier. ⊡. . . . . Æ.6.-R¹.-F.o.-3 fr.
Sestini, Descr., p. 261, N°29.

813. ΑΥ. ΜΑΞΙΜΕΙΝΟϹ. Tête laurée.

R. ΝΙΚΑΙΕΩΝ, Æsculape debout, la main droite
sur son bâton, avec un serpent. ⊡. Æ.6.-R¹-F.o.-3 fr.
Mus. Arig., I, Urb. gr. Impp.al. Tab. XII. Fig. 197.

814. Autre; ΝΙΚΑΙΕΩΝ. Femme assise sur des rochers,
faisant manger un serpent dans une patère que tient
un enfant debout sur un globe. ⊡. Æ.6.-R².-F.o.-6fr.
Vaill., Num. gr.

815. Γ. ΙΟΥ. ΟΥΗ. ΜΑΖΙΜΕΙΝΟϹ. ΑΥ. Même tête
laurée; dans le champ, une tête de femme voilée, en
contre-marque.

R. ΝΙΚΑΙΕΩΝ. Cérès voilée assise, tenant Sérapis
de la main droite, et un long flambeau de la gauche.
⊡. *Sestini, l. c. p.* 261. N° 28. . . . Æ.6.-R².-F.o.-6 fr.

816. Autre; ΝΙΚΑΙΕΩΝ. Satyre marchant à droite, et
se retournant, tenant une grappe de raisin de la main
droite, et de la gauche le *pedum* et une peau de
bouc. ⊡. *Sestini, Descriz. dell. Med. ant. del Mus.*
Hedery., II, 61. N° 88. . . . . Æ.6.-R².-F.o.-6 fr.

817. Γ. ΙΟΥ. ΟΥΗ. ΜΑΖΙΜΕΙΝΟϹ. ΑΥΤ. Tête laurée.

R. ΝΙΚΑΙΕΩΝ. La Fortune debout, avec ses attributs. ⊡. *Eckhel, Cat. Mus. Caes. Vindob., I, p.* 149.
N° 62 . . . . Æ.6.-R¹.-F.o.-3 fr.

818. Γ. ΙΟΥ. ΟΥΗ. ΜΑΖΙΜΕΙΝΟϹ. ΑΥΓ. (*a*) Tête
laurée de Maximin, à droite, avec le *paludamentum*.
  R⁄. ΝΙΚΑΙΕΩΝ. Prométhée assis sur un rocher, et
tourné à droite, travaillant au squelette de l'homme,
qui est figuré debout devant lui, sur la pointe d'un
rocher.........................Æ.5½.-R⁶.-F.o.-30 fr.

819. Autre; ΝΙΚΑΙΕΩΝ. Femme debout, à gauche,
tenant de la main droite ......, et de la gauche une
haste. □. *Mus. Arig.*, I, 11, 170. Æ.6.-R¹.-F.o.-3 fr.

820. Autre; ΝΙΚΑΙΕΩΝ. Femme tourrelée debout, tenant de la main droite une patère, et de la gauche
une corne d'abondance. □..... Æ.6.-R¹.-F.o.-3 fr.
                                    Vaill., Num. gr.

821. Autre; ΝΙΚΑΙΕΩΝ. Femme tourrelée assise à
gauche, tenant une patère de la main droite, et une
corne d'abondance de la g. □... Æ.6.-R¹.-F.o.-3 fr.
                    Mus Arig., I, 11, 171.

822. .... Tête de Maximin.
  R⁄. ΝΙΚΑΙΕΩΝ. Figure nue assise, portant la main
droite sur une autre figure nue également assise sur
un cippe. □. *Vaill.*, *l. c.*........ Æ.6.-R³.-F.o.-9 fr.

823. .... ΟΥ. ΟΥΗ. ΜΑΖΙΜΕΙΝΟϹ. ΑΥΓ. Même
tête laurée, avec une petite tête de Maximin, à ce
qu'il paraît, en contre-marque.
  R⁄. ΝΙΚΑΙΕΩΝ. Femme tourrelée portée sur un
monstre marin; derrière, une autre petite figure deb.
□. *M. Sancl., N. sel.,* III, *p.* 65. Æ.6.-R⁴.-F.o.-12 fr.

(*a*) Cette légende est bien confuse.

824. Γ. ΙΟΥ. ΟΥΗ. ΜΑΞΙΜΕΙΝΟC. ΑΥΓ. Tête de Maximin laurée.

R⁄. ΝΙΚΑΙΕΩΝ. L'empereur assis sur un cheval courant. ☐. *Froel.*, 4 tent., 314. *Fig.* 2. Æ.6.-R².-F.o.-6 fr.

825. Autre; ΝΙΚΑΙΕΩΝ. L'empereur à cheval, la m.
dr. armée de la haste. ☐......... Æ.6.-R².-F.o.-6 fr.
Eckhel, Cat. Mus. Caes. Vindob., I, 149. N° 60.

826. Autre; ΝΙΚΑΙΕΩΝ. Lion marchant à droite, le
pied posé sur un globe. ☐...... Æ.6.-R¹.-F.o.-3 fr.
Mus. Sanclem., Num. sel., III, 65.

827. Γ. ΙΟΥ. ΟΥΗ. ΜΑΖΙΜΙΝΟC. ΑΥΓ. Tête laurée.

R⁄. ΝΙΚΑΙΕΩΝ. Taureau cornupète, et un cheval, tous deux en face l'un de l'autre; au-dessus,
et au milieu une tête radiée du Soleil. ☐. *Sestini*,
Descr. dell. Med. ant. del Mus. Hederv., II, p. 61.
N° 87. *Tab. III, in Add. Fig.* 4. Æ.5½.-R⁴.-F.o.-12 fr.

828. .... ΟΥΗ. ΜΑΞΙΜΕΙΝΟC. ΑΥ. Tête laurée,
à droite, avec le *paludamentum*; derrière, une tête
humaine en contre-marque.

R⁄. ΝΙΚΑΙΕΩΝ: Un lion courant vers le côté
droit .... Æ.6.-R¹.-F.o.-3 fr.

829. .... ΙΟΥ ΟΥΗ. ΜΑΖΙΜΕΙΝΟC. ΑΥΓ. Tête laurée,
à droite, avec le *paludamentum*; dessus, un △ en
contre-marque, et la tête humaine.

R⁄. ΝΙΚΑΙΕΩΝ. Un temple hexastyle représenté
de face.................. Æ.6.-R¹.-F.o.-3 fr.

830. Autre; ΝΙΚΑΙΕΩΝ. Trois enseignes militaires. ☐.
Vaill., l. c................... Æ.5.-R¹.-F.o.-2 fr.

831. Autre; ΕΠ. C. M. ΑΝΤΙΟΧΟΥ. ΝΙΚΑΙΕΩΝ. Deux

phares ou lampes; le *vexillum* est figuré au milieu: Ω.
Vaill., *Num. gr*............ Æ.6.-R⁴.-F.o.-12 fr.

832. Γ. ΙΟΥ. ΟΥΗ. ΜΑΞΙΜΕΙΝΟΣ. ΑΥΓ. Tête laurée
de Maximin.

R. ΑΣΚΛΗΠΕΙΑ. Urne des jeux, avec deux palmes;
au bas, ΝΙ.?......Ω........ Æ.6.-R⁴.-F.o.-12 fr.
Eckhel, Cat. Mus. Caes. Vindob., I, 149. Nº 61.

Maximus.

833. ΙΟΥ. ΟΥΗ. ΜΑΞΙΜΘC. Κ, Tête nue de Maxime.
R. ΝΙΚΑΙΕΩΝ. Sérapis assis, tenant une haste de
la main gauche. Ω........... Æ.6.-R³.-F.o.-9 fr.
Sestini, Descr., p. 261. Nº 32.

834. Γ. ΙΟΥ. ΟΥΗ. ΜΑΞΙΜΟΣ. Κ. Même tête; sur le
cou, une contre-marque offrant la tête du même
prince.
R. ΝΙΚΑΙΕΩΝ. Cybèle tourrelée, assise à gauche,
la main droite sur le *tympanum*, posé sur son genou;
la gauche tient un sceptre. Ω. (*a*) Æ.6.-R².-F.o.-6 fr.
Sestini, Descriz. dell. Med. ant. del Mus. Hederv.,
t. II, p. 61. Nº 89. C. M. H. Nº 4547.

835. Μ. ΙΟΥ. ΟΥΗ. ΜΑΖΙΜΟΣ. Κ. Même tête, à droite,
avec le *paludamentum*, avec une contre-marque.
R. ΝΙΚΑΙΕΩΝ. Minerve debout, à gauche, vêtue
de la *stola* et du *peplum*, tenant une patère de la main
droite, et la haste de la gauche; à ses pieds, un bouclier......................... Æ.5½.-R³.-F.o.-9 fr.

(*a*) Médaille surfrappée, avec les vestiges d'un ancien type,
offrant un taureau, marchant à gauche.

836. Γ. ΙΟΥ. ΟΥΗ. ΜΑΖΙΜΟL .Κ.Tête nue de Maxime, à droite, avec le *paludamentum*.

℞. ΝΙΚΑΙΕΩΝ. Pallas debout, à gauche, tenant une patère de la main droite, et la haste de la gauche; à ses pieds, un bouclier; du côté de la tête de Maximin, la même contre-marque..... Æ.6.-R².-F.o.-6 fr.

837. Autre; ΝΙΚΑΙΕΩΝ. Même type; dessus, une Victoire en contre-marque......... Æ.6.-R².-F.o.-6 fr.

838. Même légende et même tête; dessus, une tête humaine en contre-marque.

℞. ΝΙΚΑΙΕΩΝ. Cérès debout, vêtue de la *stòla*, tenant des épis de la main droite, et un flambeau de la gauche................... Æ.6.-R².-F.o.-6 fr.

839. Γ. ΙΟΥ. ΟΥΗ. ΜΑΖΙΜΟC. Κ. Tête nue.

℞. ΝΙΚΑΙΕΩΝ. Cérès assise, tenant de la main dr. des épis, et de la g. un flambeau. □. *Eckhel, Cat. Mus. Caes. Vindob.*, *I*, 150. *N°*64. Æ.6.-R².-F.o.-6 fr.

840. Autre; ΝΙΚΑΙΕΩΝ. Satyre debout, tenant de la main droite un chalumeau, et de la gauche un flambeau. □. *Vaillant, Num. gr*..... Æ.6.-R².-F.o.-6 fr.

841. Autre; ΝΙΚΑΙΕΩΝ. Hercule combattant avec des flèches les oiseaux du lac Stymphale. □. *Eckhel, l. c. N°* 65................. Æ.6.-R⁴.-F.o.-12 fr.

842. Autre; ΝΙΚΑΙΕΩΝ. L'Équité debout, tenant une balance de la main droite, la gauche pendante; à ses pieds, une roue. □. *Arig., I, Gr. Urb. Impp. al T. XII. F.* 199........ Æ.5.-R².-F.o.-6 fr.

843. Γ. ΙΟΥ. ΟΥΗ. ΜΑΖΙΜΟL. Κ. Même tête nue, à droite, avec le *paludamentum*.

℞. ΝΙΚΑΙΕΩΝ. La Fortune debout, à gauche, le

Tome V. Supp. K

modius sur la tête, un gouvernail à la main droite, et une corne d'abond. dans la g.. Æ.6.-R².-F.o.-6 fr.

844. Γ. ΙΟΥ. ΟΥΗ. ΜΑΖΙΜΟC. Κ. Tête nue de Maxime, à droite, avec le *paludamentum.*

℟. ΝΙΚΑΙΕΩΝ. Femme tutulée debout, à gauche, tenant de la main droite une patère, et de la gauche une corne d'abondance. ▢........ Æ.6.-R².-F.o.-6 fr.

Sestini, Descriz. dell. Med. ant. del Mus. Hederv.,
t. II, p. 62. N° 90. C. M. H. N° 4758.

845. Autre; ΝΙΚΑΙΕΩΝ. Femme debout, vêtue de la *stola,* portant sur la main droite une petite Victoire, et de la g. un sceptre noueux . . . Æ.6.-R².-F.o.-6 fr.

846. Autre; N:....ΕΩΝ. Femme assise sur un siége, à gauche, regardant derrière elle, tenant une haste de la main droite, et une corne d'abondance de la g.; dessus, une contre-marque. ▢.:. Æ.6.-R².-F.o.-6 fr.

Cab. de feu M Beaucousin.

847. Γ. ΙΟΥ. ΟΥΗ. ΜΑΞΙΜΟC. Κ. Tête nue de Maxime, avec la tête de Maximin en contre-marque.

℟. ΝΙΚΑΙΕΩΝ. Femme vêtue de la *stola,* assise, regardant derrière elle, tenant un sceptre ou plutôt un flambeau de la main droite, et une corne d'abon-dance de la gauche. ▢......,.... Æ.6.-R².-F.o.-6 fr.

Mus. Sanc., Num. sel, t. III, p. 69. Tab. XXXI. N° 324.

848. Γ. ΙΟΥ. ΟΥΗ. ΜΑΞΙΜΟC. Κ. Tête nue, à droite, avec le *paludamentum* et contre-marque.

℟. ΝΙΚΑΙΕΩΝ. L'empereur à cheval, à droite, tenant une lance de la main dr. ,. Æ.6.-R³.-F.o.-9 fr.

849. Même légende et même tête; dessus, une tête hu-maine en contre-marque.

℟. ΝΙΚΑΙΕΩΝ. Temple hexast. Æ.6.-R².-F.o.-6 fr.

850. Γ. ΙΟΥ. ΟΥΗ. ΜΑΞΙΜΟC. Κ. Tête nue de
Maxime..

Rʹ. ΝΙΚΑΙΕΩΝ. Trois enseignes militaires sur lesquelles sont des couronnes. ⬜.... Æ 5.-R².-F.o.-4 fr.
Eckhel, Cat. Mus. Caes. Vindob., t. I, p. 150. Nᵒ 67.

851. Autre; ΝΙΚΑΙΕΩΝ. Lion courant. ⬜. *Vaillant*,
Num. gr..................... Æ.6.-R².-F.o.-6 fr.

Gordianus Pius.

852. .... ΓΟΡΔΙΑΝΟC. ΑΥΓ. Tête radiée de Gordien-
le-Pieux, à droite, avec le *paludamentum*.

Rʹ. ΝΙΚΑΙΕΩΝ. Jupiter couvert du *pallium*, assis
sur un siége, à gauche, tenant une patère de la main
droite, et la haste de la gauche... Æ.5.-C.-F.o.-1 fr.

853. Autre; ΝΙΚΑΙΕΩΝ. Pallas vêtue de la *stola*, debout à gauche, tenant une patère de la main droite,
et de la gauche une haste, et en même temps un bouclier au bras. ⬜.............. Æ.6.-R¹.-F.o.-3 fr.
Sestini, Descriz. dell. Med. ant. del Mus. Hederv.,
t. II, p, 62. Nᵒ96.

854. .... Même tête.

Rʹ. ΝΙΚΑΙΕΩΝ. Bacchus dans un char traîné par
quatre éléphans; il est assis, et tient de la main droite
le *cantharum*, et de la gauche son thyrse, ⬜. *Vaill.*,
l. c................... Æ.6.-R⁴.-F.o.-12 fr.

855. ..... ΓΟΡΔΙΑΝΟC. ΑΥΓ. Même tête.

Rʹ. ΝΙΚΑΙΕΩΝ. Satyre debout, à gauche, traînant
une outre remplie de vin; dessus, on voit une contre-
marque.................... Æ.5½.-R¹.-F.o.-3 fr.

856. .... ΓΟΡΔΙΑΝΟΣ. ΑΥΓ. .... Tête laurée.

Rʹ. ΝΙΚΑΙΕΩΝ. Femme casquée debout, tenant
K*

une patère au-dessus d'un autel, et de la gauche une
haste. □. *Mus. Theup., p.* 1048.. Æ.5.-R¹.-F.o.-2 fr.

857. ...... ΓΟΡΔΙΑΝΟϹ. ΑΥ. Tête radiée de Gordien,à droite, avec le *paludamentum.*

R̄. ΝΙΚΑΙ..... Femme debout, vêtue de la *stola,*
tenant une patère de la main droite, et une corne
d'abondance de la gauche...... . Æ 6.-C.-F.o.-1 fr.

858. M. ANT. ΓΟΡΔΙΑΝΟϹ. ΑΥΓ. Même tête radiée.

R̄. ΝΙΚΑΙΕΩΝ. L'Équité debout, avec ses attributs
ordin.; dans le champ, une proue de vaisseau en contre-
marque. □. *Eckhel, Cat. Mus. Caes. Vindob., t. I,
p.* 150. *N°* 68................ Æ.6.-R¹.-F.o.-3 fr.

859. Autre; ΝΙΚΑΙΕΩΝ. Femme assise, faisant manger
de la main droite un serpent dans une patère, et tenant une haste de la gauche. □.. Æ.6.-R¹.-F.o.-3 fr.
Eckhel, l. c. N° 69.

860. M. ANT. ΓΟΡΔΙΑΝΟϹ. ΑΥ. Tête radiée, avec
un bouclier et un javelot sur l'épaule droite.

R̄. ΝΙΚΑΙΕΩΝ. Hercule nu assis sur un lion marchant, tenant une massue dans la main g., et un vase
ou rython dans la droite. □..... Æ.8.-R².-F.o.-6 fr.
Mus. Sanclem., Num. sel., t. III, p. 81.Tab. XXXI. N° 333,

861. M. ANT. ΓΟΡΔΙΑΝΟϹ. ΑΥΓ. Tête laurée, à dr.,
avec le *paludamentum.*

R̄. ΙΠΠΟΝ. ΒΡΟΤΟΠΟΔΑ. ΝΙΚΑΙΕΩΝ. Héros à
cheval, la tête couverte du bonnet phrygien; et tenant de la main droite une couronne; le cheval, dont
les pieds de devant sont humains, tient dans le droit
levé un bâton ou sceptre, autour duquel est un serpent, et sa queue repliée se termine par une tête de

serpent; une petite Victoire vole au-devant du héros pour le couronner (a) *Pl.* 1. *N° 2.* Æ.9.-R⁸.-F.o.-150 fr.

862. .... Tête de Gordien-le-Pieux.

Ŕ. NIKAEΩN. (*sic*). Deux femmes se donnant la main; l'une d'elle a la tête tutulée; au-dessus, une double tête à l'instar de Janus, avec le *modius.*▢.*Arig.*, *II, Gr. Urb. Impp., XXX.*, 416. Æ.9.-R⁴.-F.o.-30 fr.

863. ..... ΔΙΑΝΟ... ΥΤ. Tête radiée.

Ŕ. N..ΚΑΙΕ..... Temple hexastyle; au milieu, un point.................... Æ.5½.-C.-F.o.-1 fr.

864. ....., ΓΟΡΔΙΑΝΟC..... Tête laurée, à droite, avec le *paludamentum.*

Ŕ. NIKAIEΩN.Temple tétrastyle. Æ.6.-C.-F.o-1 fr.

865. M. ANT. ΓΟΡΔΙΑΝΟC. A. Tête radiée, à droite, avec le *paludamentum.*

Ŕ. NIKAIEΩN.Trois enseignes militaires; sur celle du milieu, un aigle........... Æ.4.-C.-F.o.-1 fr.

866. .... ΓΟΡΔΙΑΝΟC. ΑΥ. Même tête.

Ŕ. NIKAIEΩN. Trois enseign. Æ.4½.-C.-F.o.-1 fr.

867. Deux autres presque semblabl.Æ.4½.-C.-F.o.-1 fr.

868. ΑΥΤ. Κ. Μ. ΑΝΤ. ΓΟΡΔΙΑΝΟΣ. ΑΥ. Tête laurée
Ŕ. NIKAIEΩN. Enseig mil. ▢. Æ.5.-R¹.-F.o.-2 fr.

Mus. Theup., p. 1049.

869. M. ANT. ΓΟΡΔΙΑΝΟΣ. Tête radiée.

Ŕ. NIKAIEΩN. Quatre enseignes militaires. ▢. *Theup., l. c*............... Æ.4.-R¹.-F.o.-2 fr.

(a) Vaillant, dans son *Numismata graeca*, n'a pas décrit cette médaille très-précieuse avec exactitude.

870. M. ANT. ΓΟΡΔΙΑΝΟC. ΑΥΓ. Tête radiée de
Gordien-le-Pieux.

R'. NIKAIEΩN. Quatre enseignes militaires ; les deux
du milieu surmontées du capricorne. □. *Eckhel. Cat.
M. Caes. Vind.*, 150. N⁰ˢ 70, 71. Æ.4.-R¹.-F.o.-2 fr.

871. M. ANT. ΓΟΡΔΙΑΝΟΣ. ΑΥΓ. Tête radiée, à dr.,
avec le *paludamentum*.

R'. NIKAIEΩN. Quatre ens. mil. Æ.4½.-C.-F.o.-1 fr.

872. Même légende et même tête ; dessus, une contre-
marque.

R'. NIKAIEΩN. Même type... Æ.4.-C.-F.o.-1 fr.

Tranquillina.

873. .... Tête de Tranquilline.

R'. NIKAIEΩN ΑΔΡΙΑΝΩΝ. OMONOIA. Æscu-
lape et Hygiée deb., avec attrib. □. Æ.9.-R⁵.-F.o.-48 fr.

Vaillant, Num. gr.

874. CAB. ΤΡΑΝΚΥΛΛΙΝΑ. C. Même tête.

R'. NIKAIEΩN. Cérès debout, tenant de la main
droite des épis, avec un pavot, et de la gauche un
flambeau. □............ ...: Æ.6:-R⁴.-F.o.-12 fr.

Mus. Arig., Num. gr. Urb. Impp. Tab. XII. Fig. 184·

Philippus Senior.

875. .... ΦΙΛΙΠΠΟC. ΑΥΓ. Tête radiée de
Philippe le père, à droite, avec le *paludamentum*.

R'. NIKAIEΩN. Pallas debout, tenant une branche
de laurier de la main dr., et la gauche appuyée sur sa
lance, ... Æ.7½.-R⁴.-F.o.-12 fr.

876. Autre ; NIKAIEΩN: Pallas casquée debout tenant

une haste de la main droite, et la gauche posée sur son bouclier. ☐. *Vaill., Num. gr.* Æ.6.-R⁴.-F.o.-12 fr.

877. .... Tête de Philippe le père.

Ŗ. ΝΙΚΑΙΩΝ. ΑΥΓΟΥΤΙΑ. ϹΕΥΗΡΙΑ. Deux urnes; dans chacune, une palme. ☐. .... Æ.6.-R⁴.-F.o.-12 fr.

Vaillant, l. c.

Otacilia.

878. .... ΩΤΑΚΙ. ϹΕΥΗΡΑ. ΑΥΓ. Tête d'Otacilia.

Ŗ. ΝΙΚΑΙΕΩΝ. Pallas casquée debout, tenant de la m. d. une patère, et de la g. un bouclier. ☐.*Arig., I, Urb. gr. Impp. T. XXXI. F.*430. Æ.9.-R⁵.-F.o.-48 fr.

Philippus Junior.

879. Μ. ΙΟΥΛΙΟϹ. ΦΙΛΙΠΠΟϹ. Κ. Tête nue de Philippe jeune, à droite, avec le *paludamentun.*

Ŗ. ΝΙΚΑΙΕΩΝ. Jupiter vêtu du *pallium*, assis sur un siége, à gauche; tenant une patère de la main droite, et la g. sur la haste pure. Æ.7.-R⁴.-F.o.-12 fr.

880. Μ. ΙΟΥΛΙΟϹ. ΦΙΛΙΠΠΟϹ. Κ. Tête nue de Philippe jeune, à droite, avec le *paludamentum.*

Ŗ. ΝΙΚΑΙΕΩΝ. Pallas debout, tournée à gauche; portant sur la main droite une petite Victoire, et la gauche armée d'un bouclier et d'une lance. ☐ *Cab. de feu M. Téchon.*............... Æ.7.-R⁴-F.o.-12 fr.

581. .... Tête de Philippe jeune.

Ŗ. ΝΙΚΑΙΕΩΝ. Æsculape, Hygiée et Télesphore debout, avec leurs attrib. ord. ☐. Æ.6.-R⁶.-F.o.-48 fr.

Vaillant, l. c.

Trajanus Decius.

882. ΑΥ. ΚΑΙ. ΤΡΑΙΑΝΟC. ΔΕΚΙΟC. ΑΥΤΟΥ. Tête
radiée de Trajan Dèce.

R̸. ΝΙΚΑΙΕΩΝ. Jupiter à demi nu assis, la main
droite posée sur son genou, et une haste dans la g. ☐.
Band , I p. 21 . . . . Æ.6.-R³.-F.o.-9 fr.

883. Autre; ΝΙΚΑΙΕΩΝ. Cybèle voilée assise, tenant de
la main droite une patère, et la gauche appuyée sur le
crotalum. ☐. *Vaillant, Num. gr.*. Æ.6.-R³.-F.o.-9 fr.

884. ΑΥΤ. ΚΑΙ. Τ. (*sic*) ΜΕC. ΚΥ. ΤΡΑΙΑΝ. ΔΕΚΙΟC.
CΕΒ. Tête radiée.

R̸. ΝΙΚΑΙΕΩΝ. Hygiée debout, à droite; Æsculape à la g., et Télesphore au milieu, avec leurs attributs. ☐. *Band.,,I, p.* 121 . . . . : Æ.6.-R³.-F.o.-9 fr.

885. Autre; ΝΙΚΑΙΕΩΝ. Les trois Grâces nues debout.
☐. *Vaill., l. c.* . . . . Æ.6.-R³.-F.o.-9 fr.

886. Autre; ΝΙΚΑΙΕΟΝ. Victoire (*a*) debout, tenant de
la main droite levée une couronne, ou quelque chose
à peu près semblable, et la g. ☐. *Arig., I, Gr. Urb.
Impp. Tab. XIII. Fig.* 195. . . . . Æ.5.-R³.-F.o.-6 fr.

887. ΑΥ. Κ. ΤΡ. ΔΕΚΙΟC. ΑΥ. CΕ. Tête laurée.

R̸. ΝΙΚΑΙΕΩΝ. Aigle romaine entre deux enseign.
militaires. ☐. *Eckhel, Cat. Mus. Caes. Vindob., t. I,
p.* 150. *N°* 73 . . . . Æ.5.-R³.-F.o.-6 fr.

Etruscilla.

888. . . . . Tête d'Étruscille.

R̸. ΕΠΙ. ΑΡΙCΤΕΟΥ. ΝΕΙΚΑΕΩΝ. Bacchus nu

(*a*) Némésis ailée.

debout, tenant de la main droite un vase, et de la
gauche un thyrse; à ses pieds, une panthère. ▢. *Vaill.,
Num. gr*..... .... Æ.6.-R³.-F.o.-9 fr.

889. EPENN. ETPOYCKIΛΛΛ. CE. Tête d'Étruscille.
R'. NIKAIEΩN. Aigle romaine entre deux enseign.
militaires. ▢................. Æ.5.-R³.-F.o.-9 fr.
Eckhel, Cat. Mus. Caes. Vindob., I, p. 150. N° 74.

890. ....,.EN. ETPOYCKIΛΛAA...... Tête d'Étruscille, à droite.
R'. NIKAIEΩN, Harpocrate nu, debout, à gauche, la
main droite sur la bouche, et tenant une corne d'abondance de la g. ▢. *Cab. Rollin*.... Æ.3.-R³.-F.o.-6 fr.

Herennius Etruscus.

891. ......KY. ΔEKION. K. Tête radiée d'Herennius
Etruscus.
R'. NIKAI..N. Pallas casquée debout, tenant de la
main droite une petite Victoire, et de la g. une haste
et un boucl. ▢. *Arig., II, Urb.gr.* Æ.6.-R⁴.-F.o.-12 fr.

Hostilianus.

892. Γ. MECC. KOYINT. ΔEKIOC. K. Tête radiée d'Hostilien, à droite, avec le *paludamentum*.
R'. NIKAIEΩN. Sérapis debout, couvert du *pallium*;
la main droite levée, et une haste pure dans la g.; à
ses pieds, un autel allumé. ... Æ.7.-R⁵.-F.o.-30 fr.

893. Γ. OYΛΛΕ. OCT. MECCI. KYINTOC. Tête radiée
d'Hostilien, avec le *paludamentum*.
R'. NIKAIEΩN. Sérapis, la main droite levée, devant un autel, et tenant une haste transversale de la
gauche. ▢. *Vaillant, l. c.* ...... Æ.6.-R⁵.-F.o.-30 fr.

894. Γ. ΟΥΑΛΝΤ. (*sic*) ΟΣΤ. ΜΕΣ. ΚΥΙΝΤ. Κ. Tête
radiée d'Hostilien, à droite, avec lé *paludamentum*.

Ŗ. ΝΙΚΑΙΕΩΝ. Femme voilée assise sur la ciste mystique, à g., tenant une patère de la main droite, et un
flambeau de la gauche......... Æ.6.-R⁴.-F.o.-12 fr.

895. Γ. ΟΥΑΛ. ΒΝΤ. (*sic*) ΟϹΤ. ΜΕϹ. Κ. ΚΟΥΝΤΟϹ.
Κ. Tête radiée.

Ŗ. ΝΙΚΑΙΕΩΝ. Bacchus à demi nu, debout, tenant de la main dr. une grappe de raisin, et de la
gauche un thyrse. ▫.......... Æ.6.-R⁵.-F.o.-30 fr.
Sestini, Descr., p. 261. Nº 35.

896. Autre; Γ. ΟΥΑΛΕ...ΜΕϹ. ΚΥΙΝΤΟϹ. Κ. Tête
radiée.

Ŗ. ΝΙΚΑΙΕΥΝ. (*sic*). Femme debout, ou plutôt
Bacchus, la main droite........, et une haste dans
la gauche. ▫............ ..... Æ.6.-R⁵.-F.o.-3o fr.
Mus. Arig., I, Gr. Urb. Impp. Tab. XIII. Fig. 198.

897. Γ. ΟΥΑΛΕΝ. ΟϹΤ. ΜΕϹ. ΚΥΙΝΤΟΝ. Κ. Tête radiée.

Ŗ. ΝΙΚΑΙΕΩΝ. La Fortune debout, la tête tutulée,
tenant un gouvernail de la main droite, et une corne
d'abondance de la gauche. ▫.... Æ.6.-R⁴.-F.o.-12 fr.
Sestini, Descriz. dell. Med. ant. del Mus. Hederv., t. II,
p. 63. Nº 104.

Trebonianus Gallus.

898. ΑΥΤ. ΤΡΕΙΒ. (*sic*) ΓΑΛΛΟϹ. ΑΥ. Tête radiée de
Trébonien Galle.

Ŗ. ΝΙΚΑΙΕΩΝ. Cybèle assise, à gauche, entre
deux lions, tenant une patère de la main droite, et un
sceptre de la g., appuyée en même temps sur le *tym-*

panum. ☐ *Sestini, Desc. dell. Méd. ant. del M. Heder,*
II, p. 63. *N°* 105. *C. M. H.* 4559. Æ.6.-R⁴.-F.o.-12 fr.

899. . . . . Tête de Trébonien Galle.

R⁄. ΝΙΚΑΙΕΩΝ. Cybèle assise entre deux lions, tenant de la main dr. un javelot. ☐. Æ.6.-R⁴.-F.o.-12 fr.
Vaill., Num. gr.

900. Autre; ΝΙΚΑΙΕΩΝ. Jupiter assis, tenant une
patère de la main droite, et une haste de la gauche. ☐.
Sestini, Desc., p. 261. *N°* 38. . . Æ.6.-R⁴.-F.o.-12 fr.

901. ΑΥ. . . . . . . ΓΑΛΛΟC. ΑΥΓ. Tête radiée.

R⁄. ΝΙΚΑΙΕΩΝ. Femme tutulée debout, portant
sur la main droite la tête du Soleil, et sur la gauche
celle de la Lune. ☐. . . . . Æ.6.-R⁴.-F.o.-12 fr.
Sestini, l. c., p. 261. N° 36.

902. ΑΥΤ. Κ. Γ. ΒΕΙΒ. ΓΑΛΛΟC. ĀΥ. Tête radiée.
R⁄. ΝΙΚΑΙΕΩΝ. Némésis deb. ☐. Æ.6.-R⁴.-F.o.-12 fr.
Sestini, l. c. N° 37.

903. ΑΥΤ. Κ. Γ. ΟΥΙΒ. ΓΑΛΛΟC. Α. Tête radiée.
R⁄. ΝΙΚΑΙΕΩΝ. L'Équité debout, tenant une ba-
lance de la m. dr., et une corne d'abondance de la g. ☐.
Arig., I, 13, 199; *II,* 32, 444. Æ.6.-R⁴.-F.o.-12 fr.

904. Autre; ΝΙΚΑΙΕΩΝ. Femme vêtue de la *stola,*
debout, tenant une patère de la main droite, et
une corne d'abond. de la g. ☐. . . Æ.6.-R⁴.-F.o.-12 fr.
Vaill., l. c.

905. Autre; ΝΙΚΑΙΕΩΝ. L'empereur en *paludamen-*
tum, et courant à cheval, la main droite armée d'une
haste. ☐. *Vaill., l. c.* . . . . Æ.6.-R⁵.-F.o.-18 fr.

906. Autre; ΝΙΚΑΙΕΩΝ. ΒΥΖΑΝΤΙΩΝ. ΟΜΟΝΟΙΑ.
La Concorde debout, vue de côté, tenant de la main

droite une patère, et de la gauche une corne d'abondance. ☐. *Sestini, Descriz. dell. Med. ant. del Mus.
Hederv., pag.* 63. *N°* 106..... Æ.6.-R⁴.-F.o.-12 fr.

Volusianus.

907. ΑΥ. Κ. ΟΥΙΒ. ΟΥΟΛΟΥCΙΑΝΟC. Tête radiée
de Volusien, à droite.
    Ŗ. ΝΙΚΑΙΕΩΝ. Les trois Grâces, représentées
debout..................... Æ.5.-R⁴.-F.o.-8 fr.

908. ΑΥ. Κ. ΒΕΙΒ. (*sic*) ΓΑΛΛΟC. ΟΥΟΛΟΣΣΙΑ-
ΝΟΣ. (*sic*). Tête radiée.
    Ŗ. ΝΙΚΑΙΕΩΝ. Les trois Grâces debout, nues,
s'embrassant. ☐................ Æ.5.-R⁴.-F.o-8 fr.
              Band., I, p. 90; Vaill., Num. gr.

909. Autre; ΝΙΚΑΙΕΩΝ. Femme vêtue de la *stola,*
debout, tenant une patère de la main droite, et une
corne d'abond. de la gauche. ☐. Æ.6.-R⁴.-F.o.-12 fr.
                    Vaill., l. c.

AEmilianus?

910. ....ΛΙΑΝΟC. ΑΥΓ. Tête radiée d'Émi-
lien.
    Ŗ. ΝΙΚΑΙΕШΝ. Pallas casquée debout, tenant de
la main droite une patère, et de la gauche un bouclier et une haste. ☐. (*a*) .... Æ.6..........
Mus. Arig., II, Urb. gr. Impp. Tab. XXXII. Fig. 446.

Valerianus Senior.

911. Γ. ΠΟΥΒ. ΛΙΚ. ΟΥΑΛΕΡΙΑΝΟC. ΑΥΓ. Tête

(*a*) Médaille douteuse; c'est peut-être un Gordien-le-Pieux
ou Trajan Dèce.

radiée de Valérien père, à droite, avec le *paludamentum*.

Ŗ. NIKAIEΩN. Cybèle assise sur un siége, à g.,
le *modius* sur la tête, et vêtue de la *stola*, tenant une
patère de la main droite, et le bras gauche sur le
tympanum; à ses pieds, un lion. Æ.6½.-R¹.-F.o.-3 fr.

912. Γ. ΠΟΥ. ΑΙ. ΟΥΑΛΕΡΙΑΝΟϹ. Ε. Tête radiée de
Valérien père.

Ŗ. NIKAIEΩN. Pallas debout, tenant de la main
droite une patère, et de la gauche, une lance et un
bouclier; sur la partie inférieure de la figure, une
tête humaine en contre-marque... Æ.6.-C.-F.o.-1 fr.

913. Autre; NIKAIEΩN. Cérès assise, tenant de la
main droite des épis, et de la gauche un flambeau
ardent. ▭. *Arig., II, Urb. gr. Impp. Tab. XXXIII,
Fig. 453.* .... Æ.6.-R¹.-F.o.-3 fr.

914. Π. ΑΙΚ. ΟΥΑΕΡΙΑΝΟϹ. ϹΕΒ. Même tête.

Ŗ. NIKAIEΩN. La Fortune debout, tenant un
gouvernail de la main droite, et une corne d'abondance de la gauche .... Æ.6.-C.-F.o.-1 fr.

915. Γ. ΠΟΥ. ΑΙΚ. ΟΥΑΛΕΡΙΑΝΟϹ. ΑΥΓ. Même
tête.

Ŗ. NIKAIEΩN. Femme vêtue de la *stola*, assise
sur un siége à gauche; une urne sur la tête, une autre
sur la main droite, et une troisième placée sous le
bras gauche.............. Æ.6½.-R².-F.o.-6 fr.

916. ΠΟΥ, ΑΙ. ΟΥΑΛΕΡΙΑΝΟϹ. ϹΕ. Tête radiée.

Ŗ. NIKAIEΩN. Femme assise, tenant de la main
droite une patère, et de la g. une corne d'abondance.
▭. *Sestini, Desc., p. 262. N° 39.* Æ.6.-R¹.-F.o.-3 fr.

917. ΠΟΥ. ΑΙ. ΟΥΑΛΕΡΙΑΝΟΣ. LE. Tête radiée de
Valérien père.

R'. ΝΙΚΑΙΕΩΝ. Femme assise, tenant de la main
droite un gouvernail, et en même temps une urne de
laquelle sortent deux palmes, et soutenant de la g.
une corne d'abondance, et également une autre urne.
☐. *Sestini, Descr., p.* 262. *N°* 40. Æ.6.-R¹.-F.o.-3 fr.

918. Γ. ΠΟΥΒ. ΑΙΚ. ΟΥΑΛΕΡΙΑΝΟC. LEB. Même
tête.

R'. ΝΙΚΑΙ..ΩΝ. Trois figur. deb. Æ.7.-R².-F.o.-6 fr.

919. ΠΟΥ. ΑΙΚ. ΟΥΑΛΕΡΙΑΝΟC. CE. Tête radiée.

R'. ΝΙΚΑΙΕΩΝ. L'empereur vêtu du *palud.*, et la
tête radiée, debout, tenant une haste de la main g.,
et donnant la droite à une autre figure en *paludam.*,
et debout, tenant une haste dans la main gauche; à
côté, une autre figure en toge, tenant de la main d.
une patère. ☐. . . . . Æ.6.-R⁴.-F.o.-12 fr.
Eckhel, Cat. Mus. Caes. Vindob., I, p. 150. N° 75,

920. Γ. ΠΟΥ. ΑΙΚ. ΟΥΑΛΕΡΙΑΝΟΣ. ΑΥ. Même tête.

R'. ΡΩΜΑΙΩ.. (*a*) ΝΙΚΗC. ΝΙΚΑΙΕΙC. Victoire,
les ailes éployées, marchant, la m. d. sur un bouclier,
et portant un trophée de la g.. . Æ.6.-R⁴.-F.o.-12 fr.

921. Autre; ΑΡΙCΤΩΝ. ΜΕΓ. ΝΙΚΑΙΕΩΝ. Castre prétorienne; dans le champ, o. ☐. . . Æ.6.-R².-F.o.-6 fr.
Mus. Arig., 1, Gr. Impp. Tab. XIV. N° 216.

922. ΠΟΥ. ΑΙΚ. ΟΥΑΛΕΡΙΑΝΟC. ΑΥ. Tête radiée.

R'. ΚΕΝΔΡΕCΕΙΑ. ΠΥΘΙΑ. ΝΙΚΑΙΕΩΝ. Table sur

(*a*) Ce commencement de légende est altéré.

laquelle sont trois urnes ; dans celle du milieu, trois
palmes ; dans les deux autres, une seule. ▢. *Sestini,
Desc. N° 41*. . . . . Æ.6.-R⁴.-F.o.-12 fr.

923. . . . . Tête de Valérien
père.

   Ƃ. NIKAIEΩN. ICOM. ΠΥΘ. Une table sur laquelle sont posées trois urnes des jeux ; dans celle du
milieu sont deux palmes ; dans les autres, on en re-
marque trois. ▢. *Vaill., Num. gr.* Æ.6.-R⁴.-F.o.-12 fr.

924. Γ. Π. ΑΙΚ. ΟΥΑΛΕΡΙΑΝΟC. CEB. Même *tête.*

   Ƃ. NIKA. . . . Trois urnes sur une table, avec des
palmes ; dessous, ΔIΟΝ. ΠΥΘ. . Æ.6.-R⁴.-F.o.-12 fr.

925. ΠΟΥ. ΑΙ. ΟΥΑΛΕΡΙΑΝΟC. ΣΕΒ. Même tête, à
droite, avec le *paludamentum.*

   Ƃ. IEPOI AΓΩNE. NIKAIEΩN. Trois urnes des
jeux, avec des palmes. . . . . Æ.6.-R³.-F.o.-9 fr.

926. Γ. ΠΟΥ. ΑΙΚ. ΟΥΑΛΕΠΙΑΝΟC. AVG. (*sic*). Tête
laurée, avec le *paludamentum.*

   Ƃ. NIKAIEΩN. IEPOΣ. AΤΩN. La Fortune assise
à gauche, tenant de la main droite un gouvernail, et
de la gauche une corne d'abondance, une urne avec
des palmes est près de la main droite, une autre près
de sa tête , et une troisième près de la corne d'abondance. ▢. . . . . Æ.6.-R⁴.-F.o.-12 fr.

      Sestini, Descriz. dell. Med. ant. del Mus. Hederv.,
      t. II, p. 63. N° 108.

927. ΠΟΥ. ΑΙΚ. ΟΥΑΛΕΠΙΑΝΟC. Α. Tête radiée, à
droite, avec le *paludamentum.*

   Ƃ. IEPOΣ. AΓΩN. ΠΥΘΙΑ. NIKAIEΩN. en quatre
lignes ; trois urnes, avec palmes. Æ.6½.-R³.-F.o.-9 fr.

928. Γ, ΠΟΥ......... ΟΥΑΛΕΡΙΑΝΟC. ΑΥΓ. Tête
radiée de Valérien père.

℞. ΝΙΚΑΙΕΩΝ. ΒΥΖΑΝΤΙΩΝ. ΟΜΟΝΟΙΑ. Femme
debout, qui représente le Génie de la ville de Nicée,
tendant la main à un homme barbu représentant
celui de Byzance. ▢........... Æ.6.-R⁴ -F.o.-1½ fr
Sestini, Desc., p. 262. N° 42.

Valerianus Senior, Gallienus et Valerianus Junior.

929. ΑΥΤ. ΟΥΑΛΕΡΙΑΝΟC. ΓΑΛΛΙΗΝΟC. ΟΥΑ-
ΛΕΡΙΑΝΟΣ. ΚΑΙΣ., *vel* ΚΑΙ. Têtes radiées en regard
de Valérien père et de Gallien; au milieu, celle de
Valérien jeune; à l'exergue, ΣΕΒΒ.

℞. ΜΕΓΙΣΤΩΝ. ΑΡΙΣΤΩΝ. ΝΙΚΑΙΕΩΝ.Trois urnes
des jeux, avec des palmes..... Æ.6½.-R³.-F.o.-9 fr.

930. Quatre autres médailles, qui sont à peu près
semblables.................. Æ.6.-R³.-F.o.-9 fr.

Gallienus.

931. ΠΟ. ΛΙ. ΕΓ. ΓΑΛΛΙΗΝΟΣ. ΣΕΒ. Tête radiée de
Gallien.

℞. ΝΙΚΑΙΕΩΝ. Cybèle assise entre deux lions,
tenant une patère de la main droite, et le bras gauche
appuyé sur le *tympanum*. ▢..... Æ.6.-R².-F.o.-6 fr.
Sestini, I. c., p. 263. N° 47.

932. Autre; ΝΙΚΑΙΕΩΝ. Les trois Grâces debout,
s'embrassant. ▢.............. Æ.6.-R³.-F.o.-9 fr.
Patin, Impp., p. 328. N° 4.

933. ΠΟ. ΛΙΚ . . . . Γ. ΓΑΛΛΙΗΝΟΣ. ΣΕΒ. Tête radiée
de Gallien, à droite, avec le *paludamentum*.

R. ΝΙΚΑΙΕΩΝ. Cérès voilée et vêtue de la *stola*, debout, tenant des épis de la m. dr., et la haste noueuse
de la gauche. . . . . Æ.5½.-C.-F.o.- fr.

934. ΠΟ. ΛΙΚ. ΕΓ. ΓΑΛΛΙΗΝΟC. Même tête radiée,
avec le *paludamentum*.

R. ΝΙΚΑΙΕΩΝ. Cérès voilée debout, tenant des
épis de la main droite, et un flambeau allumé de la
gauche. Q. *Band.*, *I*, *p.* 205 . . . . . Æ.6.-R¹.-F.o.-3 fr.

935. Γ. ΠΟΥΒ. ΛΙΚ. ΕΓΝΑ. ΓΑΛΛΗΝΟΣ. (*sic*) ΑΥΓ.
Tête radiée, à droite, avec le *paludamentum*.

R. ΝΙΚΑΙΕΩΝ. Cérès voilée assise à gauche, tenant des épis de la main droite, et un flambeau de la
gauche ; on voit, de plus, une tête humaine en contre-
marque. Æ.6.-C.-F.o.-1 fr.

936. ΠΟΥ. ΛΙ. ΕΓ. ΓΑΛΛΙΗ. . . . . . . Tête radiée.

R. ΝΙΚΑΙΕΩΝ. Bacchus assis sur un char traîné
par quatre éléphans, à gauche, tenant le *cantharum*
de la main dr., et un thyrse de la gauche. Q. *Sestini*,
Lett. num., *t. VI*, *pag.* 44. . . . . Æ.6.-R².-F.b.-4 fr.

937. ΠΟΥ. ΛΙΚ. ΓΑΛΛΙΗΝΟC. . . . . . . Tête radiée, à
droite, avec le *paludamentum*. . . . .

R. ΝΙΚΑΙΕΩΝ. Bacchus assis sur un char traîné
par quatre éléphans, à gauche. . Æ.6.-R².-F.b.-4 fr.

938. Autre, presque semblable. . . . Æ.6.-R².-F.b.-4 fr.

939. ΠΟ. ΛΙ. ΕΓ. ΓΑΛΛΙΗΝΟΣ. ΣΕ. Tête radiée, à d.,
avec le *paludamentum*.

R. ΝΙΚΑΙΕΩΝ. Satyre marchant à droite, tenant

L

de la main droite une outre, et de la gauche un
instrument inconnu............ Æ.6.-R².-F.o.-6 fr.
940. ΠΟΥ. ΛΙΚ. ΓΑΛΛΙΗΝΟϹ. CEB. Tête radiée de
Gallien.

    ℟. ΝΙΚΑΙΕΩΝ. L'empereur en *palud.*, debout, don-
nant la main à Salonin, vêtu du *paludamentum*, debout devant lui, tenant une haste de la gauche; de
l'autre côté, Salonine debout, ayant une patère dans
la main droite. ◻............ Æ.6.-R².-F.o.-6 fr.
                    Sestini, Descr., p. 262. N° 44.

941. ΠΟΥ. ΛΙ. ΕΓ. ΓΑΛΛΙΗΝΟϹ. ϹΕΒ. Même tête,
avec un trident en contre-marque.

    ℟. ΝΙΚΑΙΕΩΝ. Même type. ◻. Æ.6.-R².-F.o.-6 fr.
                    Sestini, l. c. N° 45.

942. ΠΟΥ. ΛΙ. ΕΓ. ΓΑΛΛΙΗΝΟϹ. Ϲ... Tête radiée, à
droite, avec le *paludamentum*; dessus, R. en contre-
marque.

    ℟. ΝΙΚΑΙΕΩΝ. Trois fig. deb. Æ.6½.-R².-F.o.-6 fr.
943. Γ. ΠΟΥΒ. ΛΙΚ. ΕΓΝΑ. ΓΑΛΛΗΝΟϹ. (*sic*) ΑΥΤ.
Tête radiée, à droite, sans le *paludamentum*.

    ℟. ΝΙΚΑΙΕΩΝ. Femme vêtue de la *stola*, et le
modius en tête, assise sur un siége, à gauche; tenant
une patère de la main droite, et une corne d'abondance de la gauche........... Æ.7.-R¹.-F.o.-3 fr.
944. Autre, presque semblable... Æ.6½.-R¹.-F.o.-3 fr.

945. ....V. K. ΛΙΚ... ΓΑΛΛΗΝ.... (*sic*). Tête radiée de Gallien, à droite; derrière, H. en contre-
marque.

    ℟. ΝΙΚΑΙΕ..... Femme tourrelée, assise sur un
siége à gauche, tenant une patère de la main droite,
et une corne d'abond. de la g. ◻. Æ.6.-R¹.-F.o.-3 fr.
                    Cab. Rollin, à Paris.

946. . . . . Tête de Gallien.

R/. NIKAIEΩN. Femme tutulée assise, tenant de la main droite une patère, et de la gauche une corne d'abondance. ☐. *Vaill., Num. gr.* Æ.6.-R¹.-F.o.-3 fr.

947. Autre; NIKAIEΩN. Femme vêtue d'une tunique, assise, tenant de la main droite des épis, et de la g. une haste transversale. ☐. *Vaill.. l. c.* Æ.6.-R¹.-F.o.-3 fr.

948. Autre; NIKAIEΩN. ΠΥΘΑΓΟΡΗC. Pythagore assis, touchant un globe de la m. dr. ☐. Æ.6.-R⁴.-F.o.-12 fr.
Vaill., l. c.

949. Autre; NIKAIEΩN. BYZANTIΩN. OMONOIA. Deux instrumens de pêche. ☐. . . Æ.6.-R⁴.-F.o.-12 fr.
Vaill., l. c.

950. ΠΟΥ. ΛΙΚ. ΓΑΛΛΙΗΝΟC. CEB. Même tête radiée, à droite, avec le *paludamentum.*

R/. NIKAIEΩN. BYZANTIΩN. OMONOIA. Dauphin entre deux poissons. ☐. . . . . Æ.5.-R⁴.-F.o.-8 fr.
Cab. Rollin.

951. . . . ΛΙΚ. ΕΓ. ΓΑΛΛΙΗΝΟΣ. ΣΕΒ. Même tête radiée, à droite, avec le *paludamentum.*

R/. ΑΓΩΝΕΙ. ΙΕΡΟΙ. NIKAIEΩN. Trois urnes des jeux sur une plinthe devant laquelle est écrit ΠΥΘΙΑ. Dans le champ, une contre-marque, avec une tête humaine. . . . . Æ.6.-R³.-F.b.-6 fr.

952. Légende effacée, même tête, et deux contre-marques.

953. ΑΓΩΝΕΣ. ΙΕΡΟΙ. NIKAIEΩN. Trois urnes des jeux sur une plinthe sur le devant de laquelle ou lit le mot ΠΥΘΙΑ. . . . . Æ.6.-R³.-F.b.-6 fr.

954. . . . . . ΕΓ. ΓΑΛΛΙΗΝΟΣ. Tête radiée, à droite, avec le *paludamentum.*

L*

℞. ΑΡΙΣΤΩΝ. ΜΕΓΙΣΤΩΝ. ΝΙΚΑΙΕΩΝ. Le camp
prétorien, duquel on voit une porte ét des murailles
crénelées . . . . Æ.6.-R⁴.-F.o.-8 fr.

955. ΠΟΥ. ΛΙ. ΕΓ. ΓΑΛΛΙΗΝΟΣ. ΣΕΒ. Tête radiée de
Gallien, à droite, avec le *paludamentum*.

℞. ΑΡΙΣΤΩΝ. ΝΙΚΑΙΕΩΝ. Fortification dé ville.
☐. *Sestini, Desc. dell. Med. ant. del Mus. Hederv.,
II, 64. N° 111. C. M. H. N°4562.* Æ.6.-R⁴.-F.o.-8 fr.

956. Autre; ΑΡΙϹΤΩΝ. ΜΕΓΙϹΤΩΝ. ΝΙΚΑΙΕΩΝ. Table
sur laquelle sont trois urnes avec des palmes. ☐.
Vaill., Num. gr. . . . . Æ.6.-R².-F.o.-6 fr.

Salonina.

957. ΚΟΡ. ΣΑΛΩΝΙΝΑ. ΣΕ. Tête de Salonine, à droite.
℞. ΝΙΚΑΙΕΩΝ. Victoire marchant à droite, tenant
une couronne de la main droite, et une palme de la
gauche . . . . Æ.4½.-R¹.-F.o.-2 fr.

958. ΚΟΡΝ. ΣΑΛΩΝΕΙΝΑ. ΣΕΒ. Même tête.

℞. ΝΙΚΑΙΕΩΝ. Figure crénelée en habit court,
entre une figure militaire et une autre vêtue de la
toge; ces trois figures sont debout; deux tiennent
une haste . . . . Æ.7.-R¹.-F.o-3 fr.

959. Autre, sans le monogramme. . Æ.7.-R¹.-F.o.-3 fr.

960. ΚΟΡΝ. ΣΑΛΩΝΕΙΝΑ. ΣΕΒ. Même tête.

℞. ΝΙΚΑΙΕΩΝ. Temple hexastyle dans lequel est
la Fortune debout; dessous, S. ☐. Æ.6.-R².-F.o.-6 fr.
Sestini, Desc., p. 263. N° 49.

961. ΚΟΡ. . . . ΩΝΕΙΝΑ. Σ. . . . Même tête, à droite;
derrière, le monogramme (258 du rec.)

℞. Légende effacée. Trois urnes placées sur une
table. . . . . Æ.6.-R^1.-F.o.-6 fr.

Macrianus.

962. ΑΥΤ. ΙΟΥΛ. ΜΑΚΡΙΑΝΟΣ. ΣΕΒ. Tête radiée de
Macrien, à droite, avec le *paludamentum*.
℞. ΑΡΙΣΤΩΝ. ΜΕΓ. ΝΙΚΑΙΩΝ. Enceinte d'une
ville fortifiée. □. *Cab. Tóchon*... Æ.6.-R^6.-F.o.-30 fr.

Quietus.

963. ΤΙ. ΦΟΥΛ. ΙΟΥ. ΚΥΝΤΟC. (*sic*) CEB. Tête radiée de Quietus, à droite, avec le *paludamentum*.
℞. ΑΡΙΣΤΩΝ. ΜΕΓ. ΝΙΚΑΙΕΩΝ. Le camp préto-
rien, entouré de murailles. □... Æ.6.-R^6.-F.o.-30 fr.
Dumersan, Descr. du Cab. Allier de Hauteroche. Pl. XI. N°7.

NICOMEDIA.

Isnid, Isnimid, Nicomedia.

(Ère de la ville de Nicomédie, 457 de la fondation de Rome,
297 avant J.-C.)

Voyez *dans la Descript.*, *tom. II*, *pag.* 465 *et suivantes, les*
Médailles AUTONOMES *grecques en bronze, et les* IMPÉRIALES
grecques en bronze de

Auguste.	L. Vérus.	Maximin.
Germanicus.	Commode.	Maxime.
Claude.	Crispine.	Gordien-le-Pieux.
Néron et Agrippine.	Sept. Sévère.	Tranquilline.
Britannicus.	J. Domna.	Otacilia.
Vespasien.	Caracalla.	Philippe fils.
Titus.	Plautille.	Trajan Dèce.
Domitien.	Géta.	Étruscille.
Trajan.	Macrin.	Treb. Galle.
Hadrien.	Diaduménien.	Volusien.
Antinoüs.	Élagabale.	Valérien père.
Antonin-le-Pieux.	Macsa.	Gallien.
M. Aurèle.	Sévère Alexandre.	Salonine.
Faustine-la-Jeune.	Mamée.	

SUPPLÉMENT.

964. Tête imberbe laurée, à
gauche.

    Ŗ. ΕΠΙ. ΓΑΙοΥ. ΠΑΠΙΡΙοΥ. ΚΑΡΒΩΝοΣ. Thyrse,
orné de bandelettes. ◻. . . . . ÆR.6.-R².-F.o.-6 fr.
                 Mus. Hunter. Tab. XL. Fig. 9.

965. . . . .ΜΕΔΙ. . . . . . . Tête imberbe, à gauche.
    Ŗ. ΕΠΙ. ΓΑΙοΥ. ΠΑΠΙΡΙοΥ. ΚΑΡΒΩΝοΣ. Une
torche. ◻. *Hunt, l. c. Fig.* 8. . . . . Æ. .-R².-F.o.-4 fr.

966. NIKOMHΔEΩN. Tête imberbe casquée.

R/. ΕΠL ΓΑ. ΠΑΠL. Victoire marchant à gauche, tenant une couronne de la m. dr., et une palme de la g.; devant, le monogr. (519). □. Æ.4.-R².-F.o.-4 fr.

Sestini, Descr., p. 263. N° 1.

967. NIKOMHΔEΩN. Tête de Pallas, à droite.

R/. ΕΠL ΓΑΙΟΥ. ΠΑΠΙPΙΟΥ. ΚΑΡΒΩΝΟΣ. Victoire deb., à g., tenant une couronne de la main d., et une palme de la g.; un monog. □. . . . . Æ.5.-R².-F.o.-4 fr.

Morell., Fam. Papiria.

968. NIKOMHΔEΩN. Tête casquée de Rome; devant, ΡΩΜΗ.

R/. ΕΠL. ΓΑ. ΠΑΠΙPΙοΥ. ΚΑΡΒΩ. Même type; devant, le mon. (520) et la date ΔΚΣ (224). □. *Sestini, Descriz. del Mus. di P. di Danimarca, XIX. N° 1. Tab. II. Fig. 8.*. . . . . Æ.4.-R².-F.o.-4 fr.

969. NIKOMHΔEΩN. Têtes barbues accolées de Bacchus et d'Hercule.

R/. ΕΠL. ΓΑΙοΥ. ΠΑΠΙPΙοΥ. ΚΑΡΒΩΝοΣ. ΔΚΣ. (224). Rome en habit d'amazone, assise sur des dépouilles; au bas, ΡΩΜΗ. □. *Méd. susp.* Æ.6.

Gessner, Num. pop. Tab. XLVIII, 15.

970. NIKOMHΔEΩN. Tête de Bacchus imberbe, à dr.

R/. ΕΠL. ΓΑΙΟΥ. ΠΑΠΙPΙΟΥ, ΚΑΡΒΩΝοΣ. ΔΚΣ. (224). Diane chasseresse debout; dans le champ, le monogramme (519). . . . . Æ.5.--R⁴.-F.o.-8 fr.

Cab. de M. d'Hermand, à Paris.

971. NIKOMHΔEΩN. Tête de bacchante, couronnée de lierre.

R̸. ΕΠΙ. ΓΑΙΟΥ. ΠΑΠΙΡΙΟΥ. ΚΑΡΒΩΝΟΣ. Diane
chasseresse debout, à gauche, tenant une flèche de
la main droite, et un arc dans la gauche inclinée ;
devant ; le monogramme (33) ; au bas, la date
ΔΚΣ. (224.). ▢ . . . . Æ.5.-R⁴.-F.o.-8 fr.

Sestini, Descriz. dell. Med. ant. del Mus. Hederv.,
t. II, p. 65. N° 4. C. M. H. N° 4565.

972. ΝΙΚοΜΗΔΕΩΝ. ΔΚΣ. (224). *Diota;* Dans le
champ, le monogramme (521).

R̸. ΕΠΙ. ΓΑΙοΥ. ΠΑΠΙΡΙοΥ. ΚΑΡΒΩΝοΣ. Massue
terminée par un caducée. ▢ . . . . . Æ.4.-R².-F.o.-4 fr.

Morell., Fam. Papiria.

973. ΝΙΚΟΜΗΔΕΩΝ. Tête tourrelée de femme, à droite.
R̸. ΕΠΙ. ΓΑΙΟΥ. ΟΥΙΒΙΟΥ. ΠΑΝΣΑ. Aigle éployé
sur un foudre, à droite; dans le champ, un caducée;
à l'exergue, ΒΑΣ. (232). ▢ . . . . . Æ.5.-R².-F.o.-4 fr.

Morell., Fam. Vibia.

974. Autre semblable; dans le champ, le monog. (522);
à l'exergue, ΒΑΣ. (232.) . . . . Æ.5.-R².-F.o.-4 fr.

975. ΝΙΚοΜΗΔΕΩΝ. Tête tourrelée de femme.

R̸. ΕΠΙ. ΓΑΙοΥ. οΥΙΒΙοΥ. ΠΑΝΣΑ. ΕΛΣ. (235).
Aigle éployé sur un foudre; devant, un monogr.
▢. *Lieb.; G. num., p.* 237. . . . . . Æ.6.-R².-F.o.-6 fr.

976. Légende altérée. Tête tourrelée de femme, à
droite.

R̸. . . . . TOC. ΡΟΥΦΟC. ΑΝΘΥΠΑΤΟC. Au
milieu du champ, le monogr. (523)? Æ.5.-R².-F.o.-4 fr.

977. . . . . ΝΟΙΛ. ΝΙΚΟΜΗ . . . . Tête de femme, à

droite, surmontée d'un crâne d'animal et de deux
cornes ; la chevelure flottante par derrière.

℟. ΕΠΙ. ΑΝΘΥΠΑΤΟΥ. ΘΩΡΙΟΥ. Sanglier marchant à droite, avec une corne sur la tête ; dessous,
le monogramme (524) ▢........ Æ.5.-R².-F.o.-4 fr.
Morell., Fam. Thoria.

978. ΝΕΙΚΟΜΕΔΕΩΝ. Tête de Jupiter.

℟. Hercule nu debout, tenant de la main droite
sa massue étendue et la dépouille du lion sur le bras
gauche. ▢. (*Médaille suspecte.*) ... Æ. *Mod. dub.*
Havercamp, ad Morell. Fam., p. 416.

979. Tête imberbe d'Hercule.

℟. ΝΕΙΚΟΜΗΔΕΩΝ. Massue d'Hercule dans une
couronne d'épis.▢.*Haverc.,l.c.*(*Med. susp.*)*Æ.M. dub.*

980. Tête d'homme diadémée et barbue.

℟. ΝΙΚΟΜΙΔΕΩΝ. (*sic*). Pallas casquée debout,
tenant de la main droite une haste, et de la gauche
un bouclier. ▢. *Glock, Num.*, p. 35 Æ.6.
Médaille suspecte.

J. Caesar.

981. ΝΙΚΟΜΗΔΕΩΝ. Tête nue de Jules César, à
droite.

℟. ΕΠΙ. ΓΑΙΟΥ. ΟΥΙΒΙΟΥ. ΠΑΝΣΑ. Victoire
marchant à droite, tenant une couronne de la main
droite, et une palme de la gauche ; dans le champ, le
monogramme (525). ▢. (*a*) ...... Æ.5.........
Morell., Fam. Vibia.

(*a*) Médaille suspecte, probablement refaite au burin.

Germanicus.

982. ΓΕΡΜΑΝΙΚΟΝ. ΚΑΙΣΑΡΑ...... Tête nue de Germanicus.

℞. ΕΠΙ. ΠΟΠΛΙΟΥ. ΟΥΙΤΕΛΛΙΟΥ. ΑΝΘΥ. ΝΙ-ΚΟΜΗΔΕΩΝ., écrit en cinq lignes dans le champ de la médaille. ▢. *Vaill., Num. gr*. Æ.5.-R⁵.-F.o.-18 fr.

Germanicus, Caligula et Agrippina.

983. Γ. ΚΑΙΣΑΡΑ. ΓΕΡΜΑΝΙΚΟΝ. ΣΕΒΑΣΤΟΝ. Tête de Caligula.

℞. ΓΕΡΜΑΝΙΚΟΝ. ΑΓΡΙΠΠΙΝΑΝ. Μ. ΝΙΚΟΜΗ. Les têtes opposées de Germanicus et d'Agrippine. ▢. *Morell, Th. Impp., p.* 534. *Tab. XIII. Fig.* 21-22............ ....Æ.6.-R⁷.-F.o.-50 fr.

Claudius.

984. ......ΔΙΟΣ. ΣΕΒΑΣΤΟΣ. ΓΕΡΜΑΝΙΚΟΣ. Tête nue de Claude, à gauche.

℞. ......ΟΛΙΠΟ. ΠΑΣΙΔΙΗΝΟΣ..... Dans le champ, en deux lignes, ΑΝΘΥΠΑΤΟΣ.; dessous, le monogramme (526)........... Æ.7.-R³.-F.o.-9 fr.

985. ΤΙ. ΚΛΑΥΔΙΟΣ. ΣΕΒΑΣΤΟΣ. ΚΕΡΜΑΝΙΚΟΣ. Tête laurée de Germanicus, à gauche.

℞. ΕΠΙ. ΦΡ. ΠΑΣΙΔΙΗΝΟΥ. ΦΙΡΜΟΥ. ΑΝΘΥ-ΠΑΤΟΥ. (a) Β. ΠΑΤΡΩΝΟΣ. ΤΗΣ. ΜΗΤΡΟΠΟ-ΛΕΩΣ. (b). Dessous, le mon. (527). Æ.7.-R³.-F.o.-9 fr.

(a) Légende circulaire.
(b) En quatre lignes.

986. ΚΛΑΥΔΙΟ...... Tête nue de Claude, à droite.
℞. ΕΠΙ....... ΑΝΘΥΠΑΤΟΥ. Deux épis liés ensemble; dans le champ, N̄ΕΙΚΟ.. Æ.4.-R².-F.o.-4 fr.

987. ΤΙ. ΚΛΑΥΔΙΟΣ. ΚΑΙΣΑΡ. ΣΕΒ. ΓΕΡ. ΑΥΤΟΚΡΑ... Tête nue de Claude, à gauche.
℞. ΕΠΙ. Λ. ΜΙΝΔΙΟΥ. ΠΟΛΛΙΩΝΟΣ. ΑΝΘΥΠΑΤΟΥ. ΠΑΤΡ. Tête de Pallas, à droite. ▢. *Morell.*, *Fam. Mindia*...............·... Æ.6.-R³.-F.o.-9 fr.

988. Autre, avec Λ. ΜΙΝΔΙΟΣ. ΑΝΘΥΠΑΤΟΣ. ΠΑΤΡΩΝ. Figure virile à demi nue, marchant à dr., et regardant derrière elle. ▢.... Æ.6.-R³.-F.o.-9 fr.
Morell., ead. Famil.

989. Autre; Λ. ΜΙΝΔΙΟΣ. ΒΑΛΒΟΣ. ΑΝΘΥΠΑΤΟΣ., en légende circulaire; au milieu du champ, ΜΗΤΡΟ. ΝΕΙΚΟ. ▢. *Vaill., Num. gr.*... Æ.4.-R².-F.o.-4 fr.

990. Autre, avec la même légende, et ΝΕΙ. dans une couronne civique. ▢. *Vaill.*, *l. c.* Æ.9.-R³.-F.o.-30 fr.

991. Autre; temple hexastyle; sur le fronton, ΝΕΙΚΛΙΕΩΝ. ▢. *Vaill.. l. c.*........ Æ.6.-R³.-F.o.-9 fr.

992. ....ΣΕΒΑΣΤΩΣ. ΓΕΡΜΑΝΙΚΟΣ. Tête laurée, à droite; devant, le *lituus.*
℞. ΕΠΙ. ΜΙΝΔΙΟΥ.. ΒΑΛΒΟΣ........... Dans le champ, ...ΤΡΟ.....Σ., et le monogr. (528), presque effacé.............. Æ.3.-R².-F.o.-4 fr.

993. Légende presque entièrement effacée. Tête nue, à gauche.
℞........,. ΒΑΛΒΟΣ. ΑΝΘΥΠΑΤΟΣ. Au milieu du champ, le monogr. (523)..... Æ.4½.-R².-F.o.-4 fr.

994. Autre; Γ. ΚΟΙΛΙΟΣ. ΒΑΛΒΟΣ. ΝΕΙΚ., dans le champ. ▢. *Vaill., l. c.*........ Æ.5.-R³.-F.o.-6 fr.

995. ΤΙ. ΚΛΑΥΔΙΟΣ. ΚΑΙΣΑΡ. ΓΕΡΜΑΝΙΚΟΣ. Tête nue de Claude.

   ℞. Γ. ΚΟΗΔΙΟΣ. (*sic*) ΒΑΛΒΟΣ. ΑΝΘΥΠΑΤΟΣ., en légende circulaire; au milicu du champ, le monogramme (501). ☐ . . . . Æ.5.-R².-F.o.-4 fr.

Morell., Fam. Coelia.

996. Autre; Γ. ΚΟΙΛΙΟΣ. ΒΑΛΒΟΣ. ΝΕΙΚ., écrit dans le champ. ☐. *Vaill., N. gr.* . . . . . . Æ.5.-R³.-F.o.-6 fr.

997. Autre; ΕΠΙ. Λ. ΜΙΝΔΙΟΥ. ΒΩΛΑΝΟΥ. ΑΝΘΥ. ΠΑΤΡΕΩΝ. Tête de Jupiter. ☐. . . . Æ.6.-R³.-F.o.-9 fr.

Vaill., loc. cit.

998. Autre; Λ. ΜΙΝΔΙΟΥ. ΒΩΛΑΝΟΥ. ΑΝΘΥΠΑΤΟΥ. ΠΑΤΡ. Femme allant à gauche, tenant une patère. ☐. *Vaill., l. c.* . . . . Æ.6.-R³.-F.o.-9 fr.

999. Autre; ΚΛΑΥΔΙΟΥ. ΡΟΥΦΟΥ. ΑΝΘΥΠΑΤΟΥ. ΠΑΤΡ. Tête voilée de femme. ☐. Æ.6.-R³.-F.o.-9 fr.

Vaill., l. c.

Nero.

1000. . . . . Tête de Néron.

   ℞. ΝΙΚΟΜΗΔΕΩΝ. L'empereur à cheval, précédé et suivi d'un soldat. ☐. . . . . Æ.9.-R⁵.-F.o.-48 fr.

Vaill., l. c.

Vespasianus.

1001. ΑΥΤ. ΚΑΙΣ. ΟΥΕΣΠΑΣΙΑΝΩ. ΝΕΙΚΟΜΗΔΕΙΑ. Tête de Vespasien.

   ℞. ΕΠΙ. ΜΑΡΚΟΥ. ΠΛΑΝΚΙΟΥ. ΟΥΑΡΟΥ. ΑΝΘΥΠΑΤΟΥ. Tête tourrel. de femme. ☐. Æ.5.-R³.-F.o.-6 fr.

Vaillant, Num. gr.

1002. . . . . Tête de Vespasien.

℞. Même légende. Tête barbue de Bacchus indien,
à ce qu'il paraît. ☐. *Vaill.. N. gr.* Æ.6.-R³.-F.o.-9 fr.

1003. Même légende. Gerbe d'épis. ☐. Æ.6.-R³.-F.o.-9 fr.
Vaill., I. c.

1004. Autre; massue, arc et carq. ☐. Æ.6.-R³.-F.o.-9 fr.
Vaill., I. e.

1005. ΑΥΤ. ΚΑΙΣΑΡΙ. ΣΕΒΑΣΤΩ. ΟΥΕΣΠΑΣΙΑΝΩ.
ΝΕΙΚΟΜΗΔΕΙ.. Tête laurée, à droite.

℞. ΜΑΡΚΟΣ. ΠΛΑΝΚΙΟΣ. ΟΥΑΡΟΣ. ΑΝΘΥΠΑ-
ΤΟΣ, écrit en quatre lignes, dans une couronne de
chêne. . . . . Æ.9½.-R⁴.-F.o.-40 fr.

1006. Autre, presque semblable, avec le monog. (503);
dessous, l'inscription. . . . . Æ.9.-R⁴.-F.o.-40 fr.

1007. . . . . Tête de Vespasien.

℞. Μ. ΠΛΑΝΚΙΟΥ. ΟΥΑΡΟΥ. ΑΝΘΥΠΑΤΟΥ.,
en légende circulaire; au milieu, Β. ΤΗΣ. ΜΗΤΡΟ-
ΠΟΛΕΩΣ. ΝΕΙΚΟΜΗ., en 4 lig.☐.Æ.6.-R³.-F.o.-9 fr.
Morell., Fam. Plancia.

Domitianus.

1008. ΔΟΜΙΤΙΑΝΟΣ. ΚΑΙΣΑΡ. ΣΕΒΑΣ. ΥΙΟΣ. Tête
laurée de Domitien, à droite; devant un petit symbole.

℞. ΕΠΙ Μ. ΜΑΙΚΙΟΥ. ΡΟΥΦΟΥ. ΑΝΘΥΠΑΤΟΥ.
Au milieu du champ, une lance et un bouclier rond
en sautoir. . . . . Æ.6½.-R³.-F.o.-9 fr.

1009. Autre, presque semblable... Æ.5½.-R³.-F.o.-9 fr.

1010. ΑΥΤ. ΔΟΜΕΤΙΑΝΟC. ΚΑΙC. CEB. Tête laurée.

℞. ΕΠΙ ΚΑΙCΕΝΝΙΟΥ. ΓΑΛΛΟ . . . . . . Serpent

dressé sur un autel. □. (a). *Mus. Sanclem., Num. sel.,
t. II, p. 153* . . . . Æ.4.-R^4.-F.o.-8 fr.

1011. ΔΟΜΙΤΙΑΝῸΣ. ΚΑΙΣΑΡ. ΣΕΒΑΣΤΟΥ. ΥΙΟΣ.
Tête laurée de Domitien.

℞. ΕΠΙ. Μ. ΣΑΛΟΥΙΔΗΝΟΥ. ΠΡΟΚΛΟΥ. ΑΝΘΥ-
ΠΑΤ. Tête casquée de Pallas. □. Æ.5½.-R^4.-F.o.-12 fr.
Mus. Sanclem., Num. sel., t. II, p. 154. Tab. XXXIX. Fig. 61.

1012. ΔΟΜΙΤΙΑΝΟΣ. ΚΑΙΣΑΡ. ΣΕΒΑ. ΥΙΟΣ. Tête
nue, à droite.

℞. ΕΠ. ΠΡΟ. ΕΜΙΛ. ΑΝΤΩΝΙΟΥ. ΝΑΣΩΝΟΣ.
Lance et bouclier rond en sautoir. Æ.5½.-R^3.-F.o.-9 fr.

1013. ΑΥΤ. ΔΟΜΙΤΑΙΝΟΣ. ΚΑΙΣΑΡ. ΣΕΒ. ΓΕΡ. Tête
laurée.

℞. Μ. ΠΛΑΝΚΙΟΥ. ΟΥΑΡΟΥ. ΑΝΘΥΠΑΤΟΥ.
Β. ΤΗΣ. ΜΗΤΡΟΠΟΛΕΩΣ. ΝΙΚΟΜ. □. *Morell., in
Domit.* . . . . Æ.6.-R^3.-F.o.-9 fr.

1014. Autre ; ΕΠΙ. ΠΛΑΝΚΙΟΥ. ΟΥΑΡΟΥ. ΜΗΤΡΟΠΟ-
ΛΕΩΣ. , en légende circulaire ; au milieu du champ,
ΝΕΙΚΟ. □. *Vaill., Num. gr.* . . . Æ.5.-R^3.-F.o.-9 fr.

1015. Autre ; ΝΙΚ. ΜΗΤΡΟ. ΠΡΩ. ΠΟΝΤ. ΚΑΙ. ΒΕΙ-
ΘΥΝΙΑϹ. Femme tutulée debout, à gauche, tenant
de la main droite une couronne de laurier, et de la
gauche une haste. □. . . . . Æ.9.-R^3.-F.o.-18 fr.
Mus. Arig., tom. II, p. 7. N° 55.

1016. Autre ; Η. ΜΗΤΡΟΠΟΛΙϹ. ΚΑΙ. ΠΡΩΤΗ. ΒΕΙ-
ΘΥΝΙΑϹ., en légende circulaire ; dans le champ,

(a) *Voyez* les variétés décrites aux incertaines, tom. VI de
notre Description, pag. 687. N°s 502 et 503.

NIKOMHΔH., avec une tête tourrelée, sous les traits
de Domitia. ☐. *Vaill., Num. gr*... Æ.6.-R³.-F.o.-9 fr.

1017. ΑΥΤ. ΔΟΜΙΤΙΑΝΟΣ. ΚΑΙΣΑΡ. ΣΕΒ. ΓΕΡ. Tête
laurée de Domitien, à droite.

℞. Η. ΜΗΤΡΟΠΟΛΙΣ. ΚΑΙ. ΠΡΩΤΗ. ΒΕΙΘΥΝ.
Proue de vaisseau ; dessus, un serpent s'élançant vers
la gauche ; au-dessus, le mot NIKOMH. écrit en monogramme.................. Æ.5.-R⁵.-F.o.-15 fr.

1018. ΑΥΤ. ΔΟΜΙΤΙΑΝΟΣ.......... Tête laurée.

℞. ΜΗΤΡΟΠΟΛΙΣ. ΚΑΙ. ΠΡΩΤΗ. ΒΙΘΥ......
Corbeille ; à côté, les lettres NIKOMH. en monogr.
☐. *Christ. Ramus., Cat. num. vet. reg. Daniae, t. I,
pag*. 206. *N*° 9............... Æ.5.-R⁵.-F.o.-15 fr.

1019. ΑΥΤ. ΔΟΜΙΤΙΑΝΟΣ. ΚΑΙΣΑΡ. CEB. (*sic*). Tête
laurée.

℞. Η. ΜΗΤΡΟΠΟΛΙΣ. ΚΑΙ. ΠΡΟΤΗ. (*sic*). ΒΙ.;
dans le champ, NIKO. Corbeille, avec des épis. ☐.
Sestini, Descriz. del. Med. ant. del Mus. Hederv.;
t. II, p. 65. *N*° 10.. .... Æ.-4.-R³.-F.o.-6 fr.

1020. ΔΟΜΙΤΙΑΝΟΣ. ΚΑΙCΑΡ. Tête laurée..

℞. ΝΕΙΚ. ΠΡΩ. ΒΙΘ. ΚΑΙ. Π. ΡΩΜΗΝ. ΜΗΤΡΟ-
ΠΟΛΙΝ. Rome assise sur une cuirasse. ☐. *Haym*. ;
Gessn., Impp.Tab. LXX.Fig.26. Æ.5.-R⁵.-F.o.-15fr.

1021. ΑΥΤ. ΔΟΜΙΤΙΑΝΟΣ. ΚΑΙΣΑΡ. ΣΕΒ. ΓΕΡ. Tête
laurée.

℞. ΡΩΜΑΝ. ΜΗΤΡΟΠΟΛΙΝ. ΝΕΙΚ. ΠΡΩΤ. ΒΙΘ.
ΚΑΙ. Π. Rome assise sur des rochers, la m. d. étendue,
et le *parazonium* dans la g. ☐.... Æ.6.-R⁵.-F.o.-20 fr.

Mus. Theup., p. 855.

1022. ΔΟΜΙΤΙΑΝΟΣ. ΚΑΙΣΑΡ. Tête laurée de Domitien, à droite.

R͟. ΝΙΚΟΜΗΔ. ΜΗΤΡΟ. Vue d'un temple hexastyle. (a) . . . . Æ.6.-R².-F.o.-4 fr.

1023. ΑΥΤ. ΔΟΜΙΤΙΑΝΟΣ. ΚΑΙΣΑΡ. ΣΕΒ. ΓΕΡ. Tête laurée de Domitien.

R͟. ΝΙΚΟΜΗΔΕΩΝ. Tête tourrelée et voilée de femme (le génie de la ville). ▢. . . Æ.6.-R.³.-F.o.-9 fr.

Morel., in Domit.

Trajanus.

1024. ΑΥΤ. ΝΕΡ. ΤΡΑΙΑΝΟC. ΚΑΙCΑΡ. CΕΒΑ. ΓΕΡΜ. Tête laurée de Trajan, à droite.

R͟. Au milieu du champ, on lit, en quatre lignes, Η. ΜΗΤΡΟΠΟΛΙC. N͞I͞K͞O. Autour, ΚΑΙ. ΠΡΩΤΗ. ΠΟΝΤΟΥ. ΚΑΙ. ΒΕΙΘΥΝΙΑC. . . Æ.6.-R².-F.o.-6 fr.

Antinoüs.

1025. ΑΝΤΙΝΟΟC. ΗΡΟC. Tête nue d'Antinoüs.

R͟. Η. ΜΗΤΡΟΠΟΛΙC. ΝΙΚΟΜΗΔΕΙΑ. Harpocrate, la main droite posée sur sa bouche. ▢. *Vaill.,* *Num. gr.* . . . . Æ.5.-R⁵.-F.**.-18 fr.

1026. Autre; Η. ΜΗΤΡΟΠΟΛΙC. ΝΙΚΟΜΗΔΕΙΑ. Tête tourrelée de femme. ▢. . . . . . . Æ.5.-R³.-F**.-18 fr.

Vaill., loc. cit.

(a) La fabrique de cette médaille ressemble beaucoup à celle des médailles que nous avons décrites aux incertaines, tom. VI, p. 687, nᵒˢ 499, 500 et 501, et pag. 696, nᵒˢ 557 et 558. Les premières sont de Domitien, et les dernières, de Trajan.

1027. ΑΝΤΙΝΟΟC. ΗΡΩC. Tête nue d'Antinoüs.
R'. Η. ΜΗΤΡΟΠΟΛΙC. ΝΙΚΟΜΗΔΕΙΑ. Bélier, avec
un astre. □. (a) *Vaill., N. gr.* Æ.MM.-R⁶.-F.*.-150 fr.
1028. Autre; sans l'astre. □... Æ.MM.-R⁶.-F.*.-150 fr.
Eckhel, Cat. Mus. Caes. Vindob., t. II, p. 195. N° 5.

Antoninus Pius.

1029. ΑΥΤ. ΚΑΙCΑΡ. ΑΝΤΩΝΙΝΟC. Tête laurée d'Antonin-le-Pieux, à droite, sans le *paludamentum.*
R'. ΜΗΤΡΟΠ. ΝΙΚΟΜΗΔΕΙΑC. Jupiter assis sur
un siége, à gauche, tenant une patère de la main
droite, et la g. sur la haste pure. Æ.5.-R¹.-F.o.-2 fr.
1030. Autre, presque semblable... Æ.5.-R¹.-F.o.-2 fr.
1031. ΑΥΤ. ΚΑΙCΑΡ. ΑΝΤΩΝΕΙΝΟC. Même tête, à
droite, avec le *paludamentum.*
R'. ΜΗΤΡΟΠΟΛΕ. ΝΕΙΚΟΜΗΔΕ. Cérès debout,
vêtue de la *stola,* tenant des épis de la main droite,
et un gouvernail de la gauche. Æ.5½.-R¹.-F.o.-3 fr.
1032. ΑΝΤΩΝ. ΚΑΙCΑΡ. CΕΒ. Tête nue, à droite, avec
le *paludamentum.*
R'. ΜΗΤ. ΝΕΙΚΟ. Cérès debout, vêtue de la *stola,*
regardant à gauche, tenant deux épis de la main
droite, et une haste de la gauche. Æ.4.-R¹.-F.o.-2 fr.
1033. ΑΝΤΩΝΕΙΝΟC. ΚΑΙCΑΡ. Tête laurée, à droite.
R'. ΜΗΤΡΟΠ. ΝΙΚΟΜΗΔΕ. Même type que le
précédent................... Æ.4.-R¹.-F.o.-2 fr.
1034. Autre; ΝΕΙΚΟ...... ΔΗΜΗΤ., *meliùs* ΝΕΙ-
ΚΟΜΗ.... ΜΗΤ. Cérès debout, tenant dans la main
droite pendante des épis, et dans la gauche la haste

____

(a) Il existe un coin moderne.
Tome V. SUPP.   **M**

pure. □. *Arig.*, *t. I. Urb. gr. Impp. Tab. IV.
Fig. 50. .... Æ.4.-R¹.-F.o.-2 fr.

1035. .... Tête d'Antonin-le-Pieux.
℞. ΝΕΙΚΟΜΗΔΕ. ΜΗΤΡΟΠΟΛ. Femme assise,
tenant de la main droite un thyrse, la gauche appuyée sur une corne d'abondance; à ses pieds, un
serpent. □. *Arig.*, *l. c. Fig.* 48.... Æ.6.-R¹.-F.o.-3 fr.

1036. ΑΥΤ. ΚΑΙΣΑΡ........ ΤΩΝΙΝΟΣ. Tête laurée.
℞. ΝΙΚΟΜΗΔΕΙ... Cheval marin. □. *M. Theup.*,
p. 892....................... Æ.4.-R².-F.o.-4 fr.

1037. .... ΚΑΙΣΑΡ. ΑΝΤ...... Même tête.
℞. ΝΙΚΟΜΗΔΕΙ... Femme debout, tenant de la
main gauche une haste. □....... Æ.4.-R¹.-F.o.-2 fr.
Mus. Theup., l. c.

1038. Autre; ΜΗΤΡΟΠΟΛΙC. ΝΙΚΟΜΗΔΕΙΑ. Figure
en toge, et tenant de la m. droite une patère, debout
dans un temple distyle. □. *Vaill.* Æ.9.-R².-F.o.-12 fr.

1039. ΑΥΤ. ΚΑΙCΑΡ. ΑΝΤΩΝΕΙΝΟC. Tête nue, à
droite, avec le *paludamentum.*
℞. ΜΗΤΡΟΠΟΛΕ. ΝΕΙΚΟΜΗΔΕΙ. Figure en
terme, enveloppée dans un *pallium,* et représentée
de face .... Æ.4.-R².-F.*.-4 fr.

1040. ...... ΑΝΤΩ...... Tête laurée, à droite.
℞. ...., ΝΙΚΟΜΗΔΕΙΑC. Une galère, avec des
rameurs.................. Æ.5½.-R¹.-F.o.-3 fr.

1041. ΑΥΤ. ΚΑΙΣΑΡ. ΑΝΤΩΝΙΝΟΣ. Tête laurée.
℞. ΜΗΤΡΟΠΟΛΕ. ΝΕΙΚΟΜΗΔΕΙ. ΝΕΩΚΟΡ. La
Fortune assise, tenant un gouvernail de la main d.,
et une corne d'abondance de la gauche. □. *Mus.
Theup.*, *p.* 892................ Æ.6.-R¹.-F.o.-3 fr.

1042. ΑΥΤ. ΚΑΙCΑΡ. ΑΝΤΩΝΕΙΝΟC. Téte laurée
d'Antonin-le-Pieux.

R/. ΜΗΤ. ΚΑΙ. ΠΡΩΤ. ΝΙΚΟΜΗΔΕΙ. Cupidon
monté sur un dauphin. ▢...... Æ.5.-R³.-F.o.-6 fr.
Sestini, Desc., p. 264. N° 7.

1043. Autre; ΜΗΤ. ΚΑΙ. ΠΡΩΤΗC. ΝΕΙΚΟΜΗΔΕΙΑC.
Cérès debout, tenant de la m. dr. des épis, et de la g.
un long flambeau. ▢. *Vaill., N. gr.* Æ.6.-R¹.-F.o.-3 fr.

1044. ΑΥΤ. ΚΑΙCΑΡ. ΑΝΤΩΝΙΝΟC. Tête laurée.

R/. ΜΗΤ. ΚΑΙ. ΠΡΩΤ. ΝΕΙΚΟΜΗΔΕΙ. Cérès assise, tenant dans la main droite inclinée un flambeau, et dans la g. des épis. ▢... Æ.6.-R¹.-F.o.-3 fr.
Christ. Ramus, Cat. num. vet. reg. Daniae,
t. I, p. 206. N° 10.

1045. ΑΥΤ. ΚΑΙCΑΡ. ΑΝΤΩΝΕΙΝΟC. Tête laurée, à
droite, avec le *paludamentum.*

R/. ΜΗΤ. ΚΑΙ. ΠΡΩΤΗC. ΝΙΚΟΜΗΔΕΙΑC.
Femme tourrelée et vêtue de la *stola,* assise sur un
siége, à gauche, et tenant une patère de la main
droite.................... Æ.5.-R².-F.o.-4 fr.

1046. .... ΚΑΙΣΑΡΟΣ. Tête laurée.

R/. ΜΗΤ. ΚΑΙ. ΠΡΩ. ΝΙΚΟΜΗΔΕΙ. Dieu Terme; à ses
pieds, un caducée. ▢. *Theup.,* 892. Æ.4.-R².-F.o.-4 fr.

1047. ΑΥΤ. ΚΑΙΣΑΡ. ΑΝΤΩΝΙΝΟΣ. Tête laurée.

R/. ΜΗΤ. ΚΑΙ. ΠΡΩΤΗΣ. ΝΙΚΟΜΗΔΙΑΣ. Autel
sur lequel est un serpent. ▢.... Æ.6.-R².-F.o.-6 fr.
Mus. Theup., l. c.

1048. Autre; ΝΙΚΟΜΗΔΕΙ. ΜΗΤ. ΚΑΙ. ΠΡΩΤ. Pé-
gase bondissant. ▢........... Æ.4.-R².-F.o.-4 fr.
Mus. Arig., t. I, al Tab. IV. Fig. 49.
M ˟

1049. ΑΥΤ. ΚΑΙΣΑΡ. ΑΝΤΩΝΙΝΟC. Tête laurée d'Antonin-le-Pieux, à droite.

℞. .... ΠΡΩΤ. ΝΙΚΟΜΗΔΕΙ. Cheval libre, marchant, à droite. ▢........... Æ.5.-R².-F.o.-4 fr.

Cab. de feu M. Tôchon.

1050. .... ΑΝΤΩΝΙΝΟC. Tête laurée, à droite.

℞. ΜΗΤ. ΚΑΙ. ΠΡΩ... ΝΙΚΟΜΗ.... Astre dans un croissant............... Æ.4.-R¹.-F.o.-2 fr.

1051. ΑΥΤ. ΚΑΙCΑΡ. ΑΝΤΩΝΙΝΟC. Tête laurée, à droite.

℞. ΜΗΤ. ΚΑΙ. ΠΡΩ... ΝΙΚΟΜΗΔΕΙ. Astre dans un croissant.............. Æ.4.-R¹.-F.o.-2 fr.

1052. Autre; ΜΗΤ. ΚΑΙ. ΠΡΩΤ. ΝΙΚΟΜΗΔΕΙΑC. Vaisseau à la voile, avec des rameurs. ▢. *Vaillant, Num. gr*............. Æ.6.-R¹.-F.o.-3 fr.

Antoninus Pius et M. Aurelius.

1053. ΑΥΤ. ΚΑΙC. ΑΝΤΩΝΙΝΟC. Tête laurée d'Antonin-le-Pieux, à gauche.

℞. Μ. ΑΥΡ. ΟΥΗΡΟC. ΚΑΙC. ΝΙΚΟΜ. Tête nue et légèrement barbue de M. Aurèle. ▢. *Sestini, Desc. dell. Med. ant. del Mus. Hederv, II, p.* 67. *N°* 21. C. M. H. *N°* 4577.......... Æ.6.-R⁴.-F.o.-12 fr.

M. Aurelius.

1054. .... Tête de Marc Aurèle.

℞. ΝΕΙΚΟΜΗ. ΜΗΤΡ. ΝΕΩΚ. Jupiter assis dans un temple tétrastyle, tenant de la gauche une haste; à ses pieds, un aigle. ▢....... Æ.9.-R².-F.o.-12 fr.

Vaillant, Num. gr.

1055. . . . . Tête de Marc Aurèle.

℞. NIKOMHΔEΩN. NEΩKOPΩN. Jupiter assis,
tenant de la main droite une patère, dans un temple
tétrastyle. ◻. *Vaill., l. c*. . . . . Æ.5.-R².-F.o.-4 fr.

1056. Autre; NEIKOMHΔEΩN. MHTPOΠ. Tête de
femme tourrelée. ◻. . . . . Æ.6.-R¹.-F.o.-3 fr.
Havercamp, Num. reg. christ. Tab. LX. Fig. 11.

1057 AYT. K. M. AYP. ANTΩNEINOC. Tête laurée
et barbue de Marc Aurèle, à droite, avec le *paludamentum*.

℞. NEIKOMH. MHT. NEΩK. Tête voilée et tourrelée de femme, à droite; devant cette figure, deux
épis. . . . . Æ.6.-R².-F.o.-6 fr.

1058. Autre; NIKOMHΔEΩN. NEΩ. Tête tourrelée de
femme. ◻. *Vaill., l. c*. . . . . Æ.6.-R¹.-F.o.-3 fr.

1059. AYTO. KAI. M. AYPH. ANTΩ. Tête nue et
barbue, à droite, avec le *paludamentum*.

℞. MHT. NEΩ. NEIKOMH. Æsculape debout,
vêtu du *pallium*, la main droite sur son bâton, autour
duquel est un serpent. . . . . Æ.6½.-R¹.-F.o.-3 fr.

1060. Autre, presque semblable. . . Æ.6.-R¹.-F.o.-3 fr.

1061. M. AYP. ANTONINOC. (*sic*). Tête laurée, à droite.

℞. NIKOM. NEΩ. Hygiée debout, faisant manger
un serpent dans une patère. ◻. . . Æ.3-R¹.-F.o.-2 fr.
Beger Thes. Brand., III, 124.

1062. AYT. KAI. M. AYPH. . . . . . . Tête nue et barbue
de M. Aurèle, à droite, avec le *paludamentum*.

℞. MHT. NEΩKO. NEIKOMHΔI. Mars nu, deb.,

la tête casquée, tournée à dr; la m. dr. sur une haste,
et le bras g. armé d'un bouclier. Æ.5½.-R¹.-F.o.-3 fr.

1063. .... Tête de Marc Aurèle.

R̸. NEIKOMH. MHTP. NEΩK. Mars nu, de-
bout, tenant une haste de la main droite et un bouclier de la g. ▢. *Vaill., Num. gr.* - Æ.5.-R¹.-F.o.-2 fr.

1064. AYTO. K. M. AYP. ANTΩNEI. Tête laurée.

R̸. MHT. NEΩ. NIKOM. Mercure vêtu de la chlamyde, assis sur un rocher, tenant le caducée de la
main droite, la gauche appuyée sur le rocher. ▢. *Sestini, Descriz. dell. Med. ant. del Mus. Hederv., t. II,
p.* 67. *N°* 25 .... Æ.6.-R².-F.o.-6 fr.

1065. Autre; NEIKOMH. MHTP. NEΩK. Mercure avec
le *strophium*, assis sur des rochers, tenant de la main
droite un caducée. ▢. *Vaill., l. c.* Æ.6.-R².-F.o.-6 fr.

1066. AY. K. M. AYP. ANTΩNEI. Tête laur. et barb., à d.
R̸. MH. NEΩ. NEIKOMH. Victoire marchant à
gauche, tenant une couronne de la main dr. levée,
et une palme de la gauche..... Æ.6½.-R¹.-F.o.-3 fr.

1067. AYT. K. M. AYPH. ANTΩNEINOC. Même tête.
R̸. MHTP. NEΩ. NEIKOMH. Femme tourrelée,
assise sur un rocher, à gauche, tenant des épis de la
m. dr., et la g. sur le rocher; à ses pieds, une proue
de vaisseau; à l'exergue, palme.. Æ.6.-R³.-F.o.-9 fr.

1068. AYT. K. M. AYPH. ANT. Tête laurée de Marc
Aurèle, avec le *paludamentum*.
R̸. NEIKOMH. MHTP. NEΩ. Femme voilée et
tourrelée assise, tenant des épis de la main droite, la
gauche posée sur un rocher; à ses pieds, une proue
de vaisseau. ▢. *Cab. Beaucousin.* Æ.6.-R³.-F.o.-9 fr.

1069. . . . . Tête de M. Aurèle.

R'. NIKOMHΔE. MHT. NEΩKO. Figure nue
debout, la main droite étendue, et un gouvernail sur
le bras gauche. ▢. . . . . AE.4.-R².-F.o.-4 fr.
Mus. Arig., t. II, Gr. Urb. Impp. Tab. XIV. Fig. 169.

1070. Autre; NEIKOMH. MHTP. NEΩK. Femme voilée
assise sur des rochers, tenant de la main gauche des
épis. ▢. *Vaill., Num. gr.* . . . . . . AE. 6.-R².-F.o.-6 fr.

1071. Autre; MHT. NEΩ. NEIKOMH. La Fortune debout, avec ses attrib. ordinaires. ▢. AE.5.-R¹.-Fo.-2 fr.
Vaillant, l. c.

1072. A. K. M. AYP. ANTΩNIN. Tête laurée et barbue,
à droite.

R'. MHTPO. NEΩK. NIKOMHΔ. Aigle, les ailes
éploy.; combattant un serpent. AE.6.-R⁴.-F.o.-12 fr.

1073. M. AYPHΛIOC. OYHPOC. KAICAP. Tête nue et
légèrement barbue, à droite, avec le *paludamentum.*
R'. MHTPOΠOΛEΩC. NIKOMHΔEIAC. Un aigle
éployé à g., combatt. un serpent. AE.6.-R⁴.-F.*.-12 fr.

1074. . . . . Tête de Marc Aurèle.

R'. NEIKΩMHΔEIA. MHTPOΠOΛIC. Aigle sur un
bâton. ▢. *Vaill., loc. cit.* . . . . . . AE.6.-R¹.-F.o.-3 fr.

1075. Autre; MHTPO. NEIA., *melius* NEIK. Croissant
surmonté du cancer. ▢. . . . . AE.4.-R¹.-F.o.-2 fr.
Mus. Arig., t. II, 15. 187.

1076. . . . . Tête de Marc Aurèle.

R'. NEIKΩMHΔEIAC. MHTPOΠOΛEΩC. Figure
voilée sur la base d'une colonne, les mains jointes,
et les pieds sur un rocher. ▢. . . . AE.6.-R².-F.o.-6 fr.
Vaillant, Num. gr.

1077. ....ANTΩNINOC. Tête nue et barbue de
Marc Aurèle, à droite.

R᷉. ......MHΔEIAC. Cérès debout, vêtue de la
stola, et voilée, tournée à gauche, tenant une patère
de la main droite, et un long flambeau de la main
gauche.................../.... Æ.3.-R¹.-F.o.-2 fr.

1078. ....ANTΩNINOC. Même tête.

R᷉. NIKOMHΔEIAC. Deux poissons au-dessus l'un
de l'autre, et en sens contraire... Æ.4.-R¹.-Fo.-2 fr.

1079. AYT. K. M. AYP. ANTΩNINOC. Tête laurée.

R᷉. NIKOMHΔEΩN. Deux poissons. ▢. *Christ.
Ramus., Cat. num. vet. reg. Daniae, t. I, p.* 207.
N° 14...................... Æ.5.-R².-F.o.-4 fr.

1080. Autre; NEIKOM...... Temple à cinq colonnes.
▢.*Gessn.,Impp.Tab.CXII.Fig.*35.Æ.6.-R¹.-F.o.-3 fr.

1081. .... Tête de M. Aurèle.

R᷉. NEIKOMHΔEIA. BOYΛH. ΔHMOC. OMO-
NOIA. Figure de vieillard barbu, portant la main
droite vers une femme tourr. ▢. Æ.6.-R⁵.-F.o.-20 fr.

Vaill., l. c., et Eckhel, Num. vet., p. 184.

Faustina Junior.

1082. ΦΑΥCΤEINA. CEBACTH. Tête de Faustine jeune,
à droite.

R᷉. ...HT. NEΩ. NEIKOMH. Hercule assis sur
un rocher à gauche, ayant une pomme dans la main
droite, et la g. posée sur le rocher. Æ.5.-R⁵.-F.o.-15 fr.

1083. Autre; NEIKO. MHT. NEΩ. Femme assise sur
des rochers, sur lesquels elle a la main g. appuyée;
elle tient de la dr. une draperie.▢.... Æ.5.-R⁴.-F.o.-8 fr.

Vaillant, Num. gr.

1084. ΦΑΥϹΤΕΙΝΑ. ϹΕΒΑϹΤΗ. Tête de Faustine
jeune.

℞. ΝΙΚΟΜΗΔ..... ΕΩΚΟΡΟΥ. Vénus assise sur
un rocher, tenant un vase de la main droite, et la g.
appuyée sur le rocher. ▢...... Æ.5.-R⁵.-F.o.-15 fr.

Mus. Sanclem. , Num. sci., t. II, p. 257.

1085. ΦΑΥϹΤΕΙΝΑ. ΝΕΑ. ϹΕΒΑϹ. Même tête.

℞. ΝΙΚΟΜΗΔΕΙΑϹ. ΝΕΩΚΟΡΟΥ. Figure virile à
demi nue, montant sur une proue de vaisseau, à dr.,
et regardant derrière elle, le bras droit levé, et le
gauche entouré d'un serpent.... Æ.5.-R⁴.-F.o.-8 fr.

1086. Autre: ΝΙΚΟΜΗΔΕΙ. ΝΕΩΚΟΡΟΥ. Femme assise
sur un rocher, à droite, tenant, à ce qu'il paraît, une
pomme dans la main droite baissée; à côté, à ce qu'il
paraît, un aigle. ▢.......... Æ.6.-R⁵.-F.o.-20 fr.

Christ. Ramus , Cat. num. vet. mus. reg. Daniae,
t. I, p. 207. Nᵒ 15.

1087. ΦΑΥϹΤΕΙΝ. ΝΕΑ. ϹΕΒΑ. Même tête.

℞. ΝΙΚΟΜΗΔΕΙΑϹ. ΝΕΟΚΟΡΟΥ. Palmier, autour
duquel est un serpent.......... Æ5.-R⁴.-F.*.-9 fr.

1088. .... Même tête.

℞. ΝΕΙΚΟΜΗΔΕΩΝ. ΝΕΩΚΟΡΩΝ. Torche ar-
dente, enveloppée par un serpent, et ornée d'épis et
de pavots. ▢. *Vaill.*, *l. c.* ..... Æ.5.-R⁴.-F.o.-8 fr.

M. Aurelius et Lucius Verus.

1089. M. ΑΥΡ. ΑΝΤΩΝΙΝΟϹ. Δ. ΑΥΡ. ΟΥΗΡΟϹ.
ΑΥΤΟΚΡΑΤΟΡΕϹ. Têtes nues et barbues de Marc
Aurèle et de L. Vérus en regard , chacun avec le *pa-
ludamentum.*

℞. ΝΙΚΟΜ. ΝΕΩΚΟ. ΟΜΟΝΟΙΑ. La Concorde

assise dans un temple tétr. (a). Æ.8½.-R⁴.-F.*.-18 fr.

1090. M. ΑΥΡ. ΑΝΤΩΝΙΝΟC. Λ. ΑΥΡ. ΟΥΗΡΟC. ΑΥ-
TOKPATOPЄC. Têtes nues et barbues de M. Aurèle et
de L. Vérus en regard , avec le *paludamentum*.

   Rʹ. ΑΥΤ. Λ. ΑΥΡ. ΟΥΗΡΟC. ΝΙΚΟΜ. Tête
laurée de L. Vérus ☐. *Vaill., gr.* Æ.6.-R⁴.-F.o.-12 fr.

L. Verus.

1091. ΑΥΤ. ΚΑΙCΑΡ. Λ. ΑΥΡ. ΟΥΗΡ. Tête nue de Vérus.
   Rʹ. ΝΙΚΟΜΗΔΕΙΑC. ΝΕΩΚΟΡΟΥ. Hercule étouffant Anthée, qu'il soulève. ☐.... Æ.5.-R⁴.-F.o.-8 fr.
              Eckhel , Num. vet. anecd., p. 189.

1092. Autre; ΝΙΚΟΜΗΔ. ΜΗΤ. ΝΕΩΚΟΡ. Mars nu,
casqué et debout, tenant une haste de la main droite,
et un bouclier de la gauche. ☐.. Æ.6.-R².-F.o.-6 fr.
              Vaillant , Num. gr.

1093. ΑΥΤ. Κ. Λ. ΑΥΡ. ΟΥΗΡΟC. Tête nue.
   Rʹ. ΝΙΚΟΜΗΔΕΙΑC. Le thon. ☐. Æ.4.-R².-F.o.-4 fr.
   Sestini , Descriz. dell. Med. änt. del Mus. Hederv.,
      t. II , p. 68. N° 29. C. M. H. N° 4582.

1094. Autre; ΝΙΚΟΜΗΔΕΙΑC. Deux thons. ☐. *Vaill.,*
loc. cit. ....··.......... Æ.6.-R².-F.o.-6 fr.

1095. Autre; ΕΠΙ. ΜΗΝΟΦΑΝΤΟΥ. ΝΙΚΟΜΗΔΕΩΝ.
Cybèle assise entre deux lions, ten. de la m. dr. une
patère, et de la g. le *crotalum*. ☐. Æ.6.-R⁴.-F.o.-12 fr
              Vaill. , l. c.

L. Verus et M. Aurelius.

1096. ΑΥΤ. ΚΑΙ. Λ. ΑΥΡ. ΟΥΗΡΟC. ΝΙΚΟΜ. Tête
nue de L. Vérus.

(a) Cette médaille diffère un peu de celle déjà décrite, tom. II,
pag. 470. N° 327.

R'. ΑΥΤ. ΚΑΙ. Μ. ΑΥΡ. ΑΝΤΩΝΙΝΟC. Tête laurée
de Marc Aurèle. ☐. . . . . Æ.9.-R.⁴.-F.o.-12 fr.

Vaillant, Num. gr.

1097. ΑΥΤ. Κ. Λ. ΑΥΡ. ΟΥΗΡΟC. ΝΙΚΟΜ. Même tête
de Vérus.

R'. ΑΥΤ. ΚΑΙ. Μ. ΑΝΤΩΝ . . . . . Tête radiée de
Marc Aurèle. ☐. . . . . Æ.6.-R⁴.-F.o.-12 fr.

Mus. Sanclem., Num. sel., t. II, p. 262. Tab. XXIII. N° 185.

1098. ΑΥ. ΛΟΥ. ΑΥΡ. ΟΥΗΡΟC. CΕΒ. ΑΡΜ. Même
tête de Vérus, à droite, avec le *paludamentum*.

R'. ΑΥΤ. ΜΑΡ. ΑΥΡ. ΑΝΤΩΝΙΝΟC. CΕ. ΑΡΜΕ.
ΝΙΚΟΜ. Marc Aurèle à cheval, allant au galop, à
droite, et portant une hasté, qu'il tient horizonta-
lement. . . . . Æ.8½.-R⁵.-F.*.-24 fr.

1099. . . . . Tête de Vérus.

R'. ΝΙΚΟΜ. Marc Aurèle à cheval, tenant une
haste inclinée. ☐. *Vaill., l. c.* . . Æ.9.-R².-F.o.-12 fr

Commodus.

1100. Α. Κ. Μ. ΑΥ. ΚΟ. ΑΝΤΩΝΙΝΟC. Tête laurée et
barbue de Commode, à droite.

R'. ΜΗΤΡΟΠ. ΝΕ. . . ΟΡΟΥ. ΝΕΙΚΟΜ. Jupiter
assis sur un siége, à gauche, couvert du *pallium*, une
patère dans la main droite, et la gauche appuyée sur
la haste. . . . . Æ.5.-R¹.-F.o.-2 fr.

1101. ΑΥ. Μ. ΑΥ. ΚΟ. ΑΝΤΩΝΙΝ. Tête laurée et
barbue de Commode, à droite, avec *paludamentum* et
cuirasse.

R'. ΜΗΤ. ΝΕΩ. ΝΙΚΟΜΗ. Minerve debout, à g.,
tenant une patère de la main droite, et la haste pure
de la g.; à ses pieds, un bouclier. Æ.7½.-R³.-F.o.-9 fr.

1102. . . . . Tête de Commode.

B⟩. NIKOMHΔ. MHT. NEΩK. Cybèle assise, tenant de la main droite une patère, et de la gauche le
crotalum; à ses pieds, un lion. ▢. Æ.6.-R².-F.o.-6 fr.
Vaillant, Num. gr.

1103. Autre; YΓEIA. NIKOM. Hygiée debout, vêtue de
la *stola*, tenant dans ses deux mains un serpent. ▢.
Vaill., l. c. . . . . Æ.6.-R².-F.o.-6 fr.

1104. A. AYP. KOMOΔOC. K. Tête nue de Commode,
à droite.

B⟩. NEIKOM. MHT. NEΩ. Cupidon ailé, sur un
dauphin, à droite. ▢. . . . . Æ.6.-R⁴.-F.o.-12 fr.
Dumersan, Descr. du Cab. Allier de Hauteroche.
Pl. XI. Nᵒ 9.

1105. A. AYPHAIOC. KOMMOΔOC. KAI. Buste de
Commode, la tête nue et jeune, avec le *paludamentum* et la chlamyde, à droite.

B⟩. MHTPO. NEΩKO. NEIKOMHΔ. Très-beau
temple hexastyle, dans lequel est Cérès debout, à
gauche, voilée et vêtue de la *stola*, tenant de la main
droite des épis, et de la gauche une torche; sur le
fronton du temple, un aigle éployé de face. ▢. *Sestini,
Descriz. del Mus. Fontana, p. 86.* Æ.9.-R⁴.-F.o.-24 fr.

1106. A. AYP. KOMOΔOC. Même tête.

B⟩. MHT. . . . . NEIKOMH. Cérès debout dans un
temple tétrastyle. . . . . Æ.5.-R¹.-F.o.-2 fr.

1107. Autre, presque semblable. . Æ.5.-R¹.-F.o.-2 fr.

1108. A. K. M. AY. KO. ANTΩNIN. Tête laurée
barbue, à droite.

B⟩. NIKOMHΔ. MHT. NE. Tête voilée et tourrelée
de femme, à droite. . . . . Æ.6½.-R².-F.o.-6 fr.

1109. ΑΥ. Κ. Μ. ΑΥ. ΚΟ. ΑΝΤΩΝΙΝ. Tête laurée de
Commode.

R̷. ΝΙΚΟΜΗΔ. ΜΗΤ. ΝΕ. Tête voilée et tourrelée
de femme; sur le cou, une tête en contre - marque.
☐. . . . . Æ.6½.-R².-F.o.-6 fr.
Eckhel, Cat. Mus. Caes. Vindob., t. I; p. 151. N° 4.

1110. Autre; ΝΙΚΟΜΗΔ. ΜΗΤ. ΝΕ., avec la même
tête, autrement disposée. . . . . . Æ.6½.-R².-F.o.-6 fr.

1111. . . . . . .ΚΟΜ. . , . . ΑΝ. . . . . Même tête.

R̷. ΜΗΤ. ΝΕΩ. ΝΙΚΟΜ. Même tête de femme
voilée et tourrelée à droite. . . . . Æ.6.-R².-F.o.-6 fr.

1112. Autre; ΝΕΙΚΟΜ. ΜΗΤ. ΝΕΩ. Victoire marchant, tenant de la main droite étendue une couronne, et de la gauche une palme sur l'épaule. ☐.
Mus. Arig., tom. I. Gr. Urb. Impp. al. Tab. VI.
Fig. 92. . . . . Æ.6.-R².-F.o.-6 fr.

1113. Α. ΑΥΡ. ΚΟΜΟΔΟΣ. Tête nue.

R̷. ΝΕΙΚΟΜΗΔ. ΜΗΤ. ΝΕΩ. Femme debout, tenant de la main droite une haste, et de la gauche une
branche inclinée. ☐. . . . . Æ.5.-R².-F.o.-6 fr.
Mus. Theup., p. 926.

1114. ΑΥ. Κ. Μ. ΑΥ. ΚΟ. ΑΝΤΩΝΙ. . . . . Tête laurée
et barbue, à droite.

R̷. ΜΗΤΡΟΠΟ. ΝΕΩ. ΝΙΚΟΜ. Femme à demi
nue, le pied gauche sur une proue de vaisseau, et se
retournant, le bras droit étendu, et tenant une haste
transversale horizontalem. de la g. Æ.6.-R².-F.o.-6 fr.

1115. . . . . ΑΥ. ΚΟΜ. ΑΝΤΩΝΙΝ. Tête laurée de
Commode.

℞. NIKOM. MHT. NEΩ. Homme assis, en habit court et négligé, la tête nue, la main droite disposée à frapper d'un coup de maillet, et tenant de la gauche un clou pour le poser sur une proue de vaisseau. ▢. *Eckhel, Cat. Mus. Caes. Vindob., t. I, p. 151. Nº 6*. . . . . Æ.6.-R⁴.-F.o.-12 fr.

1116. . . . . KOMOΔOC. K. Tête nue et imberbe de Commode jeune, avec le *paludamentum*.

℞. MHT. NEΩ. NIKOMHΔ. Aigle éployé, regardant, à droite, un serpent replié, qui s'élance vers lui. . . . . Æ.6.-R¹.-F.o.-3 fr.

1117. Λ. AYPHΛIOC. KOM. . . . . . . Même tête nue et imberbe, avec le *paludamentum*.

℞. MHT. . . . . . . NEΩKOPOY. NEIKOMH. Même type. . . . . Æ.6.-R¹.-F.o.-3 fr.

1118. AY. K. M. AYP. KOMO. ANTΩ. Même tête barbue, avec cuirasse.

℞. MHTP. NEΩ. NIKOM. Aigle éployé sur un globe, tourné à droite, et regardant à gauche, une couronne dans le bec. . . . . Æ.6½.-R¹.-F.o.-3 fr.

1119. . . . . . . M. AY. KOMOΔ. . . . Tête de Commode, avec une barbe pendante.

℞. NIKOMH. NEΩKO. Aigle avec une contremarque dans laquelle est la tête de l'empereur lui-même. ▢. . . . . Æ.6.-R².-F.o.-6 fr. *Mus. Sanclem., Num. sel., t. II, p. 271.*

1120. Autre; NEIKOMHΔ. . . . . . Aigle éployé debout, se retournant. ▢. . . . . Æ.6.-R¹.-F.o.-3 fr.

Patin, Impp., p. 262. Fig. 5.

1121. . . . . . Λ. ΑΥ. ΚΟΜ . . . . Tête laurée et barbue
de Commode, à droite.

R'. ΝΙΚΟΜΗ . . . . Aigle éployé combattant
un serpent; dans le champ, une petite tête de Caracalla jeune en contre-marque. 1. Æ.6.-R².-F.o.-6 fr.

1122. Autre; ΝΙΚΟΜΗΔ. ΜΗΤ. ΝΕ. Temple octostyle;
à côte, contre-marque douteuse. ▢. *Eckhel, Cat. Mus.
Caes. Vindob., t. I, p.* 151. *N°* 5. Æ.6.-R².-F.o.-6 fr.

1123. Autre; ΝΙΚΟΜΗΔ. ΜΗΤ. ΝΕΩ. Deux thons. ▢. *Gessner, Impp. Tab.CXXVII. Fig.* 73. Æ.5.-R².-F.o.-4 fr.

1124. Autre; ΝΙΚΟΜ. ΜΗΤ. ΝΕΩ. Vaisseau à la voile,
avec un gouvernail sur les flots. ▢. Æ.6.-R¹.-F.o.-3 fr.
. . . . Mus. Arig., Gr. Urb. Impp. al Tab. VI. Fig. 93.

1125. ΑΥ . . . . . (*a*) ΚΟΜΜΟΔΟC. ΑΝΤΩΝΙΝΟC. (*Litt.
fug.*) Tête barbue laurée de Commode, à droite.

R'. ΝΙΚΟΜΗΔΕΩΝ. ΔΙC. ΝΕΩΚΟΡΩΝ. Temple
octostyle . . . . Æ.7.-R⁴.-F.o.-12 fr.

1126. Autre; ΝΙΚΟΜΗΔΕΩΝ. ΔΙC. ΝΕΩΚ. Temple
octostyle. ▢. *Vaill., Num. gr.* . . Æ.9.-R⁴.-F.o.-20 fr.

1127. Autre ; ΝΙΚΟΜΗΔΕΩΝ. ΔΙC. ΝΕΩΚΟΡΩΝ.
Temple octostyle. ▢. . . . . . . Æ.8 ou 6.-R¹.-F.o.-6 fr.
Patin, Impp., p. 263. Fig. 1.

1128. Autre; ΝΙΚΟΜΗΔΕΩΝ. ΔΙC. ΝΕΩΚ. Cérès debout entre deux temples hexastyles ; tenant de la main
dr. un bâton, autour duquel est un serpent. ▢. *Vaill.,
loc. cit.* . . . . ÆMM.-R⁵.-F.o.-100 fr.

(*a*) *Pro* ΑΥΤ. Κ. Μ. ΑΥΡ.

1129. ΑΥΤ. Κ. Μ. ΑΥΡ. ΚΟΜΜΟΔΟC. ΑΝΤΩΝΙΝΟC.
Tête laurée et imberbe de Commode, à droite.
   ℞. ΝΙΚΟΜΗΔΕΩΝ. ΔΙC. ΝΕΩΚΟΡΩΝ. Deux
temples octostyles de front; dessous, une galère avec
des rameurs................. Æ.9½.-R⁵.-F⁺.-48 fr.

1130. Α. ΑΥΡ. ΚΟΜΟΔΟC..... Tête nue et imberbe,
à droite, avec le *paludamentum*.
   ℞. ΝΙΚΟΜΗ.... Galère à la voile. ☐. *Cab. de feu
M. Allier....... ....* Æ.6.-R².-F.o.-6 fr.

1131. Autre; ΝΕΙΚΟ. ΜΗΤΡ. ΑΜΑΣΕΩΝ. ΟΜΟΝΟΙΑ.
Amazone succincte et tourrelée portant la main dr.
sur une femme tourrelée et vêtue de la *stola*, tenant
sur son épaule gauche un gouvernail. ☐. *Vaillant,
Num. gr. et Mus. Theup., p.* 936. Æ.6.-R².-F.o.-6 fr.

Crispina.

1132. .... Tête de Crispine.
   ℞. ΝΙΚΟΜΗΔΕΩΝ. Deux thons.☐.Æ.6.-R².-F.o.-6 fr.
                                   Vaillant, l. c.

Septimius Severus.

1133. .... Tête de Septime Sévère.
   ℞. ΝΙΚΟΜΗΔΕΩΝ. ΔΙC. ΝΕΩΚΟΡΩΝ. Cérès debout, tenant des épis de la main droite, et une haste
de la gauche. ☐............. Æ.9.-R².-F.o.-12 fr.
   Mus. Arig., II. Urb. Gr. Impp. al Tab. XX. Fig. 262.

1134. ΑΥΤ. Λ. CΕΠ. CΕΥΗΡΟC. ΠΕ. Tête radiée.
   ℞. ΝΙΚΟΜΗΔΕΩ..,. ΙC. ΝΕΩΚ..ΡΩΝ. Cérès
assise, tenant de la main droite des épis, et de la g. un
long flambeau. ☐............ Æ.3.-R².-F.o.-4 fr.
                Sanclem, Num. sel., t. II, p. 288.

1135. ΑΥ. Κ. Λ. CE. CEYHPOC. Π. Tête radiée de Septime Sévère, à droite, avec une cuirasse.

℞. ΝΙΚΟΜΗΔΕΩΝ. ΝΕΩΚΟΡΩΝ. Figure militaire debout, regardant à gauche, tenant une patère de la main droite, et la gauche sur la haste; à ses pieds, une tête humaine en contre-marque. Æ.9.-R².-F.o.-12 fr.

1136. Autre; ΝΙΚΟΜΗΔΕΩΝ. ΔΙC. ΝΕΩΚΟΡΩΝ. L'empereur en *paludamentum*, debout, tenant de la m. d. une patère, et de la gauche une haste. ◻. *Vaill.*, *Num. gr.* .... Æ.9.-R².-F.o.-12 fr.

1137. ΑΥ. ... CEYHPOC. Π. C. Tête radiée, à dr., avec cuirasse.

℞. ΝΙΚοΜΗΔΕΩΝ. ΔΙC, ΝΕΩΚοΡΩΝ. Temple octostyle.................... Æ.8.-R².-F.o.-4 fr.

1138. Autre; ΝΙΚΟΜΗΔΕΩΝ. ΔΙC. ΝΕΩΚΟΡΩΝ. Temple octostyle. ◻. *Vaill.*, *l. c.* Æ.9.-R².-F.o.-12 fr.

1139. Autre; ΝΙΚΟΜΗΔΕΩΝ. ΔΙC. ΝΕΩΚΟΡΩΝ. Trirème; au-dessus, deux temples octostyles. ◻. *Vaill.*, *l. c.* .... Æ.9.-R².-F.o.-12 fr.

1140. ΑΥΤ. Κ. Λ. CEΠ. CEOYHPOC. Π. C. Tête radiée de Septime Sévère, à droite.

℞. ΝΙΚΟΜΗΔΕΩΝ. ΔΙC. ΝΕΩΚΟΡΩΝ. Galère, avec des rameurs. .... Æ.10.-R².-F.o.-12 fr.

1141. ΑΥ. Κ. Π. CEΠ. CEOYHPOC. Π. Tête laurée ou radiée.

℞. ΝΙΚΟΜΗΔΕΩΝ. ΔΙC. ΝΕΩΚΟΡΩΝ. Deux urnes avec des palmes sur une table, entre les supports de laquelle on lit: CEYHPIA. ΜΕΓΑΛΛ[Α]. ◻. *Gessner, Impp. Tab. CXXXIV, Fig. 42; Spanheim, Epis. V. ad Morell, p. 268-296.* Æ.9.-R⁴.-F.o.-24 fr.

1142............... Tête de Septime Sévère.

℞. NIKOMHΔΕΩΝ. ΔΙϹ. ΝΕΩΚΟΡΩΝ. ϹΕΥΗ-ΡΕΙΑ. ΜΕΓΑΛΑ. Deux urnes, avec des palmes sur une table. ☐. *Vaill., Num. gr*... Æ.5.-R⁴.-F.o.-8 fr.

J. Domna.

1143. ΙΟΥΛΙΑ. ΔΟΜΝΑ. ϹΕΒΑ. Tête de Julia Domna.

℞. NIKOMHΔΕΩΝ. ΔΙϹ. ΝΕΩΚΟΡΩΝ. Pallas debout, à gauche, tenant de la main droite un bouclier, posé sur un autel, la gauche élevée sur la haste. ☐. *Sestini, Descriz. dell. Med. ant. del Mus. Hederv., tom. II, p. 68. Nº 37; et d'Ennery, Cat., pag. 416. Nº 2354*............... Æ.MM.-R⁴.-F.o.-40 fr.

1144. ΙΟΥΛΙΑ. ΑΥΤ........ Tête de Julia Domna, à droite, avec la *stola*.

℞. NIKOMHΔΕΩΝ. ΔΙϹ. ΝΕΩΚΟΡΩΝ. Figure virile nue, tournée à gauche, le bras droit étendu, et tenant un gouvernail de la g.... Æ.7.-R³.-F.o.-9 fr.

1145. ΙΟΥΛΙΑ. ΑΥΓΟΥϹΤΑ. Même tête.

℞. NIKOMHΔΕΩΝ. ΔΙϹ. ΝΕΩΚΟΡΩΝ. Femme assise sur un siége, tournée à gauche, et portant sur chaque main un temple hexastyle. Æ.8.-R³.-F.o.-9 fr.

1146. ΙΟΥΛΙΑ. ΔΟΜΝΑ. ϹΕΒΑ. Même tête.

℞. NIKOMHΔΕΩΝ. ΔΙϹ. ΝΕΩΚΟΡΩΝ. Femme debout, tenant de la main droite une patère, et de la gauche une haste; à gauche, une contre-marque, à ce qu'il paraît. ☐. *Froelich, 4 tent., pag. 251. Nº 1*............... Æ.6.-R³.-F.o.-9 fr.

1147. Autre; NIKOMHΔΕΩΝ. ΔΙϹ. ΝΕΩΚΟΡΩΝ.

L'empereur debout, tenant de la main droite une patère, et de la gauche une haste. □. Æ.9.-R³.-F.o.-18 fr.
Vaill. , Num. gr.

1148. .... Tête de J. Domna.
R'. NIKOMHΔEΩN. ΔIC. NEΩKOPΩN. La Victoire marchant, tenant de la main droite une couronne, et de la g. une palme. □.. Æ.6.-R³.-F.o.-9 fr.
Vaill., l. c.

1149. Autre ; NIKOMHΔEΩN. ΔIC. NEΩKOPΩN.
Temple octostyle. □. Vaill., l. c. Æ.9.-R³.-F.o.-18 fr.

Caracalla.

1150. ΑΥΓΟΥCTOC. ΑΝΤΩΝΕΙΝΟC. Tête barbue laurée de Caracalla, à droite.
R'. NIKOMHΔEΩN. ΔIC. NEΩKOPΩN. Sérapis
debout, enveloppé dans le *pallium*, la main droite
levée, et la gauche tenant le *pallium* et la haste pure ;
à ses pieds, un autel allumé. □. *Cab. de feu M. Tôchon*.................. .... Æ.9.-R³.-F.o.-18 fr.

1151. Autre; NIKOMHΔEΩN. ΔIC. NEΩK. Jupiter à
demi nu, assis à gauche, tenant de la main droite
une patère, et de la gauche une haste. □. *Mus. Arig.,
IV. N° 64. Tab. XIII*.......... Æ.9.-R³.-F.o.-18 fr.

1152. ΑΥΤ....... ΩΝΕΙΝΟC. Tête laurée de Caracalla, à droite, avec le *paludamentum*.
R'. NIKOMHΔEΩN. ΔIC. NEΩKOPΩN. Pallas
debout, tenant une patère de la main droite, et la
haste et son bouclier de la g.... Æ.6.-R¹.-F.o.-3 fr.

1153. Autre; aux pieds de Pallas, une chouette. □.
*Sestini, Descriz. dell. Med. ant. del Mus. Hederv.,
II, p. 69. N° 43. C. M. H.* 4589.., Æ.6.-R¹.-F.o.-3 fr.
N*

1154. ΑΝΤΩΝΕΙΝΟC. ΑΥΓΟΥCΤΟC. Tête laurée et
barbue de Caracalla, à droite, avec le *paludamentum*.

℞. ΝΙΚΟΜΗΔΕΩΝ. ΔΙC. ΝΕΩΚΟΡΩΝ. Minerve
debout à gauche, tenant une patère de la main droite,
et la haste pure de la gauche; à ses pieds, se trouve
un bouclier.................... Æ.7½.-R².-F.o.-6 fr.

1155. Autre; ΝΙΚΟΜΗΔΕΩΝ. ΔΙC. ΝΕΩΚΟΡΩΝ. Minerve assise sur un siége, à gauche, ayant une petite
Victoire sur la main dr., et tenant le *parazonium* de
la gauche; à terre, un bouclier... Æ.8.-R¹.-F.o.-3 fr.

1156. ΑΝΤΩΝΕΙΝΟC. ΑΥΓΟΥΤΟC. Tête laurée, à
droite, sans le *paludamentum*.

℞. ΝΙΚΟΜΗΔΕΩΝ. ΔΙC. ΝΕΩΚΟΡΩΝ. Minerve
assise, à gauche, tenant une patère de la main droite,
et la gauche sur la haste....... Æ.7.-R¹.-F.o.-3 fr.

1157. Autre; ΝΙΚΟΜΗΔΕΩΝ. ΔΙC. ΝΕΩΚΟΡΩΝ. Æsculape debout, tenant de la main droite son bâton,
enveloppé par un serpent. ⬜... Æ.9.-R².-F.o.-12 fr.

Vaillant, Num. gr.

1158. ΑΝΤΩΝΕΙΝΟC. ΑΥΓΟΥCΤΟC. Tête radiée, à
droite, avec le *paludamentum*.

℞. ΝΙΚΟΜΗΔΕΩΝ. ΔΙC. ΝΕΩΚΟΡΩΝ. Æsculape
debout, enveloppé dans le *pallium*, et regardant à
gauche; la main droite appuyée sur son bâton, autour duquel est un serpent..... Æ.7.-R¹.-F.o.-3 fr.

1159. ΑΝΤΩΝΕΙΝΟC. ΑΥΓΟΥCΤΟC. Tête laurée, à
droite, sans le *paludamentum*.

℞. ΝΙΚΟΜΗΔΕΩΝ. ΔΙC. ΝΕΟΚΟΡΩ. Cérès voilée
et vêtue de la *stola*, debout, regardant à gauche,
tenant des épis de la main droite, et la haste pure
de la gauche................. Æ.8.-R¹.-F.o.-4 fr.

1160. ΑΝΤΩΝΕΙΝΟC. ΑΥΓΟΥCΤΟC. Tête laurée de Caracalla, à droite, sans le *paludamentum*.

Ɍ. ΝΙΚΟΜΗΔΕΩΝ ΔΙC. ΝΕΩΚΟΡΩ. Cérès debout, tenant de la main droite baissée des épis, et de la g. un long flambeau. □.... Æ.8.-R¹.-F.o.-4 fr.

Com. Wiczay, Mus. Hederv., t. I, p. 194. N° 4592.

1161. Autre; ΝΙΚΟΜΗΔΕΩΝ. ΔΙC. ΝΕΩΚΟΡΩΝ. Neptune, la main droite étendue, et son trident dans la gauche. □. *Vaill., Num. gr.*.... Æ.6.-R².-F.o.-6 fr.

1162. ΑΥΤ. Κ. Μ. ΑΥΡ. CΕΟΥΗΡ. ΑΝΤΩΝΕΙΝΟC. ΑΥΓ. Tête radiée et laurée de Caracalla, vu jusqu'à la poitrine, avec *paludamentum* et ægide.

Ɍ. ΝΙΚΟΜΗΔ... ΔΙC. ΝΕΩΚ.... Atlas portant sur ses épaules le globe qu'il reçoit d'Hercule, debout devant lui. □. (*Méd. susp.*).. Æ.MM.

Gessner, Impp. Tab. CXLVI. Fig. 25.

1163. Autre; ΝΙΚΟΜΗΔΕΩΝ. ΔΙC. ΝΕΩΚΟΡΩΝ. La Justice debout, tenant une balance et une corne d'abondance. □. (*Med. susp.*)... Æ.8.

Mus. Sanclem, Num. sel., t. II, p. 308.

1164. Autre; ΝΙΚΟΜΗΔΕΩΝ. ΔΙC. ΝΕΩΚΟΡΩΝ. Némésis, portant la main droite à sa bouche, et tenant de la gauche une baguette; à ses pieds, une roue. □. *Vaill, Num gr*.............. Æ.6.-R¹.-F.o.-3 fr.

1165. ΑΝΤΩΝΕΙΝΟC. ΑΥΓΟΥCΤΟC. Tête radiée, à droite, avec le *paludamentum*.

Ɍ. ΝΙΚΟΜΗΔΕΩΝ. ΔΙC. ΝΕΩΚΟΡΩΝ. La Fortune debout, à gauche, tenant un gouvernail de la m. d., et une corne d'abond. de la g. Æ.8.-R¹.-F.o.-3 fr.

1166. ΑΝΤΩΝΕΙΝΟC. ΑΥΓΟΥCΤΟC. Tête laurée de Caracalla, à droite, avec le *paludamentum*.

ℝ. ΝΙΚΟΜΗΔΕΩΝ. ΔΙC. ΝΕΩΚΟΡ. Femme voilée et vêtue de la *stola*, assise sur un rocher, à gauche, le *modius* sur la tête, la main droite levée, et la g. sur le rocher............... Æ.7.-R¹.-F.o.-3 fr.

1167. Autre; ΝΙΚΟΜΗΔΕΩΝ. ΔΙC. ΝΕΩΚΟΡΩΝ. Femme tourrelée, assise sur un rocher, tenant de la main droite une patère. ▢...... Æ.6.-R¹.-F.o.-3 fr.
Mus. Sanclem., Num. sel., t. II, p. 309.

1168. Autre; ΝΙΚ. ΜΗΤΡ. Β. ΝΕΩ. Femme nue, le pied posé sur un rocher, et déployant son *pallium*; sur le bras g. une haste transv. ▢. Æ.6.-R¹.-F.o-3 fr.
Vaill., Num. gr.

1169. ΑΝΤΩΝΕΙΝΟC. ΑΥ........... Tête laurée.

ℝ. ΝΙΚΟΜΗ..... ΝΕΩΚΟΡΩΝ. Femme assise; dans le champ, de chaque côté, un temple. ▢. *Mus. Theup., p.* 975................ Æ.6.-R⁴.-F.o.-12 fr.

1170. ΑΝΤΩΝΙΝΟC. ΑΥΓΟΥCΤΟC. Même tête laurée, à droite.

ℝ. ΝΙΚΟΜΗΔΕΩΝ. ΔΙC. ΝΕΩΚΟΡΩΝ. Femme voilée et vêtue de la *stola*, assise sur un siége, à g., port. sur chaq. m. un temple oct. Æ.8½.-R⁴.-F.o.-24 fr.

1171. ΑΝΤΩΝΙΝΟΣ. ΑΥΓΟΥΣΤΟΣ. Même tête.

ℝ. ΝΙΚΟΜΗΔΕΩΝ. ΔΙΣ. ΝΕΩΚΟΡΩΝ. Femme debout, tenant de la main dr. quelque chose d'effacé, et de la g. un long flamb. allumé.▢. Æ.6.-R¹.-F.o.-3 fr.
Mus. Theup., p. 974.

1172. Autre; ΝΙΚΟΜΗΔΕΩΝ. ΔΙC. ΝΕΩΚΟΡΩΝ. Figure virile nue, debout, à droite, tenant une branche de la m. d. pend., et un casque de la g. Æ.7.-R².-F.o.-6 fr.

1173. ΑΝΤΩΝΙΝΟC. ΑΥΓΟΥCΤΟC. Tête laurée de Caracalla.

℞. ΝΙΚΩΜΗΔΕΩΝ. ΔΙC. ΝΕΩΚΟΡΩΝ. Femme debout à dr., tenant une patère de la m. dr., et une corne d'abond. de la gauche. ▢.. Æ.7.-R¹.-F.o.-3 fr.
Com. Wiczay, C. M. II., t. I. N° 4590.

1174. Autre; ΝΙΚΟΜΗΔΕΩΝ. ΔΙC. ΝΕΩΚΟΡΩΝ. L'empereur debout, en habit militaire, tenant une patère de la m. droite, et la haste de la g.. Æ.8.-R².-F.o.-6 fr.

1175. Autre; ΝΙΚΟΜΗΔΕΩΝ. ΔΙC. ΝΕΩΚΟΡΩΝ. L'empereur à cheval, en pacificateur. ▢. *Eckhel, Cat. Mus. Caes. Vindob.*, I, 151. N? 9. Æ.6.-R³.-F.o.-9 fr.

1176. Autre; ΝΙΚΟΜΗΔΕΩΝ. ΔΙC. ΝΕΩΚΟΡΩΝ. L'empereur en *paludamentum*, à cheval, tenant de la main droite un maillet. ▢. (*a*)........Æ.6.-R².-F.o.-6 fr.
Vaill.; Num. gr.

1177. ΑΥΤΟ. Κ. Μ. ΑΥΡ. ΑΝΤΗΜΕΙΝΟC. ΑΥΤΟΥC-ΤΟC. (*sic*). Tête laurée de Caracalla jeune, à droite, avec le *paludamentum*.

℞. ΝΙΚΟΜΗΔΕΩΝ. ΔΙC. ΝΕΩΚΟΡΩΝ. Temple octostyle de face (*b*)...........Æ.9½..........

1178. Autre; ΝΙΚΟΜΗΔΕΩΝ. ΔΙC. ΝΕΩΚΟΡΩΝ. Colonne sur laquelle est une figure remarquable par la haste; de chaque côté, un temple.▢.Æ.6.-R⁴.-F.o.-12 fr.
Vaill., l. c.

1179. Autre; ΝΙΚΟΜΗΔΕΩΝ. ΔΙC. ΝΕΩΚΟΡΩΝ. Trirème prétorienne, avec rameurs. ▢. Æ.9.-R¹.-F.o.-6 fr.
Vaill., l. c.

1180. Autre; ΝΙΚΟΜΗΔΕΩΝ. ΔΙC. ΝΕΩΚΟΡΩΝ. Aigle

____

(*a*) Ne serait-ce pas plutôt une amazone tenant la bipenne?
(*b*) Médaille entièrement retouchée des deux côtés.

placé sur le *vexillum*, entre deux enseignes militaires.
☐. *Vaill., Num. gr*............. Æ.9.-R¹.-F.o.-6 fr.

1181. ΑΝΤΩΝΕΙΝΟC. ΑΥΤΟΥCΤÓC. Tête laurée et
barbue de Caracalla, à droite, avec le *paludamentum*.
℞. ΝΙΚΟΜΗΔΕΩΝ. ΔΙC. ΝΕΩΚΟΡΩΝ. Serpent
à tête humaine dressé sur ses replis, et tourné du côté
droit..................... Æ.8½.-R².-F.o.-12 fr .

1182. Autre; ΝΙΚΟΜΗΔΕΩΝ. B. ΝΕΩ....... Même
serpent tourné à gauche....... Æ.7.-R².-F.o.-6 fr.

1183. Autre; ΝΙΚΟΜΗΔΕΩΝ. ΔΙC. ΝΕΩΚΟΡΩΝ.
Terme sur un cippe, tenant de la main droite la moitié
d'un serpent; en face, on voit un autre serpent
dressé. ☐. *Vaill., l. c*........... Æ.6.-R³.-F.o.-9 fr.

1184. Autre; ΝΙΚΟΜΗΔ. ΜΗΤΡΟΠ. Trépied enveloppé par un serpent, et duquel sort un autre serpent.
☐. *Vaill., l. c*................. Æ.6.-R¹.-F.o.-3 fr.

1185. Autre; ΝΙΚΟΜΗΔΕΩΝ. ΑΚΤΙΑ. ΠΥΘΙΑ. Vase
dans lequel sont deux palmes. ☐. Æ.6.-R².-F.o.-6 fr.
Vaillant, l. c.

1186. Autre; ΝΙΚΟΜΗΔΕΩΝ. ΔΙC. ΝΕΩΚΟΡΩΝ. ΔΗ-
ΜΗΤΡΙΑ. Urne des jeux, avec deux palmes. ☐. *Vaill.,*
l. c....................... Æ.9.-R³.-F.o.-18 fr.

Plautilla.

1187. .... Tête de Plautille.
℞. ΝΙΚΟΜΗΔΕΩΝ. Femme debout, le pied posé
sur une prouc de vaisseau; tenant une patère de la
main droite, une corne d'abondance de la gauche. ☐,
Vaill., l. c................. Æ.6.-R⁴.-F.o.-12 fr.

1188. Autre; ΝΙΚΟΜΗΔΕΩΝ. ΔΙC. ΝΕΩΚΟΡΩΝ.

Femme regardant derrière elle, le pied gauche entré
dans un vaisseau; tenant des deux mains un bâton
sur lequel elle est appuyée. ▭. . . . Æ.6.-R⁴.-F.o.-12 fr.

Vaill., Num. gr.

Geta.

1189. Π. CЄΠΤΙΜΙΟC. ΓΕΤΑC. ΚΑΙ. ΑΥ. Tête nue de
Géta.

℞. ΝΙΚΟΜΗΔΕΩΝ. ΔΙC. ΝΕΩΚΟΡΩ. Pallas de-
bout. ▭. *M. Sancl., Num. sel., III,* 16. *Tab. XXVII.*
N° 262. . . . . Æ.5½.-R⁴.-F.o.-12 fr.

1190. ΑΥΤ. Λ. CЄΠΤΙΜΙ. ΓΕΤΑC. ΚΑΙ. Tête nue de
Géta, à droite, avec *paludamentum.*

℞. ΝΙΚΟΜΗΔ. ΔΙC. ΝΕΩΚ. Victoire marchant
à gauche, tenant une couronne de la main droite
levée, et une palme de la g. . . . . . Æ.4.-R⁴.-F.o.-8 fr.

1191. Π. CЄΠΤΙΜΟC. ΓΕΤΑC. Κ. Tête nue.

℞. ΝΙΚΟΜΗΔΕΩΝ. ΔΙC. ΝΕΩΚΟΡΩΝ. La For-
tune debout, avec tous les attributs qui lui sont ordinaires. ▭. *Eckhel, Cat. Mus. Caes. Vindob.,* t. *I,*
p. 151. *N°* 10. . . . . Æ.4.-R⁴.-F.o.-8 fr.

1192. Autre; ΝΙΚΟΜΗΔΕΩΝ. ΔΙC. ΝΕΩΚΟΡΩΝ.
Temple octostyle. ▭. . . . . Æ.9.-R⁴.-F.o.-24 fr.

Vaill., l. c.

Caracalla et Geta.

1193. ΑΝΤΩΝΕΙΝΟC. ΑΥΓΟΥCΤΟC. Tête radiée de
Caracalla.

℞. ΑΥΤ. ΚΑΙC. ΠΟΥ. CЄΠΤΙΜΙΟC. ΓΕΤΑC. Tête

laurée de Géta. ☐. . . . . Æ.6.-R⁵.-F.o.-24 fr.
Sestini, Descriz. dell. Med. ant. del Mus. Hederv.,
t. II, p. 69. N° 44. C. M. H. N.º 4594.

Macrinus (a).

1194. ΑΥΤ. Κ. Μ. ΟΠΕΛ. ΣΕΟΥΗ. ΜΑ. . . . . . . Tête
laurée de Macrin.
℟. ΝΕΙΚΟΜΗΔΕΩΝ. ΔΙΣ. ΝΕΩΚΟΡΩΝ. Pallas
casquée assise, tenant de la main droite une patère
dans laquelle elle fait manger un serpent, entortillé
autour d'une baguette, et tenant de la gauche une
haste. ☐. *Mus. Theup., p.* 1005. . Æ.6.-R³.-F.o.-9 fr.

1195. Autre; Pallas debout, tenant de la main droite un
bouclier, et de la g. une haste. ☐. Æ.6.-R³.-F.o.-9 fr.
Eckhel, Cat. Mus. Caes. Vindob., t. I, p. 151. N° 11.

1196. Autre; ΝΙΚΟΜΗΔΕΩΝ. ΔΙC. ΝΕΩΚΟΡΩΝ. Pallas
casquée debout, tenant de la main droite une patère,
et de la gauche une haste. ☐. . . . . Æ.6.-R³.-F.o.-9 fr.
Vaill., Num. gr.

1197. Autre; ΝΙΚΟΜΗΔΕΩΝ. ΔΙC. ΝΕΩΚΟ. La déesse
Salus debout, faisant manger un serpent qu'elle tient
de la main g. ☐. . . . . Æ.4.-R³.-F.o.-6 fr.
Mus. Arig., I. Urb. gr. Impp. al Tab. XI. Fig. 176.

(a) Nous avons décrit une médaille de ce prince, d'après
Havercamp, qui l'a donnée à tort à Nicomédie, tandis qu'elle
appartient à Nicopolis *Ad Istrum.* Au lieu de : ΕΠΙ. CΤΡΑ.
Μ. ΛΟΝΓΙΝΟΥ. ΝΙΚΟΜΗΔΕΩΝ. ; il faut lire : ΕΠΙ..CΤ.
ΑΤΙΛΙΟΥ. ΛΟΝΓΙΝΟΥ. ΝΙΚΟΠΟΛΙΤΩΝ. ΠΡ. ΙCΤ.
Voyez t. II, p. 474. Nº 250.

Diadumenianus.

1198. M. OΠΕΔ. ΑΝΤΩΝΕΙΝΟC. ΚΑΙCΑP. Tête nue
de Diaduménien.

Ŗ́. ΝΙΚΟΜΗΔΕΩΝ. ΔΙC. ΝΕΩΚΟΡΩΝ; Jupiter
assis, tenant de la main droite une patère, et de la
gauche une haste. ☐... .... Æ. *Mod. inc*......
Gusseme, V, p. 250. N° 77.

1199. ....:.... Tête de Diaduménien.

Ŗ́. ΝΙΚΟΜΗΔΕΩΝ. ΔΙC. ΝΕΩΚΟΡΩΝ. Cérès
voilée debout, tenant de la main droite des épis et de
la gauche un flambeau allumé. ☐. Æ.6.-R⁴.-F.o.-12 fr.
Vaill., Num. gr.

1200. Autre; ΝΙΚΟΜΗΔΕΩΝ. ΔΙC. ΝΕΩΚΟΡΩΝ. Galère prétorienne, avec une voile et des rameurs. ☐.
Vaill., l. c................ Æ.6.-R⁴.-F.o.-12 fr.

1201. Autre; ΝΙΚΟΜΗΔΕΩΝ. ΔΙC. ΝΕΩΚΟΡΩΝ. Serpent replié et la tête dressée. ☐... Æ.5.-R⁴.-F.o.-8 fr.
Vaill., l. c.

Elagabalus.

1202. .... Tête d'Élagabale.

Ŗ́. ΝΙΚΟΜΗΔΕΩΝ. ΔΙC. ΝΕΩΚΟΡΩΝ. Cérès
voilée assise, tenant de la main droite des épis, et de
la gauche une torche? ☐....... Æ.6.-R¹.-F.o.-3 fr.
Vaill., l. c. Sub Elagab.

1203. Autre; ΝΙΚΟΜΗΔΕΩΝ. ΔΙC. ΝΕΟΚΩΡΩΝ. La
Fortune vêtue de la *stola*, debout, tenant un gouvernail de la main droite, et une corne d'abondance de
la gauche? ☐............ Æ.6.-R¹.-F.o.-3 fr.
Vaill., l. c. Sub Elagab.

1204. .... Tête d'Élagabale.

Rʹ. NIKOMHΔEΩN. ΔIC. NEΩKOPΩN. ANTΩ-
NINIANA. Urne dans laquelle sont deux palmes. ◻.
Vaill., Num. gr. Sub Elag. (a)... Æ.6.-R³.-F.o.-9 fr.

1205. M: AYPH. ANTΩNEINOC. AYΓO. Tête laurée
d'Élagabale, à droite, avec le *paludamentum*.
     Rʹ. NIKOMHΔEΩN. TPIC. NEΩKOPΩN. Cérès
voilée, assise sur un siége à gauche, tenant des épis
de la m. d., et un flambeau de la g.. Æ.8.-R².-F.o.-6 fr.

1206. M. AYPH. ANTΩNINOΣ. AYΓOY. Même tête
laurée.
     Rʹ. NIKOMHΔEΩN. TPIC. NEΩKOPΩN. Trois
temples. ◻.*Mus. Theup., p.* 1012.Æ.9.-R².-F.o.-12 fr.

1207. M. AYPH. ANTΩNINOC. AYΓOY..... Même
tête, à droite, avec le *paludamentum*.
     Rʹ. ΔHMHTPIA. TPIC. NEΩKOPΩN. NIKOMH-
ΔEΩN. Trois temples, deux vus de côté, et dans celui
du milieu, vu de face, une figure debout. ◻. *Beger.
Thes. Brand., III, p.* 139...... Æ.8.-R³.-F.o.-9 fr.

1208. M. AYPH. ANTΩNEINOC. AYΓ. Même tête, à
droite, avec le *paludamentum*.
     Rʹ. ΔHMHTPIA. TPIC. NEΩKOPΩN. NIKOMH-
ΔEΩN. Même type. (b).........,. Æ.7.-R³.-F.o.-9 fr.

1209. M. AYPH. ANTΩNINOΣ. AYΓOYΣTOΣ. Même
tête.

____

(a) Nous regardons toutes les médailles que Vaillant cite
d'Élagabale avec le 2e néocorat comme étant de Caracalla.

(b) Cette médaille, déjà décrite à Caracalla, est ici à sa véri-
table place. *Voyez* t. II, p. 473. N° 347.

℞. ΝΙΚΟΜΗΔΕΩΝ. ΤΡΙΣ. ΝΕΩΚΟΡΩΝ.... Trois urnes, avec des palmes. ◻...... Æ.6.-R².-F.o.-6 fr.

Mus. Theup., p. 1012.

1210. M. ΑΥΡΗ. ΑΝΤΩΝΕΙΝΟC. ΑΥΤΟΥ. Tête laurée d'Élagabale.

℞. ΝΕΙΚΟΜΗΔΕΩΝ. ΤΡΙC. ΝΕΩΚΩΡΩΝ. Urne de laquelle s'élèvent deux palmes ; au bas se trouve écrit le mot : ΑΝΤΩΝΙΑ. ; et sur l'urne, on lit : ΔΗΜΗΡΤΡΙΑ. ◻............... Æ.9.-R⁴.-F.o.-30 fr.

Eckhel, Cat. Mus. Caes. Vindob., tom. I, p. 151. Nº 12.

Severus Alexander.

1211. M. ΑΥΡ. ΑΛΕΖΑΝΔΡΟC. ΑΥΤ. Tête laurée de Sévère Alexandre.

℞. ΝΙΚΟΜΗΔΕΩΝ. La Fortune debout, tenant de la main droite un gouvernail, et de la gauche une corne d'abondance. ◻.......... Æ.5.-R¹.-F.o.-3 fr.

Frœlich, 4 tent., p. 310.

1212. Autre ; ΝΙΚΟΜΗΔΕΩΝ. ΔΙΣ. ΝΕΩΚ. Pallas casquée debout, tenant de la main droite une patère, et de la gauche une haste ; au bas, un bouclier. ◻. *Mus. Theup., p.* 1028......... Æ.4.-C.-F o.-1 fr.

1213. M. ΑΥΡ. CΕΥΗ. ΑΛΕΖΑΝΔΡΟC. ΑΥΓ. Même tête laurée.

℞. ΝΙΚΟΜΗΔΕΩΝ. ΔΙC. ΝΕΩΚΟ. Diane vêtue de la *stola*, debout, agitant de ses deux mains un flambeau. ◻. .... Æ.6.-R¹.-F.o.-3 fr.

Eckhel, Cat. Mus. Caes. Vindob., t. I, p. 151. Nº 13.

1214. M. AYP. CEYH. ΛΛΕΖΑΝΔΡΟC. AYΓ. Tête
laurée de Sèvère Alexandre, à droite, avec le *paludamentum.*

℞. ΝΙΚΟΜΗΔΕΩΝ. ΔΙC. ΝΕΩΚΟΡΩΝ. Cérès
voilée, debout à gauche, tenant des épis de la main
dr., et un long flambeau de la g... Æ.6.-C.-F.o.-1 fr.

1215. Une autre qui est presque semblable à la précédente........................ Æ.5½.-C.-F.o.-1 fr.

1216. M. AYP. CEYH. ΛΛΕΞΑΝΔΡΟC. Même tête, à
droite, avec le *paludamentum.*

℞. ΝΙΚΟΜΗΔΕΩΝ. ΔΙC. ΝΕΩΚΟΡΩΝ. Victoire
marchant à droite, tenant une couronne de la main d.
et une palme de la g........... Æ.4.-R¹.-F.o.-2 fr.

1217. Autre; ΝΙΚΟΜΗΔΕΩΝ. ΔΙC. ΝΕΩΚ. La Fortune debout, avec ses attributs. ☐. Æ.5.-C.-F.o.-1 fr.

Cab. de M. Dert, à Paris.

1218. Autre; ΝΙΚΟΜΗΔΕΩΝ. ΔΙC. ΝΕΩΚΟΡΩΝ. La
Fortune deb. ☐. *Eckhel, l. c. Nº* 18. Æ.4.-C.-F.o.-1 fr.

1219. Autre; ΝΙΚΟΜΗΔΕΩΝ. ΔΙC. ΝΕΩΚΟΡΩΝ. Némésis debout, tenant une balance de la main droite,
et de la gauche une baguette; à ses pieds, une roue.
☐. *Eckhel, l. c. Nº* 19........... Æ.4.-R¹.-F.o.-2 fr.

1220. M. AYP. CEY. ΛΛΕΞΑΝΔΡΟC. AYΓ. Tête radiée
de Sévère Alexandre.

℞. ΝΙΚΟΜΗΔΕΩΝ. ΔΙC. ΝΕΩΚΟΡΩΝ. Femme à
demi nue debout, la main droite levée, et présentant
de la gauche des épis à un cygne qui s'approche. ☐.
Eckhel, M. C. Vind., I, 152. 21.. Æ.4.-R³.-F.o.-6 fr.

1221. . . . . Tête de Sévère Alexandre.

℞. ΝΙΚΟΜΗΔΕΩΝ. ΔΙC. ΝΕΩΚΟΡΩΝ. Femme
vêtue de la *stola*, debout, la main droite sur une
proue de vaisseau, et tenant de la gauche une haste
et un bouclier. ▢. . . . . Æ.6.-R¹.-F.o.-3 fr.
Vaill., Num. gr.

1222. Autre; ΝΙΚΟΜΗΔΕΩΝ. ΔΙC. ΝΕΩΚΟΡΩΝ.
Femme vêtue de la *stola*, debout, tenant une balance
de la main droite, et une corne d'abondance de la
gauche. ▢. *Vaill., l. c.* . . . . Æ.6.-C.-F.o.-1 fr.

1223. Autre; ΝΙΚΟΜΗΔΕΩΝ. ΔΙC. ΝΕΩΚΟΡΩΝ. Femme
assise sur des monts, sur lesquels elle appuie la m.
g.; elle tient de la d. des épis. ▢. Æ.6.-R¹.-F.o.-3 fr.
Vaill., l. c.

1224. M. ΑΥΡ. ΣΕΥΗ. ΑΛΕΞΑΝΔΡΟΣ. ΑΥΓ. Même tête
laurée.

℞. ΝΙΚΟΜΗΔΕΩΝ. ΔΙΣ. ΝΕΩΚΟ. . . . . Femme
debout, la main d. étendue, la g. . . . . ▢.
Mus. Theup., p. 1028 . . . . Æ.4.-C.-F.o.-1 fr.

1225. M. ΑΥΡ. CΕΥΕ. (*sic*) ΑΛΕΞ/ΝΔΟC. ΑΥΓ. Tête
laurée.

℞. ΝΙΚΟΜΗΔΕΩΝ. ΔΙC. ΝΕΩΚΟΡΩΝ. Femme
debout, tenant dans chaque main élevée un temple.
▢. *Eckhel, Num. vet., p.* 189 . . . . Æ.4.-R¹.-F.o.-2 fr.

1226. Autre, presq. sembl. (*moulée*) Æ.6.

1227. M. ΑΥΡ. CΕΥ. ΑΛΕΞΑΝΔΡΟC. ΑΥΓ. Tête radiée
de Sévère Alexandre, à droite, avec le *paludamentum*.

℞. ΝΙΚΟΜΗΔΕΩΝ. ΔΙC. ΝΕΩΚΟΡΩΝ. Femme
assise sur un siége à gauche, vêtue de la *stola*, le

modius sur la tête; elle porte une patère dans la main droite, et une corne d'abondance dans la main gauche . . . . Æ.6.-C.-F.o.-1 fr.

1228. M. ΑΥΡ. CΕΥ. ΑΛΕΞΑΝΔΡΟC. ΑΥΓ. Tête radiée de Sévère Alexandre, à droite, avec le *paludamentum*.

℞. ΝΙΚΟΜΗΔΕΩΝ. ΔΙC. ΝΕ. Aigle éployé à g. sur un autel, autour duquel est un serpent; sur l'autel, ΘΕΑ. ΥΓΕΙΑ. (*ut videtur*). ⬜. Æ.5.-R⁶.-F.o.-18 fr.

Sestini, Descriz. dell. Med. ant. del Mus. Hederv., t. II, p. 70. Nᵒ 52. C. M. H. Nᵒ 4599.

1229. Autre; ΝΙΚΟΜΗΔΕΩΝ. ΔΙC. ΝΕΩΚΟΡΩΝ. Autel allumé devant lequel est un serpent; au-dessus, un aigle, tenant dans ses serres un bâton. ⬜. *Vaill.*, *Num. gr* . . . . Æ.5.-R².-F.o-4 fr.

1230. Autre; ΝΙΚΟΜΗΔΕΩΝ. ΔΙC. ΝΕΩΚΟΡΩΝ. Tête de taureau placé sur un cippe; devant, un serpent. ⬜. *Vaill.*, *l. c* . . . . Æ.6.-R².-F.o.-6 fr.

1231. Autre; ΝΙΚΟΜΗΔΕΩΝ. ΔΙC. ΝΕΩΚΟΡΩΝ. Trois enseignes militaires. ⬜ . . . . . . Æ.5.-C.-F.o.-1 fr.

Vaill., loc. cit.

1232. M. ΑΥΡ. CΕΥΗ. ΑΛΕΞΑΝΔΡΟC. ΑΥΓ. Même tête laurée, à droite, sans le *paludamentum*.

℞. ΝΙΚΟΜΗΔΕΩΝ. ΔΙC. ΝΕΩΚ. Trois enseignes militaires. Æ.4.-C.-F.o.-1 fr.

1233. Même légende. Même tête radiée, avec le *paludamentum*.

℞. ΝΙΚΟΜΗΔΕΩΝ. ΔΙC. ΝΕΩΚ. Trois enseignes militaires . . . . Æ.4.-C.-F.o.-1 fr.

1234. M. ΑΥΓ. CEYH. ΑΛΕΖΑΝΔΡΟC. ΑΥΓ. Tête laurée de Sévère Alexandre, à droite, sans le *paludamentum*.

R̶. ΝΙΚΟΜΗΔΕΩΝ. ΔΙC. ΝΕΩΚΟ. Enseigne militaire entre deux autres, surmontées du capricorne ◻.
Eckh., Cat. m. C. Vind., I. 152. 14. Æ.4.-C.-F.o.-1 fr.

1235. Autre; la tête radiée et la même légende, avec
une aigle romaine entre deux enseignes militaires. ◻.
Eckhel, l. c. Nᵒ 15 . . . . Æ.4.-C.-F.o.-1 fr.

1236. M. ΑΥΓ. CEYH. ΑΛΕΖΑΝΔΡΟC. C. Tête laurée,
à droite, avec le *paludamentum*.

R̶. ΝΙΚΟΜΗΔΕΩΝ. ΔΙC. ΝΕΩΚΟΡΩΝ. Temple
octostyle . . . . Æ.5½.-R².-F.o.-4 fr.

1237. Autre; ΝΙΚΟΜΗΔΕΩΝ ΔΙC. ΝΕΩ. Temple à cinq
colonnes. ◻.*Gessn., et Mus. Pfau.* Æ.6.-R¹.-F.o.-3 fr.

1238. Autre; ΝΙΚΟΜΗΔΕΩΝ. ΔΙC. ΝΕΟΚ. (*sic*).
Temple à neuf colonnes. ◻.*Arig.,I. Urb.gr.Impp. al*
Tab. XII. Fig. 191 . . . . Æ.5.-R¹.-F.o.-2 fr.

1239. M. ΑΥΡ. CEYH. ΑΛΕΖΑΝΔΡΟC. ΑΥΓ. Même
tête laurée.

R̶. ΝΙΚΟΜΗΔΕΩΝ. ΤΡΙC. ΝΕΩΚΟΡΩΝ. Æsculape
debout, la main droite appuyée sur son bâton enveloppé par un serpent. ◻. . . . . Æ.5.-R².-F.o.-4 fr.
Eckhel, Cat. Mus. Caes. Vindob., t. I, p. 152. Nᵒ 22.

1240. M. ΑΥΡ. CE. ΑΛΕΖΑΝΔΡΟC. ΑΥ. Même tête
laurée.

R̶. ΝΙΚΟΜΗΔΕΩΝ. ΤΡΙC. ΝΕΩΚΟΡΩΝ. Némésis
debout, tenant de la main droite une balance, et de
la gauche un fouet. ◻. . . . . Æ.5.-R².-F.o.-4 fr
Eckhel, l. c. Nᵒ 26.

Tome V. Supp.   O

1241. M. AYP. CEYH. AΛEZANΔPOC. C. Tête laurée
de Sévère Alexandre, à droite.

℞. NIKOMHΔEΩN. TPIC. NEΩKOPΩN. Némésis
debout, vêtue de la *stola*, tenant de la m. dr. des épis
ou une fronde, et de la gauche un sceptre; à ses pieds,
une roue.................... Æ.5.-R².-F.o.-4 fr.

1242. M. AYP. ΣE. AΛEΞANΔPOΣ. AY. Même tête
laurée.

℞. NIKOMHΔEΩN. TPIΣ. NEΩKO. Femme de-
bout, faisant manger de la main droite un serpent. ☐.
M. Theup., p. 1028.......... Æ.4.-R².-F.o.-4 fr.

1243. Autre; NIKOMHΔEΩN. TPIC. NEΩKOPΩN.
Femme debout, tenant un flambeau ardent. ☐.
*Mus. Arig., tom. II, Urb. gr. Impp. Tab. XXVIII.
Fig.* 399................... Æ.6.-R¹.-F.o.-3 fr.

1244. M. AYP. CEYH. AΛEΞANΔPOC. AYT. Même
tête laurée.

℞. NIKOMHΔEΩN. TPIC. NEΩKOPΩN. Homme
à demi nu, le pied gauche posé sur une prouc de
vaisseau, et tenant un rameau dans la main droite
levée. ☐. *Sestini, Descr.,* 265. 18. Æ.6.-R¹.-F.o.-3 fr.

1245. Autre; NIKOMHΔEΩN. TPIC. NEΩKOPΩN. La
Fortune debout. ☐............. Æ.6.-R¹.-F.o.-3 fr.
Eckhel, Cat. Mns. Caes. Vindob., t. I, p. 152. N° 23.

1246. NIKOMHΔEΩN. TPIC. NEΩKOPΩN. Femme
assise sur des rochers. ☐....... Æ.6.-R¹.-F.o.-3 fr.
Eckhel, l. c. N° 24

1247. Autre; femme vêtue se retournant, tenant de la
main gauche une haste transversale, et désignant
quelque chose en même temps de la main droite; le

pied g. heurtant un vaisseau.. ▢. Æ.6.-R¹.-F.o.-3 fr.

Christ. Ramus., Cat. num. vet. reg. Daniæ, t. I,
p. 207. N° 22.

1248. Tête laurée de Sévère
Alexandre. ·

R̸. ΠΡΩΤ. ΠΟΝΤ. ΚΑΙ. ΒΙΘΥ. ΝΙΚΟΜΗΔΕ.
Cérès assise sur un rocher, tenant de la main droite
des épis, et de la gauche un flambeau. ▢. *Arig.*, *IV.*
N° 56. Tab. XV. . . . . Æ.6.-R⁴.-F.o.-12 fr.

Severus Alexander et Mamaea.

1249. ΑΥΓ. Κ. Μ. Α̅Υ̅Ρ. ϹΕΥΗ. ΑΛΕΞΑΝΔΡΟϹ. Tête
laurée, à droite, avec le *paludamentum.*

R̸. ΝΙΚΟΜΗΔΕΩΝ. ΔΙϹ. ΝΕΩΚ. Tête voilée et
diodémée de Mamée, à droite. . . Æ.4.-R⁵.-F.o.-15 fr.

1250. Autre; devant la tête voilée, trois épis. ▢. *Sestini,
Descr., p.* 261. *N°* 16 . . . . Æ.4.-R⁵.-F.o.-15 fr.

Mamaea.

1251. ΙΟΥ. ΜΑΜΑΕΑ. ϹΕΒΑϹΤΗ. Tête de Mamée.
R̸. ΝΙΚΟΜΗΔΕΩΝ. ΔΙϹ. ΝΕΩΚΟ. Tête de femme
tourrelée. ▢. . . . . Æ.6.-R⁴.-F.o.-12 fr.

Mus. Arig., t. IV. N.º 56. T. 15. 56.

1252. ΙΟΥΛΙΑ ΜΑΜΑΙΑ. ΑΥΓ. Tête de Mamée.
R̸. ΝΙΚΟΜΗΔΕΩΝ. ΔΙϹ. ΝΕΩΚΟΡΩΝ. Pallas casquée debout. tenant de la main droite une patère, et
de la gauche une haste. ▢. . . . . . Æ.6.-R³.-F.o.-9 fr.

Mus. Theup., p. 1034.

Maximinus.

1253. Γ. ΙΟΥ. ΟΥΗ. ΜΑΖΙΜΕΙΝΟϹ. ΑΥΓ. Tête laurée
O *

de Maximin, tournée vers la droite, avec le *paludamentum.*

℞. NIKOMHΔEΩN. ΔIC. NEΩKOPΩN. Bacchus nu
debout, tenant le *cantharum* de la main droite, et son
thyrse de la gauche............ Æ.5½.-R².-F.o.-6 fr.

1254. ...... OYH. MAZIMEINOC. AYΓ. Tête laurée
de Maximin.

℞. NIKOMHΔEΩN. ΔIC. NEΩKOPΩN. Cérès de-
bout, vêtue de la *stola,* et voilée, à gauche, tenant
des épis de la main droite, et un flambeau de la
gauche..................... Æ.6.-R².-F.o.-6 fr.

1255. ...... OYH. MAZIMEINOC. AYΓ. Même tête
laurée.

℞. NIKOMHΔEΩN. ΔIC. NEΩKOPΩN. Cérès
assise, tenant deux épis de la main droite, et de la
gauche un flambeau. ▢........ Æ.6.-R².-F.o.-6 fr.
Mus. Arig., t. II. Gr. urb. Impp. Tab. XXIX. Fig. 408;
et Sestini, Descr., p. 265. N° 19.

1256. IOY. OYH. MAZIMEINOC....... Même tête.
℞. NIKOMHΔEΩN. ΔIC. NEΩKOPΩ (*sic*). Femme
tourrelée assise, tenant une urne de la main droite,
la main gauche appuyée sur son siége; à ses pieds,
s'élance un serpent. ▢. *Beger. Thes. Brand., II,* 718.
Fig. 4..................... Æ.6.-R¹.-F.o.-3 fr.

1257. Autre; NIKOMHΔEΩN. ΔIC. NEΩKOPΩN.
Femme debout, vêtue de la *stola,* à gauche, tenant
de la main droite une patère, et de la gauche une
corne d'abondance........... Æ.6.-R¹.-F.o.-3 fr.

1258. Γ. IOY. OYH. MAZIMEINOC. AYΓ. Tête radiée
de Maximin.

R̶. NIKOMHΔEΩN. ΔIC. NEΩKOPΩN. Temple
octostyle.▢. *Mus. Theup.*, 1036.. Æ.6.-R².-F.o.-6 fr.

1259. .... Tête radiée de
Maximin.

R̶. NIKOMHΔEΩN. ΔIC. NEΩKOPΩN. Temple
octostyle dans lequel sont deux petites figures, et un
vase au milieu. ▢............ Æ.5.-R².-F.o.-4 fr.
                                          Vaill., Num. gr.

·1260. Autre; NIK̄OMHΔEΩN. ΔIC. .... KOPΩN.
Temple octostyle............ Æ.6.-R².-F.o.-6 fr.

Maximus.

1261. Γ... OYH. MAZIMOC. K. Tête nue de Maxime,
à droite, avec le *paludamentum*.

R̶. NIKOMHΔEΩN. ΔIC. NEΩKOPΩN. L'Amour,
les ailes éployées, fuyant à g., les bras étendus, et se
retournant vers Psyché prosternée, un genou en terre,
et caractérisée par des ailes de papillon derrière le
dos. ℞. *Pl* 1. *N°* 3.......... Æ.6½.-R⁷.-F.o.-50 fr.

1262. Γ. IOY. OYH. MAΞIMOC. KA. Même tête nue,
à droite, avec le *paludamentum*.

R̶. NIKOMHΔEΩN. ΔIC. NEOKOP..... L'Équité
debout, vêtue de la *stola*, tenant une balance de la
main droite, et une corne d'abondance de la main
gauche....................... Æ.6.-R³.-F.o.-9 fr.

1263. .... Tête de Maxime.

R̶. NIKOMHΔEΩN. ΔIC. NEΩKOPΩN. Femme
assise, tenant de la main droite une patère. ▢. *Vaill.*,
l. c......................... Æ.6.-R³.-F.o.-9 fr.

1264. Γ. ΙΟΥ. ΟΥΗ. ΜΑΞΙΜΟC. ΚΑICΑ. Tête nue de
Maxime, à droite, avec le *paludamentum.*
    ℟. ΝΙΚΟΜΗΔ... ΔΙC. ΝΕΩΚΟΡΩΝ. Temple oc-
tostyle....................Æ.6.-R³.-F.o.-9 fr.

1265. Autre presque semblable.... Æ.6.-R³.-F.o.-9 fr.

Gordianus Pius.

1266. .... Tête de Gordien-le-Pieux.
    ℟. ΝΙΚΟΜΗΔΕΩΝ. ΔΙC. ΝΕΩΚΟΡΩΝ. Jupiter
assis, tenant un foudre de la main droite, et une
haste de la gauche. ◻......... Æ 6.-R².-F.o.-6 fr.
    Mus. Arig. , I. Urb. gr. Impp. Tab. XII. Fig. 180.

1267. M. ΑΝΤ. ΓΟΡΔΙΑΝΟC. ΑΥΤ. Même tête laurée.
    ℟. ΝΙΚΟΜΗΔΕΩΝ. ΔΙC. ΝΕΩΚΟΡΩΝ. Deux
temples. ◻. *Mus. Theup., p.* 1049. Æ.9.-R⁵.-F.o.-18 fr.

1268. Autre; ΝΙΚΟΜΗΔΕΩΝ. Deux temples octostyles.
◻. *Vaill., Num. gr*.......... Æ.9.-R³.-F.o.-18 fr.

Tranquillina.

1269. ΣΑΒΕΙΝΙΑ. ΤΡΑΝΚΥΛΛΕΙ.... Tête de Tranquilline.
    ℟. ΝΙΚΟΜΗΔΕΩΝ. ΔΙΣ. ΝΕΩΚΟΡΩΝ. Cérès de-
bout, tenant de la main droite des épis, et de la g.
une torche. ◻. *M. Theup. p,* 1059. Æ.6.-R⁶.-F.o.-40 fr

1270. Autre, presq. sembl. *Vaill.* ◻. Æ.4.-R⁶.-F.o.-18 fr.

    ℟. ΝΙΚΟΜΗΔΕΩΝ. ΔΙΣ. ΝΕΩΚΟΡΩΝ. Serpent à
tête humaine, dressé sur plusieurs replis. ◻. *Patin,*
Impp., p. 379,............ Æ.6.-R⁶.-F.o.-40 fr.

1271. Autre; ΝΙΚΟΜΗΔΕΩΝ *Tantum.* Type de Cérès.
Ut suprà. ◻. *Vaill., l. c.* ...... Æ.4.-R⁶.-F.o.-18 fr.

Philippus Senior.

1272. . . . . , ... Tête de Philippe le père.

R᷃. ΝΙΚΟΜΗΔΕΩΝ. ΔΙΣ. ΝΕΩΚΟΡΩΝ. Cérès debout, tenant de la main droite des épis, et de la g. un flambeau. ▢. *Vaill., N. gr..* Æ.6.-R⁴.-F.o.-12 fr.

1273. Autre; ΝΙΚΟΜΗΔΕΩΝ. ΔΙΣ. ΝΕΩΚΟΡΩΝ. Temple octostyle, à l'entrée duquel est un aigle et un autre animal. ▢. *Vaill., l. c.....* Æ.9.-R⁴.-F.o.-12 fr.

Otacilia.

1274. M. ΩΤΑΚΙΛΛΙΑ. (*sic*) ΣΕΥΗΡΆ. ΑΥΓΟΥΣΤΆ. Tête d'Otacilia.

R᷃. ΝΕΙΚΟΜΗΔ͞ΕΩΝ. ΔΙΣ. ΝΕΘΚΟΡωΝ. (*sic*) Tête radiée de Philippe le fils, avec le *páludamentum;* devant, la tête de Sérapis, avec le *modius* et le *pallium.* ▢. *Sestini, Descriz. dell. Med. ant. del Mus. Hederv.,* t. *II, p.* 70. *N°*56. *C.M.H.N°*4605. Æ.7.-R⁴.-F.o.-12 fr.

1275. Autre; ΝΙΚΟΜΗΔΕΩΝ. ΔΙΣ. ΝΕΩΚΟΡΩΝ. La Fortune debout, avec un gouvernail. ▢. *Vaillant, l. c........................* Æ.6.-R².-F.o.-6 fr.

Philippus Junior.

1276. ΑΥΤ... ΦΙΛΙΠΠΟΣ. ΚΑΙΣΑΡ. Tête nue de Philippe.

R᷃. ΝΙΚΟΜ͞ΗΔΕΩΝ. ΔΙΣ. ΝΕΩΚΟΡ. Cérès assise, tenant de la main droite des épis, et de la g. un flambeau ardent. ▢.............. Æ.6.-R³.-F.o.-9 fr. Beger, Th. Br., t. II, p. 732. F. 2.

1277. Autre; ΝΙΚΟΜΗΔΕΩΝ. ΔΙΣ. ΝΕΩΚΟΡΩΝ. Cérès

vêtue d'une tunique, debout, tenant des épis de la
main droite, et un long flambeau de la gauche. ☐.
Vaill., Num. gr. . . . . Æ.6.-R³.-F.o.-9 fr.

1278. . . . . Tête de Philippe.

℞. ΝΙΚΟΜΗΔΕΩΝ. ΔΙC. ΝΕΩΚΟΡΩΝ. Femme
debout, vêtue de la *stola,* tenant une corne d'abondance de la main droite, et une haste de la gauche.
☐. *Vaill., l. c.* . . . . Æ.6.-R³.-F.o.-9 fr.

1279. Autre; ΝΙΚΟΜΗΔΕΩΝ. ΔΙC. ΝΕΩΚΟΡΩΝ. Pluton assis, tenant de la main droite une patère; à ses
pieds, Cerbère. ☐. *Vaill., l. c.* . . . Æ.6.-R⁴.-F.o.-12 fr.

1280. M. ΙΟΥΛΙ. ΦΙΛΙΠΠΟC. Même tête nue, à droite,
avec le *paludamentum.*

℞. . . . . .ΔΕΩΝ. . . . Temple hexast. Æ.5.-R³.-F.o.-6 fr.

1281. Autre; ΝΙΚΟΜΗΔΕΩΝ. ΔΙC. ΝΕΩΚΟΡΩΝ. Trirême à la voile, avec des rameurs. ☐.Æ.6.-R³.-F.o.-9 fr.

Vaillant, l. c.

1282. Autre; au-dessus de la trirême, deux urnes avec
des palmes. ☐. *Vaill., l. c.* . . . . . . Æ.6.-R³.-F.o.-9 fr.

Trajanus Decius.

1283. ΑΥ. ΚΑΙ. ΤΡΑΙΑΝ. ΔΕΚΙΟC. ΑΥΓ. ΣΕ. Tête radiée de Trajan Dèce, à droite, avec le *paludamentum.*

℞. ΝΙΚΟΜΗΔΕΩΝ. ΔΙΣ. ΝΕΩΚΟΡΩΝ. Pallas debout, à gauche, tenant de la main droite une patère,
et de la gauche une lance; à ses pieds, un bouclier;
dans le champ, Γ. . . . . Æ.6.-R¹.-F.o.-3 fr.

1284. . . . . .ΙΑΝ. ΤΡΑΙΑΝ. ΔΕΚΙΟC. ΑΥΓ. ΣΕΒ. Tête
radiée; dessus, une lettre en contre-marque.

℞. ΝΙΚΟΜΗΔΕΩΝ. ΔΙC. ΝΕΩΚΟΡΩ. . . Cérès de

bout à gauche, tenant des épis de la main droite, et
une torche de la gauche. Γ...... Æ.6.-R¹.-F.o.-3 fr.

1285. ΑΥΤ. ΚΑΙ. ΤΡΑΙΑΝ. ΔΕΚΙΟΣ. ΑΥΓ. ΣΕΒΑ. Tête
radiée de Trajan Dèce.

R'. ΝΙΚΟΜΗΔΕΩΝ. ΔΙΣ. ΝΕΩΚΟΡΩΝ. Cérès de-
bout, tenant de la main droite des épis, et de la g. un
long flambeau. ◻. .... Æ.5.-R¹.-F.o.-2 fr.
Mus. Theup., p. 1073.

1286. Autre presque semblable, mais la tête laurée. ◻.
Band., I, p. 26.............. Æ.5.-R¹.-F.o.-2 fr.

1287. ΑΥ. ΚΑ. ΤΡΑΙΑΝ. ΔΕΚΙΟC. ΑΥ. CE. Tête radiée,
avec le *paludamentum.*

R'. ΝΙΚΟΜΗΔΕΩΝ. ΔΙC. ΝΕΩΚ. Femme assise sur
des rochers, portant un temple sur la main droite, et
un autre sur la gauche; à droite, dans le champ, Γ.
◻. *Band, I, p. 21*............ Æ.6.-R¹.-F.o.-3 fr.

1288. Autre; ΝΙΚΟΜΗΔΕΩΝ. ΔΙC. ΝΕΩΚ. Même type,
sans la lettre Γ. ◻. *Vaill., N. gr.*. Æ.6.-R¹.-F.o.-3 fr.

Trebonianus Gallus.

1289. Γ. ΒΙ. ΤΕΡΒΟ. (*sic*). ΓΑΛΛΟC. ΑΥ. Tête radiée de
Trébonien Galle, avec le *paludamentum* sur les
épaules.

R'. ΝΙΚΟ..... ΔΙC. ΝΕΩΚΟ. Apollon debout,
tenant de la main droite le *plectrum*, et la gauche sur
une lyre placée sur un trépied enveloppé par un serpent; dans le champ, à g., Γ. ◻.. Æ.5.-R³.-F.o.-6 fr.
Band., t. I, p. 76.

1290. ΥΙΒΙ. ΤΕΡΒΩ. (*sic*) ΓΑΛΛΟC. ΑΥΓ. Même tête
radiée, à droite, avec le *paludamentum.*

℞. ΝΙΚΟΜΗΔΕΩ. ΔΙΕ. ΝΕΩΚΟΡΩ... La Fortune debout, vêtue de la *stola*, et le *modius* en tête; tenant un gouvernail de la m. dr., et une corne d'abond. de la g., dans le champ, Γ...... Æ.5.-R.³.-F.o.-6 fr.

1291. Γ. ΒΙ. ΤΕΡ. (*sic*) ΓΑΛΛΟC. ΑΥ. Tête radiée de Trébonien, la main droite armée d'une haste, et un bouclier au bras gauche.

℞. ΝΙΚΟΜΗΔΕΩΝ. ΔΙC. ΝΕΩΚΟΡΩΝ. Cavalier courant, la main droite armée d'une haste. ◻. *Arigi, I, Impp., al Tab. XIV. Fig.* 213... Æ.6.-R⁴.-F.o.-12 fr.

Valerianus Senior.

1292. .... Tête de Valérien.

℞. ΝΙΚΟΜΗΔΕΩΝ. ΔΙC. ΝΕΩΚΟΡΩΝ. L'empereur en *paludamentum*, à cheval, courant, armé d'une haste. ◻. *Band., I, p.* 125; *et Vaill.*. Æ.9.-R².-F.o.-6 fr.

1293. Autre; ΕΠΙ. CΤΡ. ΒΡΜΟΛΑΟΥ. ΝΙΚΟΜΗΔΕΩΝ. La Fortune debout, avec ses attributs, dans un temple tétrastyle. ◻. *Band, l. c. et Vaill.*. Æ.9.-R².-F.o.-12 fr.

Valerianus Senior, Gallienus et Valerianus Junior.

1294. ΑΥΤ. ΟΥΑΛΕΡΙΑΝΟC. ΓΑΛΛΙΗΝΟC. ΟΥΑΛΕΡΙΑΝΟC. ΚΑΙΛΑ. CΕΒΒΒ. Têtes radiées en regard de Valérien père et de Gallien; au milieu, celle de Valérien jeune laurée.

℞. ΝΙΚΟΜΗΔΕΩΝ. ΤΡΙC. ΝΕΩΚΟΡΩΝ. Deux temples vus de côté; au milieu, un autel allumé, avec un serpent; au-dessus, un troisième temple, avec une figure debout au milieu...... Æ.6½.-R⁴.-F.o.-20 fr.

1295. ΑΥΤ. ΟΥΛΕΡΙΑΝΟC. ΓΑΛΛΙΗΝΟC. CEBBB.
Mêmes têtes laurées.

℞. ΝΙΚΟΜΗΔΕΩΝ. ΤΡΙC. ΝΕΩΚΟΡΩΝ. Deux
temples vus de côté; au milieu, un autel allumé, avec
un serpent; au-dessus, un troisième temple, avec une
figure debout au milieu. . . . . . Æ.6$\frac{1}{2}$.-R⁴.-F.o.-20 fr.

1296. ΑΥΤ. ΟΥΑΛΕΡΙΑΝΟΣ. ΓΑΛΛΙΗΝΟΣ. ΟΥΑΛΕ-
ΡΙΑΝΟΣ. ΚΑΙΣΑ., en quatre lignes; dessous, les
têtes en regard de Valérien père et de Gallien, l'une
et l'autre radiées; au milieu, celle de Valérien jeune,
toutes trois avec le *paludamentum;* dessous, ΣΕΒΒΑ.

℞. ΝΙΚΟΜΗΔΕΩΝ. ΤΡΙC. ΝΕΩΚΟΡΩΝ. Trois
urnes des jeux, avec des palmes. Æ.6$\frac{1}{2}$.-R³.-F.o.-9 fr.

1297. ΑΥΤ. ΟΥΑΛΕΡΙΑΝΟΣ. ΓΑΛΛΙΗΝΟΣ. ΟΥΑΛΕ-
ΡΙΑΝΟΣ. ΚΑΙΣΑΡ. Têtes radiées en regard de Valérien père et de Gallien; au milieu, la tête nue de
Valérien jeune, à droite; toutes trois avec le *paludamentum;* au-dessus, ΣΕΒΒΒ.

℞. ΝΙΚΟΜΗΔΕΩΝ. ΤΡΙΣ. ΝΕΩΚΟΡΩΝ. Trois
urnes des jeux, avec des palmes. Æ.6.-R³.-F.o.-9 fr.

1298. Autre presque semblable, mais les têtes de Valérien et de Gallien sont laurées. . . . Æ.6.-R³.-F.o.-9 fr.

Valerianus Senior et Gallienus.

1299. ΑΥΤ. ΟΥΑΛΕΡΙΑΝΟC. ΓΑΛΛΗΝΟΣ. (*sic*). CEBB.
Têtes radiées et affrontées de Valérien père et de Gallien, avec le *paludamentum.*

℞. ΝΙΚΟΜΗΔΕΩΝ. ΤΡΙΣ. ΝΕΩΚΟΡΩΝ. Deux
temples vus de côté, et un de face au milieu; dessous,
une galère, avec des rameurs. . . . Æ.7.-R⁴.-F.o.-12 fr.

1300. Têtes opposées de Valérien et de Gallien.

℞. NIKOMHΔEΩN. TPIC. NEΩKOPΩN. Trois
urnes avec des palmes. ☐. . . . . . . Æ.6.-R⁴.-F.o.-12 fr.
                              Vaill., Num. gr.

1301. Têtes opposées de Valérien et de Gallien.

℞. NIKOMHΔEΩN. TPIC. NEΩKOPΩN. Trois
temples hexastyles; dans celui du milieu, une petite
figure debout; dans les deux autres, deux autels. ☐.
Vaill., l. c. . . . . Æ.9.-R³.-F.o.-18 fr.

Gallienus.

1302. . . . . Tête de Gallien.

℞. NIKOMHΔEΩN. Trirème, avec des rameurs. ☐.
Vaill., l. c. . . . . Æ.6.-R³.-F.o.-9 fr.

1303. Autre; NIKOMHΔEΩN. ΔIC. NEΩKOPΩN. L'empereur à cheval, en course, tenant une haste inclinée.
☐. *Band, I, p.* 194 *et Vaill*. . . . Æ.8.-R⁴.-F.o -12 fr.

1304. ΠΟ. ΛΙ. ЄPN. ΓΑΛΛΙΗΝΟC. Tête laurée de
Gallien.

℞. NIKOMHΔÉΩN. TPIC. NEΩKOPΩN. Trois urnes
des jeux, avec des palmes. ☐. *Eckhel, Cat. Mus. Caes.
Vindob., I, p.* 152. *N°* 27. . . . Æ.5 ou 6.-R⁴¦-F.o.-8 fr.

1305. ΠΟ. ΛΙ. EPN. ΓΑΛΛΙΗΝΟΣ. AYT. Tête radiée
de Gallien, avec le *paludamentum*; dessus, une contre-
marque.

℞. NIKOMHΔEΩ. TPIΣ. NEΩKOPΩN. Trois urnes
des jeux, avec des palmes. . . . . . Æ.6.-R⁴.-F.o.-12 fr.

1306. Autre, sans la contre-marque. Æ.6.-R⁴.-F.o.-12 fr.

Salonina

1307. KOPN. ΣΑΛΩNEINA. Tête de Salonine.

℞. NIKOMHΔEΩN. TPIΣ. NEΩKOPΩN. Femme

debout, tenant de la main droite probablement des épis, et de la gauche un long flambeau (Cérès). ▢. *Mus. Theup., p.* 1091......... Æ.5.-R⁴.-F.o.-8 fr.

1308. .... Tête de Salonine.

℟. NIKOMHΔEΩN. TPIC. NEΩKOPΩN. Isis-*Pha-ria,* tenant de chaque main une voile, et dans l'une d'elles le sistre. ▢. *Vaill., N. gr.* (*a*) Æ.5.-R⁴.-F.o.-8 fr.

1309. KOPN. ΕΑΛΩNEINA. ΣΕΒ. Même tête.

℟. NIK.....ΔEΩN. La Fortune dans un temple tétrastyle; à l'exergue, un serpent. Æ.6.-R³.-F.o,-9 fr.

(*a*) Patin et Banduri ont rapporté des médailles à peu près semblables, avec B. NEΩKOPΩN. et Γ. NEΩKOPΩN.

PRVSIA, *ad Olympum*, BRUSÀ.

(Ère de la ville, 457 de la fondation de Rome, 297 avant J.-C.)

Voyez *dans la Descript.*, *tom. II*, *pag.* 479 *et suivantes, les
  Médailles* AUTONOMES *grecques en bronze, et les* IMPÉRIALES
  grecques en bronze de

Trajan.	Macrin.	Gordien-le-Pieux.
Sabine.	Élagabale.	Tranquilline.
M. Aurèle.	Diaduménien.	Philippe père.
L. Vérus.	Paula.	Otacilia.
Commode.	Sévère Alexandre.	Philippe fils.
Pertinax.	Orbiana.	Étruscille.
Sept. Sévère.	Mamée.	Trébonien Galle.
J. Domna.	Pupien.	Salonine.
Caracalla.	Maximin.	
Géta.	Maxime.	

SUPPLÉMENT.

1310. ΠΡΟΥΣΑ. Tête de femme voilée et tourrelée.
  R'. ΠΡΟΥΣΑΕΩΝ. Diane d'Éphèse, avec ses broches
  et des cerfs. ☐............... Æ.4.-R⁶.-F.o.-18 fr.
  Sestini, Lett. num. Continuaz., t. VII, p. 62. Nº 1.

1311. ΠΡΟΥΣΑ. Tête de femme voilée et tourrelée.
  R'. ΠΡΟΥΣΑΕΩΝ. Vénus *Pelagia* debout, vue de
  face; à ses pieds, de chaque côté, un cheval marin.
  ☐.Sestini, Lett. num., IV, 105. 1. Æ.4.-R⁶.-F.o.-18 fr.

1312. ΠΡΟΥΣΑ. Tête de femme voilée et tourrelée.
  R'. ΠΡΟΥΣΑΕΩΝ. La Victoire nue, ailée, la main
  gauche appuyée sur une colonne, et une branche dans
  la gauche. ☐................. Æ.4.-R⁶.-F.o.-18 fr.
  Sestini, Lett. num., t. IV, p. 105. Nº 2.

1313. Tête barbue d'Hercule.

Rʹ. ΠΡΟΥCΑΕΩΝ. Mercure debout, tenant une bourse de la main droite, et un caducée de la gauche. □. *Sestini, l. c. Nº* 3 . . . . Æ.4.-R⁶.-F.o.-18 fr.

1314. ΠΡΟΥΣΑΕΩΝ. Tête de Bacchus, couronnée de lierre; dessous, la date, ΔΚΣ. (224).

Rʹ. ΕΠΙ. ΓΑΙΟΥ. ΠΑΠΙΡΙΟΥ. ΚΑΡΒΩΝΟΣ. Rome assise sur des armes, à gauche, tenant de la main dr. une petite Victoire, et de la gauche une haste; au bas, ΡΩΜΗ. □.*Sestini, Desc.*, 265, 1.Æ.5½.-R⁶.-F.o.-24 fr.

Nero.

1315. ΝΕΡΩΝ. ΚΛΑΥΔΙΟΣ. ΚΑΙΣΑΡ. ΣΕΒΑΣΤΟΣ. Tête radiée de Néron.

Rʹ. ΠΡΟΥ, ΣΑΕΩΝ, en deux lignes, dans une couronne de laurier. □ . . . . Æ.5½.-R⁴.-F.o.-12 fr. Sestini, Lett. num. Continuaz., t. VII, p. 62. Nº 2.

Trajanus.

1316. ΑΥ. ΝΕΡ. ΤΡΑΙΑΝΟC. C... Tête laurée de Trajan, à droite.

Rʹ. ΠΡΟΥCΑΕΩΝ. Diane *Lucifera*, vêtue d'une longue robe, marchant à gauche; tenant dans chaque main un flambeau . . . . Æ.5.-R⁵.-F.o.-15 fr.

1317. . . . . . . ΤΡΑΙΑΝΟC . . . . . . Tête laurée.

Rʹ. ΠΡΟΥCΑΕΩΝ. Victoire marchant, tenant de la main droite une couronne de laurier, et de la gauche une palme. □ . . . . Æ.5.-R⁵.-F.o.-15 fr. Sestini, Desc., p. 266. Nº 5.

1318. ΑΥ. ΝΕΡ. ΤΡΑΙΑΝ. Κ. C. Γ. Δ. Tête laurée.

Rʹ. ΠΡΟΥCΑ. Andromède nue, les mains attachées

à un rocher; à ses pieds, un cheval marin. ☐. *Beger,*
Thes. Brand., II, 643. . . . . . . Æ.6.-R⁵.-F.o.-30 fr.

1319. . . . . Tête de Trajan.

R⁄. ΠΡΟΥCΑΕΩΝ. Femme vêtue d'une tunique, assise sur un lion couché; ses deux mains sur sa tête.
☐. *Vaill., Num. gr.* . . . . Æ.9.-R⁴.-F.o.-20 fr.

1320. Autre; ΠΡΟΥCΑΕΩΝ. Femme couchée, tenant
un rameau de la main gauche; devant elle, un arbre.
☐. *Vaill., l. c.* . . . . Æ.6.-R⁴.-F.o.-12 fr.

1321. Autre; ΠΡΟΥCΑΕΩΝ. Femme assise, tenant de
la main droite un rameau; à ses pieds, un autre rameau. ☐. *Vaill., c. l.* . . . . Æ.6.-R⁴.-F.o.-12 fr.

Commodus.

1322. ΑΥΤ. ΚΑΙ. Λ . . . . ΚΟΜΟΔΟC. (*litt. fug.*)
Tête nue et imberbe de Commode jeune, à droite,
avec le *paludamentum.*

R⁄. ΠΡΟΥCΑΕΩΝ. Sérapis assis sur un siége, à
gauche, couvert du *pallium;* une patère dans la main
droite, et la gauche sur la haste pure; à ses pieds,
Cerbère. Æ.8.-R².-F.o.-6 fr.

1323. ΑΥΤ. ΚΑΙ. Λ. Α . . . . ΚΟΜΟΔΟC. Tête nue de
Commode jeune, à droite, avec le *paludamentum.*

R⁄. ΠΡΟΥCΑΕΩΝ. Jupiter nu, debout, la main
droite appuyée sur la haste pure, et regardant vers la
droite. (*Méd. mutilée*) . . . . Æ.8.-R².-F.o.-6 fr.

1324. Κ. Μ. ΑΥΡΗΛ. ΚΟΜΟΔ. ΑΝΤΩΝ. Tête laurée
et légèrement barbue.

R⁄. ΠΡΟΥCΑΕΩΝ. Æsculape debout, avec son
bâton, autour duquel est un serpent. ☐. *Haym., Thes.*

Brit., *tom.* *II.* *Tab.* *XXXVI.* *Fig.* 7, *pag.* 297 ; *et*
Gessn., *Impp.* *Tab.* *CXXV.* *Fig.* 39. Æ.7.-R³.-F.o.-9 fr.

1325. . . . . Tête de Commode.

R̄. ΠΡΟΥСΑΕΩΝ. Bâton d'Æsculape, autour du-
quel est un serpent. ▢. . . . . Æ.4.-R².-F.o.-4 fr.
Vaillant, Num. gr.

1326. Autre ; Hygiée debout, faisant manger un serpent dans une patère. ▢. . . . . Æ.5.-R³.-F.o.-6 fr.
Sestini, Descr., p. 266. Nº 8.

1327. ΑΙΛ. ΑΥΡΗΛΙΟC. ΚΟΜΜΟΔΟC. Tête laurée.

R̄. ΠΡΟΥСΑΕΩΝ. Cérès, marchant avec deux flambeaux. ▢. *Sestini, Descriz. del. Méd. ant. del Mus.*
Hederv., *t. II, p.* 71. *Nº* 1.. . . . . . Æ.4.-R⁴.-F.o.-8 fr.

1328. ΑΥΤ. Κ. Μ. ΑΥΡ. ΚΟΜΟΔΟC. Tête légèrement
barbue et laurée de Commode, à droite.

R̄. ΠΡΟΥСΑΕΩΝ. Victoire debout sur un globe,
tournée à gauche, tenant une couronne de la main
droite, et une patère de la g. . . . . Æ.4.-R⁴.-F.o.-8 fr.

1329. Α. Μ. ΑΥΡΗΛΙ. ΚΟΜΜΟΔΟC. Tête laurée et
barbue, à droite.

R̄. ΠΡΟΥСΑΕΩΝ. Même type. Æ.5½.-R⁴.-F.o.-8 fr.

1330. ΑΥΤ. Κ. Μ. ΑΥΡΗΛΙΟΣ. ΚΟΜΟΔΟC. ΑΝΤWΝ.
Tête laurée et légèrement barbue de Commode, à
droite, avec le *paludamentum.*

R̄. ΠΡΟΥСΑΕWΝ. La Fortune debout, vêtue de la
stola, portant le *modius* sur la tête, un gouvernail
dans la main droite, et une corne d'abondance dans
la gauche. , ... Æ.8½.-R².-F.o.-12 fr.

1331. Autre ; ΠΡΟΥСΑΕΩΝ. Femme vêtue de la *stola,*
debout, à gauche ; tenant de la main dr. une patère,
et de la g. une corne d'abond. . ▢. Æ.6.-R².-F.o.-6 fr.
Mus. Arig., t. I, p. 6. Nº 90.

Tome V. SUPP.   P

1332. . . . . Tête de Commode.

R′. ΠΡΟΥCΑΕѠΝ. Figure nue, debout, à gauche, devant un autel, tenant une patère dans la main dr., la gauche pendante; à côté, un arbre. ☐. *Arig. IV. N° 51. Fig.* 10 . . . . Æ.6.-R².-F.o.-6 fr.

1333. Autre; Aigle debout. ☐. . . . .Æ.5.-R².-F.o.-4 fr.
Sestini, Descr., p. 266. N° 10.

1334. Autre; Serpent dressé en spirale. ☐. *Sestini, loc. cit. N°* 11 . . . . : Æ.4.-R².-F.o.-4 fr.

1335. Λ. ΑΙ. ΑΥΡΗΛΙ. ΚΟΜΜΟΔΟC. Tête barbue et laurée de Commode, avec le *paludamentum* sur la poitrine. '

R′. ΠΡΟΥCΑΕΙC. ΤΟΝ. ΚΤΙCΤΗΝ. ΠΡΟΥCΙΑΝ. Tête diadémée de Prusia fondateur. ☐. *Sestini, Lett. num. Continuaz., tom. VII, pag.* 62. *N°* 3. *Tab. II. Fig.* 18 . . . . Æ.7.-R⁸.-F.o.-100 fr.

Crispina.

1336. ΚΡΙCΠΙΝΑ. CΕΒΑCΤΗ. Tête de Crispine.

R′. ΠΡΟΥCΑΕѠΝ. La Victoire debout (*a*), tenant de la main droite un arc, le coude gauche appuyé sur les dépouilles d'un lion, posées sur une massue. ☐. *Mus. Theup., p.* 932 . . . . Æ.6.-R⁴.-F.o.-12 fr.

Pertinax.

1337. ΑΥΤ. Κ. Π. ΕΛΒΙΟC. ΠΕΡΤΙΝΑΞ. CΕΒ. Tête laurée de Pertinax, à droite.

R′. ΠΡΟΥCΑΕѠΝ. Æsculape debout, enveloppé dans le *pallium;* la main droite sur son bâton, autour duquel est un serpent (*b*). . . . . Æ.5$\frac{1}{2}$.

(*a*) C'est plutôt Iole ou Omphale.
(*b*) Cette médaille paraît moulée sur l'antique.

Septimius Severus.

1338. AYT. Κ. Λ. CЄΠT. CЄOYHPOC. Π. Tête laurée
de Septime Sévère.

   ℟. ΠPOYCAЄΩN. Jupiter assis, tenant de la main
droite une patère, et de la g. une haste. ▢. *Sest.,
Descr., p.* 266. *N°* 14........ Æ.6.-R^4.-F.o.-12 fr.

1339. ......Λ. CЄ. CЄYHPOC. Π.... Tête radiée de
Septime Sévère, à droite.

   ℟. ΠPOYCAЄΩN. Minerve debout, le corps incliné, et la main dr. appuyée sur une haste; elle tient
de la g. le pan de son vêtement. Æ.7.-R^4.-F.o.-12 fr.

1340. Λ. I. Λ. Λ. CЄOYHP. Tête laurée de Septime
Sévère, à droite, avec le *paludamentum.*

   ℟. ΠPOYCAЄΩN.Temple hex. Æ.3.-R^3.-F.o.-6 fr.

1341. .... Tête de Septime Sévère.

   ℟. ΠPOYCAЄΩN. Serpent dressé en replis. ▢.*Arig.,
t. I. Impp.* al *Tab. VII. Fig.* 115. Æ.3.-R^4.-F.o.-6 fr.

Julia Domna.

1342. .... ΔOMNA. CЄB. Tête de Julia Domna, à
droite.

   ℟. ΠPOYCAЄΩN. Vénus marine nue et debout,
tenant sa chevelure; à ses pieds, on voit un hippocampe.................. Æ.6.-R.^{5}.-F.o.-20 fr.

1343. Légende effacée. Tête de Julia Domna, à gauche.

   ℟. ΠPOYCAЄΩN. Serpent replié, et s'élançant à
gauche.................. Æ.4.-R^4.-F.o.-8 fr.

1344. Autre; ΠPOYCAЄΩN. Tête de femme tourrelée.
▢.*Arig., I,* 8. 144.......... Æ.6.-R^4.-F.o.-12 fr.

1345. IOYΛIA. ΔOMNA. CЄB. Tête de J. Domna, à dr.

Ŗ. ΠΡΟΥΣΑΕΩΝ. Neptune debout, à droite, le pied gauche sur une proue de vaisseau, un dauphin sur la main gauche, et la droite appuyée sur son tridont.. .... Æ.6½.-R⁴.-F.o.-12 fr.

1346. ΙΟΥΛΙΑ. ΔΟΜΝΑ. CEB. Tête de J. Domna.

Ŗ. ΠΡΟΥΣΑΕΩΝ. Neptune debout, le pied droit posé sur un rocher, un trident dans la main droite, et un dauphin sur la g. ▢...... Æ.6.-R⁴.-F.o.-12 fr.

Sestini, Lett. num., t. IV, p. 105. Nº 5.

1347. Autre; ΠΡΟΥΣΑΕΩΝ. Homme nu debout (Apollon), tenant près du cou le haut d'un arc; à ses pieds, le capricorne. ▢. *Vaill.,Num. gr.* Æ.6.-R⁴.-F.o.-12 fr.

1348. Autre; ΠΡΥΣΙ..... (*sic*) Cavalier assis sur un cheval dont le nez est recourbé, frappant d'une haste un ennemi couché? ▢....... Æ.6.

Mus. Arig., t. II. Impp. gr. Tab. XXI. Fig. 292.

Caracalla.

1349. ΑΝΤΩΝΕΙΝΟC. ΑΥΓΟΥCΤΟC. Tête laurée et barbue de Caracalla, à droite, avec le *paludamentum.*

Ŗ. ΠΡΟΥΣΑΕΩΝ. Sérapis debout, vêtu du *pallium,* le *modius* sur la tête, la main droite levée, et la haste pure dans la gauche; à ses pieds est un autel allumé............. .... Æ.8.-R⁴.-F.o.-12 fr.

1350. ΑΝΤΩΝΙΝΟC. ΑΥΓΟΥCΤΟC. Tête laurée de Caracalla.

Ŗ. ΠΡΟΥCΑΕωΝ. Æsculape debout, la main dr. sur son bâton, qui est enveloppé par un serpent. ▢. *Eckhel, Cat. Mus. Caes. Vindob., t. I, p. 152. Nº 3*..................... Æ.4.-R⁴.-F.o.-8 fr.

1351. .... Tête de Caracalla.

R͗. ΠΡΟΥСΑΕΩΝ. Cérès voilée debout, tenant des
épis de la main droite, et un long flambeau dans la
g. ⬚. *Vaill.. N. gr.* .... Æ.9.-R⁴.-F.o.-30 fr.

1352. .... Tête de Caracalla.

R͗. ΠΡΟΥСΑΕΩΝ. Femme nue debout; d'un côté,
un enfant; de l'autre, un capricorne. ⬚. *Vaill.,*
l. c. .... Æ.9.-R².-F.o.-12 fr.

1353. Autre; ΠΡΟΥСΑΕΩΝ. Très-beau temple hexastyle. ⬚. *Vaill., l. c* .... Æ.4.-R².-F.o.-4 fr.

1354. ΑΥΤ. Κ. Μ. ΑΥΡ. ΑΝΤΩΝΙ..... Tête laurée et
barbue, à droite.

R͗. ΠΡΟΥСΑΕΩΝ. Hercule barbu debout, à droite,
le bras droit derrière le dos, la gauche appuyée sur
sa massue, posée sur un rocher, avec la dépouille du
lion (Hercule Farnèse)....... Æ.3½.-R⁴.-F.o.-8 fr.

1355. ΑΥΤ. Κ. Μ. ΑΥΡ. ΑΝΤΩΝΙΝΟС. СΕ. Tête laurée
et barbue, à droite.

R͗. ΠΡΟΥСΑΕΩΝ. Ajax, un genou en terre, à
gauche, se perçant de son épée; dessous, un bouclier
ovale....................... Æ.6.-R¹.-F.o.-3 fr.

1356. Autre, avec ΑΥΤ. Κ. Μ. ΑΥΡ. ΑΝΤΩΝΙΝΟС.
СΕΒΑ. Même tête............. Æ.6.-R¹.-F.o.-3 fr.

1357. ΑΥΤ. Κ. Μ. ΑΥΡ. ΑΝΤΩΝΙΝΟС. СΕΒ. Même
tête.

R͗. ΠΡΟΥСΑΕΩΝ. Aigle éployé, tourné à droite,
et regardant à gauche, avec une couronne dans son
bec....................... Æ.3½.-R².-F.o.-4 fr.

Geta.

1358. ΑΥΤ. Κ. Π. СΕΠΤ. ΓΕΤΑС. ΑΥΓΟΥ. Tête laurée
de Géta.

Ȓ. ΠΡΟΥΣΑΕΩΝ. Femme nue debout, la main dr.
levée (Vénus *Pelagia*); à sa droite, un enfant; à sa
gauche, un cheval marin. ☐. Æ.MM.-R⁶.-F.o.-150 fr.
Mus. Theup., p. 800 et 999.

1359. ΠΟΥ. ΓΕΤΑϹ. A̅Υ̅. Tête laurée de Géta, à g.,
avec une cuirasse.

Ȓ. ΠΡΟΥΣΙΕΩΝ. Aigle éployé à gauche, et regardant à gauche, tenant une couronne dans son
bec...................... Æ.3½.-R⁴.-F.o.-8 fr.

Elagabalus.

1360. M. ΑΥΡΗ. ΑΝΤΩΝΙΝΟϹ. ΑΥΓ. (*litt. collig.*)
Tête laurée d'Élagabale.

Ȓ. ΠΡΟΥϹΑΕΩΝ. Ajax à genoux, près le mont
Olympe, se perçant d'un poignard; à terre, un bou-
clier. ☐..................... Æ.6.-R¹.-F.o.-3 fr.
Sestini, Lett. num., t. IV, p. 106. N° 7.

1361. ΑΝΤΩΝΕΙΝΟϹ..... Tête laurée d'Élagabale, à
droite, avec le *paludamentum.*

Ȓ. ΠΡΟΥϹΑΕΩΝ. Femme tourrelée assise sur un
siége à pied de lion, et tournée vers la gauche, vêtue
de la *stola,* tenant de la main droite une patère, et
de la gauche la haste pure....... Æ.4.-R⁴.-F.o.-8 fr.

J. Maesa.

1362. ΙΟΥΛΙΑ. ΜΑΙϹΑ. ΑΥΓ. Tête de Maesa, à droite,
avec la *stola.*

Ȓ. ΠΡΟΥϹΑΕΩΝ.Temple hex. Æ.4½.-R³.-F.o.-6 fr.

Severus Alexander.

1363. M. ΑΥΡ. ϹΕΥΗ. ΑΛΕΞΑΝΔΡΟϹ. Tête laurée de

Sévère Alexandre, avec la tête de Mamée en contre-
marque.

R'. ΠΡΟΥCΑΕΩΝ. Neptune nu debout, le pied
gauche sur un rocher, un trident dans la main dr.,
et un dauphin sur la g. ▫. . . . . Æ.6.-R⁴.-F.o.-12 fr.
Sestini, Lett. num., t. IV', p. 106. Nº 10.

1364. M. ΑΥΡ. CΕΥ. ΑΛΕΞΑΝΔΡΟC. ΑΥΓ. Tête laurée
de Sévère Alexandre, avec le *paludamentum*.

R'. ΠΡΟΥCΑΕΩΝ. L'empereur en *paludamentum*,
à cheval, courant à droite, frappant d'une lance, de
la m. dr., un sanglier en fuite. ▫. Æ.8.-R⁴.-F.o.-12 fr.
Sestini, Descriz. del Mus. Fontana, t. II, p. 39.
Tab. VI. Fig, 5.

Orbiana.

1365. ΓΝ. ΣΕ. ΒΑΡ. ΟΡΒΙΑΝΗ. ΑΥ. Tête d'Orbiana.

R'. ΠΡΟΥCΑΕΩΝ. Junon debout, à gauche, tenant
de la main droite une patère, et de la gauche la haste
pure. ▫. . . . . Æ.6.-R⁶.-F.o.-30 fr.
Neumann, Pop. num., t. II, p. 12.

1366. Autre, avec un vase à anse, au lieu de la patère. ▫. Æ.5.-R⁶.-F.o.-18 fr.
Dumersan, Descr. du Cab. Allier de Hauteroche. Pl. XI. Nº11.

1367. CΛΛ. ΒΑΡΒ. ΟΡΒΙΑΝΑ. CΕ. Tête d'Orbiana.

R'. ΠΡΟΥCΑΕΩΝ. Télesphore debout. ▫. *Vaill.,*
Num. gr.; et Hard., Op. sel. 819. Æ.4.-R⁶.-F.o.-18 fr.

1368. Γ. ΣΕΡ. ΣΕΙ. ΣΛΛ. ΒΑΡ. ΟΡΒΙΑΝΗ. ΑΥΓ. Même
tête, à droite.

R'. ΠΡCΥΣΑΕΩΝ. Ajax nu, casqué, assis à terre,
tenant de la main dr. un glaive. ▫.Æ.4.-R⁶.-F.o.-18 fr.
Eckhel, Num. vet. Tab. XI. Fig. 13, p. 189.

Mamaea.

1369. ΙΟΥΛΙΑ. ΜΑΜΑΙΑ. ΑΥΓ. Tête de Mamée.
℞. ΠΡΟΥCΑΕΩΝ. Aigle debout, à gauche, les ailes éployées. ☐. Æ.5.-R⁴.-F.o.-8 fr.
Sestini, Descr. dell. Med. ant. del Mus. Hederv., t. II, p. 72. Nº 4. C. M. H. Nº 4609.

Maximinus.

1370. Γ. ΙΟΥ. ΟΥΗ. ΜΑΞΙΜΕΙΝΟC. ΑΥ. Tête laurée de Maximin, à droite, avec le *paludamentum*.
℞. ΠΡΟΥΣΑΕΩΝ. Sérapis debout, vêtu du *pallium*, la main droite levée, et la haste pure dans la gauche. . . . . Æ.7.-R⁴.-F.o.-12 fr.

1371. Autre; ΠΡΟΥΣΑΕΩΝ. La Fortune debout, tenant un gouvernail de la main droite, et une corne d'abondance de la gauche. . . . . . . Æ.7.-R³.-F.o-9 fr.

1372. . . . . .HP. ΜΑΞΙΜΙΝΟC. ΑΥΓ. (*Litt. collig.*) Tête laurée.
℞. ΠΡΟΥCΑΕΩΝ. Æsculape et Hygiée debout, avec leurs attributs; Télesphore au milieu, enveloppé dans son manteau. ☐. . . . . Æ.6.-R⁴.-F.o.-12 fr
Sestini, Lett. num, t. IV, p. 106. Nº 11.

1373. . . . . . ΜΑΖΙΜΕΙΝΟΣ. Α. Même tête laurée.
℞. ΠΡΟΥCΑΕΩΝ. Diane d'Éphèse debout; avec ses supports. ☐. . . . . Æ.5.-R³.-F.o.-6fr.
Sestini, Descr., p. 267. Nº 24.

Maximus.

1374. Γ. ΙΟΥ. ΟΥΗ. ΜΑΞΙΜΟC. ΑΥΓ. Tête nue de Maxime.

Ᵽ. ΠΡΟΥCΑΕΩΝ. Cybèle assise entre deux lions. □. *Sestini, Desc., p.* 268. *N° 28.*. ℳ.6.-R³.-F.o.-9 fr.

1375. Γ. ΙΟΥ. ΟΥΗ. ΜΑΞΙΜΟC. Κ. Tête nue de Maxime. Ᵽ. Même lég. Pallas debout, ayant la main dr. sur son bouclier, posé à terre, et une haste dans la g. □. *Sest., D., p.* 268. *N° 25.* . . . . ℳ.6.-R³.-F.o.-9 fr.

1376. Autre; ΠΡΟΥCΑΕΩΝ. Pallas casquée debout, tenant de la main droite une patère, et de la g. une haste; à ses pieds, un bouclier. □.ℳ.4.-R³.-F.o.-6 fr.
Vaill., Num. gr.

1377. Γ. ΙΟΥ. ΟΥΗ. ΜΑΞΙΜΟC. ΑΥΓ. Tête laurée; dessus le cou, une contre-marque représentant le mont Olympe, avec la forteresse de Prusa.
Ᵽ. ΠΡΟΥCΑΕΩΝ. Femme tutulée, et vêtue de la *stola,* debout, tenant une patère de la main droite et une corne d'abondance de la g. □. ℳ.6.-R³.-F.o.-9fr.
Sestini, l. c., p. 268. N° 27.

1378. Γ. ΙΟΥ. ΟΥΗ. ΜΑΞΙΜΟC. Κ. Tête nue.
Ᵽ. ΠΡΟΥCΑΕΩΝ. Aigle debout, avec une couronne dans son bec. □.. . ... ℳ.4.-R³.-F.o.-6 fr.
Sestini, l. c. N° 26.

Philippus Senior.

1379. Μ. ΙΟΥΛ. ΦΙΛΙΠΠΟC. ΑΥΓ. Tête laurée de Philippe le père.
Ᵽ. ΠΡΟΥCΑΕΩΝ. Le Soleil radié nu et debout, la main droite levée, et un fouet dans la g. □. *Sestini, Lett., t. IV, p.* 107. *N°* 12 . . . . ℳ.6.-R⁴.-F.o.-12 fr.

1380. Μ. ΙΟΥΛΙΟC. ΦΙΛΙΠΠΟC. ΑΥΓ. Tête radiée de Philippe.
Ᵽ. ΠΡΟΥCΑΕΩΝ. Le Soleil nu debout, à droite,

la tête radiée , et se retournant , la main droite levée
et un fouet de la g. pendante. ▢. Æ.7.-R⁴.-F.o.-12 fr.
Sestini , Lett., t. IX, p. 31.

1381. M. ΙΟΥΛΙΟC. ΦΙΛΙΠΠΟC. ΑΥΓ. Tête radiée de
Philippe le père.

R̃. ΠΡΟΥCΑΕΩΝ. Cybèle tourrelée , assise à g. ,
tenant une patère de la main droite, et la gauche appuyée sur le *tympanum* ; à ses pieds, un lion. ▢. *Sestini , Lett. num., IX , p.* 31...... Æ.7.-R⁴.-F.o.-12 fr.

1382. M. ΙΟΥΛΙΟC. ΦΙΛΙΠΠΟC. ΑΥΓ. Même tête
laurée.

R̃. ΠΡΟΥCΑΕΩΝ. Bacchus togé, debout, la main
droite posée sur sa tête, et un thyrse dans la gauche.
▢. *Sestini , Descr. , p.* 268. *N°* 19. Æ 4.-R⁴.-F.o -8 fr.

1383. M. ΙΟΥΛΙΟC. ΦΙΛΙΠΠΟC. CΕΒ. Tête radiée , à
droite, avec le *paludamentum.*

R̃. Π.....CΑΕΩΝ. Figure nue debout, la main
dr. levée, et un javelot dans la g.Æ.6½.-R⁴.-F.o.-12 fr.

Philippus Junior.

1384. M. ΙΟΥΛΙΟC. ΦΙΛΙΠΠΟC. Κ. Tête nue de Philippe le fils.

R̃. ΠΡΟΥCΑΕΩΝ. Femme vêtue de la *stola,* et
tutulée, debout, tenant un gouvernail de la main
droite, et une corne d'abondance de la g. ▢. *Sestini ,
Lett. num. , IV,* 107. *N°* 14..... Æ.6.-R⁴.-F.o.-12 fr.

Trajanus Decius.

1385. ....ΡΑΙΑΝ. ΔΕΚΙΟC. ΑΥ. Buste radié de
Trajan Dèce, tenant une haste de la main droite, et
un bouclier de la gauche. -

R'. ΠΡΟΥCΑΕΩΝ. La Sécurité assise, tenant de
la m. droite étendue un bâton; la main gauche sou-
tient sa tête. Ω. *Arig.*, I, *Impp. gr.*, al *Tab. XIII.
Fig.* 212 . . . . Æ.8.-R⁴.-F.o.-12 fr.

Trebonianus Gallus.

1386. Γ. ΟΥΙΒΙΟC. ΤΡΕΒΩΝΙΑΝΟC. . . . . Tête radiée
de Trébonien-Galle, avec le *paludamentum.*

R'. ΠΡΟΥCΑΕΩΝ. La Fortune tournée de côté,
debout, tenant un gouvernail de la main droite, et
une corne d'abond. de la g. Ω. (*a*). Æ.6.-R⁵.-F.o.-20 fr.

Sestini, Descriz. dell. Med. ant. del Mus. Hederv.,
t. II, p. 72. No 5.

1387. Γ. ΟΥΕΙΒΙΟΣ. ΤΡΕΒΩΝΙΑΝΟΣ. ΓΑΛΛΟΣ. Α. Tête
radiée de Trébonien-Galle, à droite, avec le *paludamentum.*

R'. ΠΡΟΥΣΑΕΩΝ. Femme assise sur un siége, à
gauche, vêtue de la *stola,* tenant un rouleau de la m.
droite, et le bras gauche appuyé sur le dossier du
siége . . . . Æ.7.-R⁵.-F.o.-20 fr.

1388. Autre; ΠΡΟΥCΑΕΩΝ. Femme vêtue de la *stola,*
et un croissant sur les épaules, assise sur un cheval
paissant, tourné à dr. (la Lune). Æ.7.-R⁶.-F.o.-30 fr.

Volusianus.

1389. ΟΥΙ. ΑΓΙ. ΓΑΛΛΟΝ. ΟΥΕΛΔΟΥ. ΟΥΟΛΟ. Tête
laurée de Volusien, à droite, avec le *paludamentum.*

R'. ΠΡΟΥΣΑΕΩΝ. Neptune debout, le pied droit

(*a*) Revers surfrappé, avec les vestiges d'un ancien type,
offrant un taureau.

sur une proue de vaisseau, la main droite sur son trident, et un dauphin sur la g. ☐. Æ.5½.-R³.-F.o.-9 fr.
Cab. de feu M. Allier, à Paris.

PRVSIA, *ad Hypium*, USKUBÌ.

*Voyez dans la Description, tom. II, pag. 487 et suiv., les Mé-
dailles* AUTONOMES *grecques en bronze, et les* IMPÉRIALES
grecques en bronze, de

Vespasien.	L. Vérus.	Diaduménien.
Domitien.	Commode.	Sév. Alexandre.
M. Aurèle.	Géta.	Gallien.
Faustine-la-Jeune.	Macrin.	Valérien jeune.

Augustus.

1390. ΚΑΙCΑΡ. ΣΕΒΑCΤΟC. Π..ΟΥCΙΑC. ΥΠΠΩ. Tête
nue d'Auguste.

 ℞. ΑΠΟΛΛΑC......ΝΙΟΥ. ΤΑΜ... ΤΑ. Pallas
casquée debout, tenant de la main droite une petite
Victoire, et de la g. une haste et un bouclier. ☐. *Eckh.,
Num. vet. Pl. XI. N° 14, p. 190. Æ.4.-R⁶.-F.ó.-18 fr.*

Vespasianus.

1391. ΑΥΤΟΚΡΑΤΟΡΙ. ΚΑΙΣΑΡΙ. ΣΕΒΑΣΤΩ. ΟΥΕΣ-
ΠΑΣΙΑΝΩ. ΠΡΟ. Tête laurée de Vespasien.

 ℞. ΕΠΙ. ΜΑΡΚΟΥ. ΠΛΑΝΚΙΟΥ. ΟΥΑΡΟΥ. ΑΝ-
ΘΟΥΠΑΤΟΥ. Tête barbue d'Hercule, à gauche. ☐.
Sestini, Desc., p. 268. N° 1... Æ.9.-R⁵.-F.o.-50 fr.

1392. ΑΥΤΟΚΡΑΤΟΡΙ. ΚΑΙΣΑΡΙ. ΟΥΕΣΠΑΣΙΑΝΩ..
ΠΡΟΥ. Tête laurée de Vespasien..

 ℞. (ΕΠΙ. ΜΑΡ.) ΚΟΥ. ΠΛΑΝΚΙΟΥ. ΑΝΘΥΠΑΤ (ΟΥ).

Massue et carquois, avec un arc qui est placé en
sautoir. Ω. *Sestini, Lett. num. Contin., tom. VII,
p. 58. Nº 2* . . . . Æ.7.-R⁵.-F.o.-40 fr.

1393. ΑΥΤΟΚΡΑΤΩΡ. ΚΑΙΣΑΡ. ΣΕΒΑΣΤΟΣ. ΟΥΕΣ-
ΠΑΣΙΑΝΟΣ. ΠΡΟΥΣΙΕΙΣ. Tête laurée de Vespasien.

    Ŗ. ΜΑΡΚΟΣ. ΠΛΑΝΚΙΟΣ. ΟΥΑΡΟΣ. ΑΝΘΥΠΑ-
ΤΟΣ., dans une cour. de chêne. Ω.*Combe, Index num.
omnium Impp. à J. C. usque ad Posthumum, Lond.,
1773, p. 56, ex Mus. Duane.* Æ.MM.-R⁵.-F.o.-100 fr.

1394. ΑΥΤ. ΚΑΙ. . . . . . . ΣΕΒΑΣΤΩ. ΟΥΕΣΠΑΣΙΑΝΩ.
ΠΡΟΥΣΙΕΙΣ. Tête laurée de Vespasien, à droite.

    Ŗ. ΕΠΙ. ΜΑΡΚΟΥ. ΠΛΑΝΚΙΟΥ. ΟΥΑΡΟΥ. ΑΝ-
ΘΥΠΑΤΟΥ. Autel. Ω. . . . . Æ.8.-R⁵.-F.o.-40 fr.
    Haym., Thes. Brit., II. Tab. XXX. Fig. 1, p. 248.

Domitianus.

1395. ΑΥΤ. ΔΟΜΙΤΙΑΝΟΣ. ΚΑΙΣΑΡ. ΣΕ. ΓΕΡ. Tête
de Domitien.

    Ŗ. ΤΟΝ. ΚΤΙΣΤΗΝ. ΠΡΟΥΣΙΕΙΣ. Hercule nu
debout, à gauche, la main dr. posée sur sa massue,
et la dép. du lion dans la g. Ω. . . Æ.7.-R⁴.-F.o.-12 fr.
    Sestini, Lett. num. Continuaz., t. VII, p. 59. Nº 3.

1396. ΔΟΜΙΤΙΑΝΟΣ. ΚΑΙΣΑΡ. ΣΕ. Γ. Tête laurée de
Domitien.

    Ŗ. ΠΡΟΥΣΙΕΩΝ. Proue de vaisseau. Ω. *Sestini,
Desc. del Mus. Font., I,* 87. 1. Æ.5½.-R⁴.-Fo.-12 fr.

1397. ΑΥΤ. ΔΟΜΙΤΙΑΝΟΣ. ΚΑΙΣΑΡ. ΣΕ. ΓΕ. Même
tête laurée.

    Ŗ. ΠΡΟΥΣΙΕΩΝ. Arc et carquois. Ω. *Sestini, Lett.,
IV, p.* 108. Nº 2. . . . . Æ.6.-R⁴.-F.o.-12 fr.

Trajanus.

1398. AΥ. NEP. TPAIANOC. K. C. Γ. Δ. Tête laurée
de Trajan , la poitrine nue.

R̸. ΠPOYCIEΩN. Figure imberbe à demi nue
(l'*Hypius,* à ce qu'il paraît), couchée sur un tronc
d'arbre, à gauche; devant, un arbre chargé de fruits
ou de glands; elle tient un rameau de la main gauche;
dans l'autre, une plante. ▢.... Æ.6.-R⁵.-F.o.-24 fr.
 Sestini, Lett. num. Continuaz., t. VII, p. 59. Nº 4.
 Tab. II. Fig. 17.

Antoninus Pius.

1399. AΥT. KAICAP. ANTΩNINOC. Tête nue d'Antonin-le-Pieux , à droite.

R̸. ΠPOYCIEΩN. Π...ΥΠΩ. La Fortune debout,
à g., le *modius* sur la tête, vêtue de la *stola,* un gouvernail dans la main droite, et une corne d'abondance
dans la gauche............... Æ.4½.-R⁴.-F.o.-8 fr.

1400. .....KAICAP. ANTΩNINOC. Même tête laurée.

R̸. ΠPOYCIEΩN. ΠPOC. ΥΠIΩ. Mercure debout,
tenant de la main droite une bourse, et de la g. un
caducée. ▢. *Eckhel, N. vet.,* 191. Æ.6.-R⁴.-F.o.-12 fr.

1401. Autre; ΠPOYCIEΩN. ΠPOC. ΥΠIΩ. Tête de Sérapis, ornée du *modius*........ Æ.6.-R⁴.-F.o.-12 fr.

M. Aurelius.

1402. AΥTOKPA. KAIC. M. AΥP. ANTΩNINOC. Tête
nue de Marc Aurèle.

R̸. ΠPOYCIEΩN. ΠPOC. ΥΠIΩ. Tête d'Hercule

imb., couverte de la peau du lion.□.*Havercamp, Num. reg. christ. Tab. XIV. Fig.* 15. Æ.9.-R⁵.-F.o.-48 fr.

1403. . . . . Tête de Marc Aurèle.

R̵. ΠΡΟΥCΙΕΩΝ. ΠΡΟC. ΥΠΙΩ. Hercule nu, combattant le lion de Némée. □. Æ.6.-R⁴.-F.o.-12 fr.
Vaill., loc. cit.

1404. ΑΥΤ. ΚΑΙC̅Α̅Ρ. Μ. ΑΥΡ, ΑΝΤΩΝΙΝΟC. Buste barbu.

R̵. ΠΡΟΥCΙΕΩΝ. Fleuve couché, tenant de la main droite un petit rameau, et de la gauche une corne d'abondance, appuyée sur une urne renversée, vomissant des eaux ; à l'exergue, ΥΠΙΟC. □ *Haym, Th. Brit., t. II. Tab. XXXV. Fig.* 5 ; *Gessner, Impp. Tab. CXII. Fig* 42 . . . . Æ.6-R⁴.-F.o.-12 fr.

Faustina Junior.

1405. ΦΑΥCΤΕΙΝΑ. CΕΒΑCΤΗ. Tête de Faustine jeune, à droite, la *stola* sur les épaules.

R̵.. ΠΡΟΥCΙΕΩΝ. ΠΡΟC. ΥΠΙΩ. Tête de femme, à droite ; devant elle est un serpent, qui s'élance de sa poitrine. . . . . Æ.6.-R³.-F.o.-9 fr.

1406. ΑΝΝΕΑ. Φ. . . . . Tête de Faustine jeune, à droite.

R̵. ΠΡΟΥCΙΕΩΝ. ΠΡΟC. ΥΠΙΩ. Tête de Sérapis, à droite. . . . . Æ.4.-R³.-F.o,-6 fr.

1407. Autre ; ΠΡΟΥCΙΕΩΝ. ΠΡΟC. ΥΠΙΩ. Bacchus nu debout, tenant de la main droite levée une grappe de raisin, et de la gauche un thyrse ; à ses pieds, un tigre. □. *Vaillant, l. c.* . . . . Æ.4.-R³ -F.o.-6 fr.

1408. Autre ; Bacchus, la main droite levée, tenant

une grosse grappe de raisin , de la g. le *strophium*. ▢.
Vaill., N. gr.............. .. .... Æ.4.-R³.-F.o.-6 fr.

1409. ΑΝΝΕΑ. ΦΑΥΓΤΙΝΑ. Tête de Faustine la jeune.
Ŗ. ΠΡΟΥ....... ΠΡΟC. ΥΠΙΩ. La Fortune de-
bout. ▢.. , ... Æ.4.-R³.-F.o.-6 fr.
Sestini, Lett. num. Continuaz., t. VII; p. 60. Nº 6.

Lucius Verus.

1410. ΑΥΤ. ΚΑΙ. ΑΡΜ. Δ. ΑΥΡ. ΟΥΗΡΟC. Tête de
L. Vérus nue, avec le *paludamentum.*

Ŗ. ΠΡΟΥCΙΕΩΝ. ΠΡΟC. ΥΠΙΩ. Mercure nu debout, à gauche, tenant de la main droite une bourse,
et de la gauche le caducée et la *penula* repliée. ▢.
Sestini, l. c. Nº 8 .... Æ.4.-R⁴.-F.o-8 fr.

1411. Autre; ΠΡΟΥCΙΕΩΝ. ΠΡΟC. ΥΠΙΩ. Mercure
nu debout, tenant de la main droite une bourse, et
de la gauche un caducée. ▢.... Æ.9.-R⁴.-F.o.-20 fr.
Vaill., l. c.

1412. ΑΥΤ. ΚΑΙ. ....Δ. ΑΥΡ. ΟΥΗΡΟC. Tête nue et
barbue de L. Vérus , à dr. ; avec le *paludamentum.*

Ŗ. ΠΡΟΥCΙΕΩΝ. ΠΡΟC. ΥΠΙΩ. Tête imberbe
d'Hercule, couverte de la dépouille du lion. ▢. *Gessner, Impp. Tab. CXVIII.Fig.* 20.Æ.9.-R⁵.-F.o.48 fr.

1413. ΑΥΤ. ΚΑΙ. Δ. ΑΥΡΗΛΙΟC. ΟΥΗΡΟC. Tête nue
de Lucius Vérus , la poitrine nue.

Ŗ. ΠΡΟΥCΙΕΩΝ dans la partie supérieure; à
l'exergue, ΠΡΟC. ΥΠΙΩ. Victoire, dans un bige,
conduisant les chevaux de la main droite, et tenant de
la gauche une palme, ornée d'une bandelette au milieu. ▢. *Sestini, Descriz. dell. Med. ant. del Mus.*

Hederv., *II*, *p*. 72. *N°* 2 *Tab. XVI. Fig.* 13; *et Lett. num. Cont.*, *VII*, 60. *N°* 7 . . Æ.MM.-R⁶-F.o.-150 fr.

1414. ΚΑΙΣΑΡ. Λ. ΑΥΡΗΛ. ΟΥΗΡΟΣ. Tête laurée de L. Vérus.

℞. ΠΡΟΥΣΙΕΩΝ. ΠΡΟΣ. ΥΠΩΝ. (*sic*). Femme montée sur un tigre, la main droite posée sur le dos de l'animal, et tenant dans la gauche une petite figure. ☐. *Mus. Theup.*, *p*. 917 . . . . Æ.8.-R⁴.-F.o.-12 fr.

1415. Autre; ΠΡΟΥCΙΕΩΝ. ΠΡΟC. ΙΠΙΩ. (*sic*). Figure nue tourrelée, marchant; la main droite et la gauche levées, portant un aigle. ☐. Æ.MM.-R⁶.-F.o.-150 fr.

Gessner, Impp. Tab. CXVII, Fig. 12; et Tristan, t. II, p. 305.

1416. ΑΥΤ. ΚΑΙ Λ. ΑΥΡ. ΟΥΗΡΟC. Tête nue de Lucius Vérus, à droite, avec le *paludamentum*.

℞. ΠΡΟΥCΙΕΩΝ. ΠΡΟC. ΥΠΙΩ. Taureau marchant à droite . . . . Æ.4.-R².-F.o.-4 fr.

1417. Autre presque semblable. . . Æ.4.-R².-F.o.-4 fr.

Commodus.

1418. . . . . ΑΥΡ. ΚΟΜΜΟΔΟC. ΑΝΤΩΝΕΙΝΟC. Tête laurée de Commode, avec la tête du même empereur, en contre-marque.

℞. ΠΡΟΥCΙΕΩΝ. ΠΡΟC. ΥΠΙΩ. Femme vêtue d'une tunique, ou plutôt Diane debout, se retournant à droite, tenant un arc dans la main droite levée, et dans la gauche le *parazonium*. ☐. Æ.6.-R⁴.-F.o.-12 fr.

Sestini, Descriz. del Mus. Fontana; t. I; p. 88. N° 2.

1419. ΑΥΤ. Κ. Μ. ΑΥΡΗ. ΚΟΜΜΟΔΟC. ΑΝΤΩΝΕΙΝΟC. . . . . . Tête laurée, à droite.

℞. ΠΡΟΥCΙΕΩΝ. ΠΡΟC. ΥΠΙΩ. Hercule nu de

Tome V. Supp.   Q

bout en repos, tourné à droite, la main droite derrière le dos, le bras gauche appuyé sur sa massue,
et tenant en même temps la dépouille du lion. ▢. *Cab.
de feu M. Tôchon*. . . . . Æ.7.-R⁴.-F.o.-12 fr.

1420. . . . . MOΔOC. ANT. . . . . Tête laurée
et barbue de Commode, à droite; au-dessous, trois
contre-marques ; dans l'une d'elles est la lettre H.;
dans les deux autres, une tête humaine; l'une est celle
de Commode, et l'autre, de Crispine.

R⁄. . . . . ЄΩN. ΠΡΟC. ΥΠΩ. Hercule assis sur
un lion marchant à gauche (*a*). . . Æ.8.-R⁴.-F.o.-12 fr.

Septimus Severus.

1421. . . . . Tête de Septime-Sévère.
R⁄. ΠΡΟΥCIΕΩN. Foudre sur une table. ▢. *Vaill.,
Num. gr*. . . . . Æ.6.-R⁵.-F.o.-24 fr.

Julia Domna.

1422. . . . . Tête de Julia Domna.
R⁄. ΠΡΟΥCIΕΩN. Femme vêtue de la *stola*, debout,
tenant de la m. dr. une patère. ▢. Æ.6.-R⁵.-F.o.-24 fr.
Vaillant, l. c.

Caracalla.

1423. . . . . Tête de Caracalla.

R⁄. ΠΡΟΥCIΕΩN. ΠΡΟC. ΥΠΩ. Hercule debout,
couvert de la peau du lion, tenant de la main droite
la massue avec laquelle doit être assommé un cerf,
qu'il tient par la corne. ▢. . . . . . . Æ.6.-R⁵.-F.o.-24 fr.
Vaillant, l. c.

(*a*) Ce type est bien défiguré.

Geta.

1424. Π. CEΠTIMIOC. ΓΕΤΑC. ΚΑΙC. Tête nue de
Géta, devant laquelle est une tête encontre-marque.

℞. ΠΡΟΥCIEΩN. ΠΡΟC. ΥΠΙΩ. Aigle debout
entre deux enseignes militaires. ▢. Æ.6.-R⁵-F.o.-20 fr.
Eckhel, Cat. Mus. Caes. Vindob., t. I, p. 153. N° 2.

1425. CEΠTIMI.......... Même tête nue, à droite, la
chlamyde sur l'épaule gauche; devant, une tête en
contre-marque.

℞. ΠΡΟΥCIEΩN. ΠΡΟC. ΥΠ. Aigle romaine éployée
sur un autel orné d'une guirlande de fleurs, entre
deux enseignes militaires..... Æ.7½.-R⁵.-F.o.-20 fr.

1426. ΠΟΥ. CEΠT. ΓΕΤΑC. ΚΑΙC. Même tête.

℞. ΠΡΟΥCIEΩN. ΠΡΟC. ΥΠΙΩ. Aigle sur un cippe,
entre deux enseignes militaires.▢. Æ.6.-R⁵.-F.o.-20 fr.
Vaill., Num, gr.

Macrinus.

1427............... Tête de Macrin.

℞. ΠΡΟΥCIEΩN. ΠΡΟC. ΥΠΙΩ Hercule debout,
tenant de la main droite la massue avec laquelle il va
tuer un cerf, qu'il tient de la main gauche par les
cornes. ▢................ Æ.8.-R⁴.-F.o.-24 fr.
Vaill., l. c.

1428. Autre; ΠΡΟΥCIEΩN. ΠΡΟC. ΥΠΙΩ. Hercule
nu, tenant de la main droite sa massue levée pour
frapper, et tenant l'hydre de la gauche; derrière, une
petite figure sur une colonne. ▢.. Æ.9.-R⁴.-F.o-24 fr.
Gessner, Impp. Tab. CLIV. Fig. 32.

1429. Autre; ΠΡΟΥCIEΩN. ΠΡΟC. ΥΠΙΩ. La Fortune
Q*

debout, tutulée, et vêtue de la *stola*, tenant un gouvernail de la main droite, et une corne d'abondance de la gauche. □. *Vaill., Num. gr.* Æ.6.-R⁴.-F.o.-12 fr.

Diadumenianus.

1430. K. ΔΙΑΔΟΥΜΕΝΙΑΝΟC. Tête nue de Diaduménien, avec le *paludamentum ;* derrière, un caducée.

R⁄. ΠΡΟΥCΙΕΩΝ. ΠΡΟC. ΥΠΙΩ. Hygiée debout, faisant manger un serpent dans une patère.□. *Sestini, Lett. n. Cont., t. VII, p.* 61. *N*°11. Æ.4.-R⁴.-F.o.-8 fr.

1431. Autre; ΠΡΟΥCΙΕΩΝ. ΠΡΟC. ΥΠΙ. Hercule tenant de la main droite sa massue, et saisissant de la gauche un cerf par le bois. □. Æ.MM.-R⁵.-F.o.-150 fr.

Vaill., loc. cit.

1432. K. ΔΙΑΔΟΥΜΕΝΙΑΝΟC. Tête nue.

R⁄. ΠΡΟΥCΙΕΩΝ. ΠΡΟC. ΥΠΙΩ. Femme debout, tenant de la main droite un style, et de la gauche quelque chose semblable à une guirlande. □. *Eckhel, Cat. Mus. Caes. Vind., I,* 153. 3. Æ.4.-R⁴.-F.o.-8 fr.

Maximus.

1433. Γ. ΙΟΥ. ΟΥΗ. ΜΑΞΙΜΟL. K. Tête nue de Maxime, à droite, avec le.*paludamentum.*

R⁄. ΠΡΟΥCΙΕΩΝ. ΠΡΟL. ΥΠΙΩ. Tête virile imberbe, à droite, la chevelure flottante, et la chlamyde sur les épaules.............. Æ.7.-R⁶.-F.o.-40 fr.

Gallienus.

1434. ΠΟΥ. ΛΙΚ. ΕΓΝΑ. ΓΑΛΛΙΗΝΟC. Tête laurée de Gallien, avec le *paludamentum* sur les épaules.

R⁄. ΠΡΟΥCΙΕΩΝ. ΠΡΟC. ΥΠΙΩ. Tête nue de Va-

lérien jeune, ou plutôt de Salonin. ▢. *Band., t. I,*
p. 231, *not.* 4.............. .... Æ.4.-R⁵.-F.o.-15 fr.

PRVSIAS; *ad mare, quae et* CIVS, *nunc*
ΚΙ Ô, KIEMLIK.

Voyez *dans la Description, t. II, p.* 491 *et suiv., les Médailles*
AUTONOMES *grecques. en argent et en bronze, avec le nom*
de Cius, et les IMPÉRIALES *grecques en bronze de*

Domitien.	Pescennius Niger.	Volusien.
Domitien et Domitia.	Septime Sévère.	Tranquilline.
Antinoüs.	J. Domna.	Trajan Dèce.
Sabine.	Caracalla.	Gallien.
Faustine-la-Jeune.	Macrin.	Salonine.
Crispine.	Gordien-le-Pieux.	

Les AUTONOMES *grecques en bronze avec le nom de Prusias,*
et la Médaille IMPÉRIALE *grecque en bronze de*

Domitien.

SUPPLÉMENT.

PRVSIAS.

1435. Tête de Diane.

R̸. ΠΡΟΥCΙΕΩΝ. ΤΩΝ. ΠΡΟΣ. ΘΑΛΑΣ. Trépied.
▢. *Sestini, L. num.; I,* 108. *N°* 1. Æ.5.-R⁵.-F.o.-15 fr.

1436. Tête ailée de Mercure, à droite.

R̸. ΠΡΟΥCΙΕΩΝ. ΤΩΝ. ΠΡΟC. ΘΑΛΑCCΗΙ. Caducée ailé.................... Æ.3.-R⁷.-F.o.-30 fr.

1437. Tête de Mercure ; derrière, un caducée.

R̸. ΠΡΟΥCΙΕΩΝ. ΤΩΝ. ΠΡΟC. ΘΑΛΑCCΗ. Ca-

ducée ailé. ▢................ Æ.3.-R⁷.-F.o.-30 fr.
> Sestini, Descriz. dell. Med. ant. del Mus. Hederv., t. II,
> p. 73. Nᵒ G. C. M. H. Nᵒ 4614.

1438. Tête de Prusias Ier, ceinte du diadème.

℟. ΠΡΟΥΣΙΕΩ.....ΩΝ. ΠΡΟC....... Caducée
ailé. ▢. *Ex Mus. B. de Chaud.; et Sestini, Lett. n.
Cont., V, 37. Tab. I. Fig.* 17.. Æ.6.-R⁵.-F.o.-24 fr.

CIVS.

1439. ΚΙΑ. Tête laurée d'Apollon.

℟. ΒΑΚΜΕΤΑ. (*a*). Proue de vaisseau; dessous, un
astre. ▢.*Sestini, l. c. VIII,* 10. 2.Æ.2½.-R⁵.-F.*.-30 fr.

1440. ΚΙΑ. Même tête.

℟. ΗΓΕΣΤΡΑΤοΣ. Proue. ▢. Æ.2½.-R⁴.-F.*-18 fr.
> Sestini, loc. cit., p. 10. Nᵒ 3.

1441. ΚΙΑ. Même tête.

℟. ΚΑΡΙΝοΣ. Proue. ▢.... Æ.2½.-R⁴.-F.*.-18 fr.
> Sestini, l. c., Nᵒ 4.

1442. Autre; sur la proue, un astre. ▢. *Sestini, l. c.
Nᵒˢ* 4 *et* 5................ Æ.2½.-R⁴.-F.*.-18 fr.

1443. Tête laurée d'Apollon, à dr.; dessous, Κ.

℟. ΜΙΛΗΤοΣ. Proue de vaisseau, ornée d'une
étoile.................... Æ.2½.-R⁴.-F.*.-18 fr.

1444. Même tête; dessous, ΚΙΑ.

℟. La légende et le type paraissent enlevés à la
lime.................... Æ.2⅔.-R⁴.-F.*.-18 fr.

(*a*) Combe a mal interprété cette légende en lisant ΒΑΚΜΕΓΑ.
Il regardait cette médaille comme étant de Mégare de l'Attique,
et la tête d'Apollon comme celle de Megarus, fondateur.

1445. Tête imberbe, couverte d'un bonnet phrygien, orné de laurier.

R͞. KIANΩN. Massue sous laquelle sont deux monogrammes. ⬜............,... Æ.4.-R⁵.-F.o.-15 fr.
Neumann, Pop. et reg. Num. vet., II. Tab. I. Fig. 2.

1446. Même tête.

R͞. A. KI. *Diota* entre deux monogrammes; le tout dans une couronne d'épis. ⬜... Æ.3.-R⁵.-F.o.-15 fr.
Sestini, Descriz. dell. Med. ant. del Mus. Hederv., II, p. 73. N° 5.

1447. Tête jeune avec le bonnet phrygien, orné de laurier.

R͞. A. KI. *Diota* d'où pendent des raisins, le tout dans une couronne. ⬜, *d'épis*. Æ.4.-R⁵.-F.o.-15 fr.
Sestini, Descr. Num. vet., p. 3. Sub Acilio Etruriae, p. 3.

1448. Tête jeune laurée.

R͞. A. KI. *Diota* d'où pendent deux grappes de raisin. ⬜.... .... Æ.4.-R⁵.-F.o.-15 fr.
Ed. Harwood, Pop. et Urb. Sel. num. Tab. 1. Fig. 6.

1449. ΔHMOC Tête du Génie de la ville.

R͞. KIANΩN. Femme vêtue de la *stola*, debout, tenant de la main gauche une corne d'abondance. ⬜.
Wise N. Boel., p. 8. N° 139.. Æ.4.-R⁶.-F.o.-18 fr.

1450. Tête jeune, couverte de la peau du lion, (Hercule).

R͞. KIANΩN. Un carquois et une massue; derrière, les lettres ΔP. ⬜. Mus. Pembrook, P. II, Tab. XIV. Fig. 5........... Æ.4.-R⁵.-F.o.-15 fr.

1451. Tête d'Hercule jeune, à droite, coiffée de la peau du lion.

R̷. ΚΙΑΝΩΝ. Massue et carquois avec un arc. □
Sestini, *Lett. num. Continuaz.*, *tom. VIII*, *pag.* 11.
N° 10 . . . . Æ.4.-R⁵.-F.o.-15 fr.
1452. Tête d'Hercule jeune, couverte de la peau du lion.
   R̷. ΚΙΑΝΩΝ. Massue et carquois. □. *Cab. de feu*
M. Grivand de la Vincelle, à Paris. Æ.4.-R⁵.-F.o.-15 fr.
1453. Autre, presque semblable.. Æ.4½.-R⁵.-F.o.-15 fr.
1454. ΤΟΝ. ΚΤΙΣΤΗΝ. Tête nue et barbue d'Hercule.
   R̷. ΚΙΑΝΩΝ. Pallas casquée, et vêtue de la *stola,*
debout à gauche, tenant une patère de la main dr., et
la gauche posée à terre. □. . . . . . Æ.6.-R⁶.-F.o.-20 fr.
    Sestini, Descriz. del Mus. Fontana, pars. III, p. 54. N° 1.
      Tab. V. Fig. 2.
1455. ΤΟΝ. ΚΤΙΣΤΗΝ. Même tête.
   R̷. ΚΙΑΝΩΝ. Une galère représentée avec ses ra-
meurs . . . . Æ.6.-R⁶.-F.o.-20 fr.
1456. . . . . ΚΤΙΣΓΗC. Même tête.
   R̷. ΚΙΑΝΩΝ. Galère à trois rangs de rames. □.
Sestini, *l. c., p.* 11. *N°* 12 . . . Æ.6.-R⁶.-F.o.-20 fr.

   Claudius.

1457. ΤΙ. ΚΛΑΥΔΙΟΣ. ΣΕΒΑΣΤΟΣ. ΓΕΡΜΑΝΙΚΟΣ.
Tête nue de Claude, à droite.
   R̷. ΗΡΑΚΛΕΟΥΣ. ΚΤΙΣΤΟΥ. ΚΙΑΝΩΝ. Arc et
carquois . . . . Æ.6½.-R⁵.-F.o.-24 fr.

   Hadrianus.

1458. ΑΥΤ. ΚΑΙC. ΤΡΑΙ. ΑΔΡΙΑΝΟC . . . . Tête laurée
d'Hadrien, à droite, avec le *paludamentum.*
   R̷. ΑΔΡΙΑΝΩΝ. ΚΙΑΝΩΝ. Pallas debout, tenant

une patère de la main droite, et la gauche sur son
bouclier posé à terre; dans le champ, une lance. ☐.
Cab. Millingen............. Æ.5.-R⁷.-F.o.-24 fr.

1459. ΑΥΤ. ΚΑΙC. ΤΡΑΙ. ΑΔΡΙΑΝΟΝ. CΕΒ. Tête laurée
d'Hadrien, à droite.

R⁄. ΑΔΡΙΑΝΩΝ. ΚΙΑΝΩΝ. Apollon debout, à dr.,
couvert par derrière d'un ample *pallium* tombant
jusqu'à terre, tenant le *plectrum* de la main droite
pendante, et une lyre de la g. ☐. Æ.7.-R⁵.-F.o.-24fr.

Cab. de feu M. Tôchon.

1460. ΚΑΙCΑΡ. ΑΔΡΙΑΝΟC. Tête laurée d'Hadrien.
R⁄. ΚΙΑΝΩΝ, Foudre et arc. ☐. Æ.4.-R⁵.-F.o.-15 fr.

Sestini Lett. num. Contin., t. VIII, p. 12. Nº 14.

Sabina.

1461. CΑΒΕΙΝΙΑΝ. (*sic*) CΕΒΑCΤΗΝ. (*a*). Tête de Sabine.

R⁄. ΑΔΡΙΑΝΩΝ. ΚΙΑΝΩΝ. Génie de la Bithynie
debout, tenant des épis de la main droite, et une corne
d'abondance de la gauche... ☐. Æ.8.-R⁵.-F.o.-48 fr.

Antoninus Pius.

1462. ΑΝΤΩΝΙΝΟC. ΕΥCΕΒ. (*litt. fug.*) Tête laurée
d'Antonin-le-Pieux, à droite.

R⁄. ΚΙΑΝΩΝ. *Diota* d'où sortent, deux épis et un
pavot.................... Æ.4.-R⁵.-F.o.-15 fr.

(*a*) Cette légende avait été mal décrite d'après le manuscrit de
M. Cousinéry. *Voyez Sestini, Lett. num. Continuaz., t. VIII,*
p. 12, *nº* 16, et notre *Descr., t. II, p.* 493, *nº* 452.

M. Aurelius.

1463. ΑΥΤ. Κ. ΑΥΡΗ. ΑΝΤΩΝΙΝ. (*a*). Tête nue de
M. Aurèle.

R'. ΑΔΡΙΑΝΩΝ. ΚΙΑΝΩΝ. Hygiée et Æsculape
représentés debout, chacun avec ses attributs ordinaires. ▢. Æ.9.-R⁵.-F.o,-40 fr.

Mus. Arig., II. Tab. XIII. Nᵒ 150.

1464. . . . . Tête de M. Aurèle.

R'. ΚΙΑΝΩΝ. Victoire dans un bige. ▢. *Vaill.*,
Num. gr. . . . . Æ.4.-R⁵.-F.o.-15 fr.

1465. ΑΥΤ. Μ. ΑΥΡ. ΟΥΗΡΟC. Tête nue de M. Aurèle,
avec le *paludamentum*.

R'. ΚΙΑΝΩΝ. Cupidon, ou plutôt le Génie de la
mort, appuyé sur un flambeau renversé. ▢. *Sestini*,
Lett. num. Continuaz., *tom. VIII*, *p.* 13. *Nᵒ* 18; *et*
Vaill., *l. c.* . . . . Æ.4.-R⁵.-F.o.-15 fr.

L. Verus.

1466. ΑΥΤ. Λ. ΑΥΡ. ΟΥΗΡΟC. Tête nue de Lucius
Vérus.

R'. ΚΙΑΝΩΝ. Cupidon debout, la main gauche
appuyée sur un flamb. renversé. ▢. Æ.4.-R⁵.-F.o.-15 fr.

Eckhel, Num. vet., p. 178.

(*a*) Sur la médaille du Cab. du comte de Wiczay, on lit :
ΑΝΤΩΝΙΝΟΝ. *Voyez Sestini*, *Lett. num. Contin.*, *t. VIII*,
p. 13, *nᵒ* 17.

Commodus.

1467. ΑΥΤ. Μ. ΑΥΡ. ΚΟΜΟΔΟΝ. Tête laurée de Commode, avec le *paludamentum*.

℞. ΚΙΑΝΩΝ. Cupidon ailé debout, la main gauche appuyée sur une torche renversée. ⊡. *Gessner, Impp. p.* 127. *N°* 60 . . . . Æ.4.-R⁵.-F.o.-15 fr.

Septimius Severus.

1468. . . . .C. CEOYHPOC. ΠЄ. Tête laurée de Septime Sévère.

℞. CEYHPOY. BACIΛEYNTOC. Dans le champ, O. ΚΟCΜΩC. EYTYXEI. HAKΑΝΟY., *meliùs* MA- KΑPIOI. ΚΙΑΝΟΙ. ⊡. . . . . Æ.8.-R⁸.-F.o.-80fr.

Gessner, Impp., p. 136. N° 11.

Julia Domna.

1469. ΙΟΥΛΙΑ. ΑΥΓΟΥCΤΑ. Tête de Julia Domna, à droite, vêtue de la *stola*.

℞. ΚΙΑΝΩΝ., écrit à l'exergue. Vénus nue accroupie, tournée à droite, et regardant à gauche, entre deux Cupidons, appuyés chacun sur un flambeau dressé. ⊡. *Cab. particulier.* Æ.7.-R⁵.-F.o.-24 fr.

1470. . . . . Tête de Julia Domna.

℞. ΚΙΑΝΩΝ. Victoire marchant et se retournant, tenant dans la main droite levée une couronne et une palme dans la gauche. ⊡. . . . . Æ.9.-R³.-F.o.-12 fr.

Gessner, Impp., p. 138. N° 29.

Caracalla.

1471. . . . . Tête de Caracalla.

R̶. ΚΙΑΝΩΝ. Jupiter debout, tenant de la m. dr. un rameau, et de la g. une haste. ▢. Æ.6.-R⁴.-F.o.-12 fr.

Vaillant, Num. gr.

1472. .... Tête de Caracalla.

R̶. ΚΙΑΝΩΝ. Jupiter à demi nu, debout, ayant la main droite sur un autel, et la haste dans la gauche. ▢. *Vaill., l. c.*.............. Æ.6.-R⁴.-F.o.-12 fr.

1473. Autre; ΚΙΑΝΩΝ. Sérapis, avec le *modius,* debout, la main droite levée, et la haste transversale dans la gauche. ▢. *Vaill., l. c.*....... Æ.6.-R⁴.-F.o.-12 fr.

1474. Autre; ΚΙΑΝΩΝ. Deux boucs dressés de chaque côté, les deux pieds de devant posés sur un vase. ▢. *Arig., II, p.* 26. *N°* 373...... Æ.6.-R⁴.-F.o.-12 fr.

Geta.

1475. Λ. ϹΕΠΤΙ. ΓΕΤΑϹ. Κ. Tête nue de Géta.

R̶. ΚΙΑΝΩΝ. Cupidon debout, la main droite posée sur un tronc d'arbre, et la gauche derrière le dos. ▢. *Eckhel, Cat. Mus. Caes. Vindob., t. I, p.* 144. *N°* 3................. Æ.4.-R⁵.-F.o.-15 fr.

Macrinus.

1476. ΑΥΤ. Κ. Μ. ΟΠΕΛ........ ΜΑΚΡΕΙΝΟϹ. ΑΥΤ. Tête laurée de Macrin; à droite, avec le *paludamentum.*

R̶. ΚΙΑΝΩΝ. Minerve debout, tournée à gauche, et vêtue de la *stola;* tenant une patère de la main droite, et la haste pure de la gauche; à ses pieds, un bouclier.................. Æ.8½.-R⁸.-F.o.-60 fr.

1477. ΑΥΤ. Μ. ΟΠΕΛ. ϹΕΟΥΗ. ΜΑΚΡΕΙΝΟϹ. ΑΥΤ. Tête laurée de Macrin.

R̸. KIANΩN. Deux boucs se heurtant la tête; au milieu, un *diota*. ◻.......... Æ.6.-R⁵.-F.o.-20 fr.

Sestini, Lett. num., t. VIII, p. 61.

Severus Alexander.

1478. ...... ΑΥΡ. ΣΕΥΗ. ΑΛΕΖΑΝΔΡΟΣ. ΑΥΓ. Buste de Sévère Alexandre, la tête laurée, et vêtu du *paludamentum*.

R̸. KIANΩN. Sérapis assis, à gauche, la main dr. sur la tête de Cerbère, et la gauche levée sur la haste. ◻. *Sestini, Descr. dell. Med. ant. del Mus. Hederv.* *t. II, p.* 74. *N°* 9............ Æ.9.-R⁴.-F.o.-24 fr.

1479. .... Tête de Sévère Alexandre.

R̸. ΕΠΙ. ΣΤΡ. ΚΡΑΤΙΠΠΟΥ. KIANΩN. Diane d'Éphèse, avec ses supports et des cerfs. ◻. *Vaill.,* *N. gr*...................... Æ.9.-R⁴.-F.o.-24 fr.

1480. M. ΑΥΡ. ΣΕΥ. ΑΛΕΖΑΝΔΡΟΣ. ΑΥΓ. (*in nexu*). Tête laurée de Sévère Alexandre.

R̸. KIANΩN. Hylas enfant, tenant le vase καλπιδα, duquel s'échappe l'eau. ◻...... Æ.6.-R⁴.-F.o.-12 fr.

Cab. de feu M. Allier de Hauteroche; et Sestini, Lett. num. Cont., t. VIII, p. 13. N° 19.

1481. ΑΛΕΖΑΝΔΡΟΣ. ΑΥΓΟΥΣΤΟΣ. Même tête laurée.

R̸. KIANΩN. Cupidon appuyé sur un tronc d'arbre. ◻.................. Æ.4.-R⁴.-F.o.-8 fr.

Sestini, loc. cit., p. 14. N° 20. Ex Mus. Ab. de Tersan.

Maximinus.

1482. .... Tête de Maximin.

℞. ΚΙΑΝΩΝ. Figure virile nue, avec le *strophium*, la main droite étendue, et portant de la gauche un grand vase. ▢. *Vaill., l. c.* .... Æ.6.-R³.-F.o.-20 fr.

Gordianus Pius.

1483. .... Tête de Gordien-le-Pieux.
    ℞. ΚΙΑΝΩΝ. Buste casqué de Pallas. ▢. *Arig., I,
Impp.*, 12. *N°* 177. .... Æ.6.-R⁴.-F.o.-12 fr.

Tranquillina.

1484. CABEINA. ΤΡΑΝΚΥΛΛΕΙΝΑ. Tête de Tranquilline.
    ℞. ΚΙΑΝΩΝ.Tête de Pallas. ▢. Æ.6.-R⁴.-F.o.-12 fr.
    Eckhel, Cat. Mus. Caes. Vindob., I, p. 144. N° 4.

1485. CABEI. ΤΡΑΝΚΥΛΛΕΙΝΑ. Tête de Tranquilline.
    ℞. ΚΙΑΝΩΝ. Æsculape debout. ▢. *Sestini, Lett.
num. Contin. t. VIII,* 14. 21 .. Æ.6.-R⁴.-F.o.-12 fr.

1486. ΣΑΒΕΙΝΙΑ. ΤΡΑΝΚΥΛΛΕΙΝΑ. Tête de Tranquilline:
    ℞. ΚΙΑΝΩΝ. Hygiée tourrelée, faisant manger un serpent. ▢.................: Æ.6.-R⁴.-F.o.-12 fr.
Mus. Theup., p. 1058.

1487. CABEINIA. ΤΡΑΝΚΥΛΛΕΙΝΑ. Tête de Tranquilline, à droite, avec la *stola.*

    ℞. ΚΙΑΝΩΝ. La Fortune debout, tenant un gouvernail de la main droite, et une corne d'abondance de la gauche........... .. Æ.6$\frac{1}{2}$.-R⁴.-F.o.-12 fr.

1488. Autre, presque semblable. Æ.7.-R⁴.-F.o.-12 fr.

1489. CABEI. ΤΡΑΝΚΥ....ΝΑ. Tête de Tranquilline.
    ℞. ΚΙ......: Deux boucs combattant; au milieu

,d'eux, un *diota*. ❒. . . . . Æ.6.-R⁵.-F.o.-20 fr.

Musell.; Impp., 198, 8, p. 252

Trebonianus Gallus.

1490. . . . . Tête de Trébonien Galle.

℞. KIANΩN. Pluton assis, le bras dr. étendu, et tenant de la gauche le *bisulcus*, à ses pieds, Cerbère à trois têtes. ❒. *Vaillant, Num. gr.* Æ.6.-R⁴.-F.o.-12 fr.

Volusianus.

1491. Γ. ΟΥ. ΑΦΙ. ΓΑΛΛΟC. ΟΥΟCCIAN. (*sic*). Tête laurée. de Volusien.

℞. KIANΩN. Æsculape debout. ❒. *Sestini, Lett. num.. t. IX, p.* 32. . . . . Æ.6.-R⁴.-F.o.-8 fr.

1492. ΟΥ. (ΑΦΙ. ΓΑΛΛΟC. *litt. fug.*) ΟΥΟCCIANO. (*sic*). Tête laurée de Volusien, à droite, avec le *paludamentum.*

℞. KIANΩN. Figure nue, courant, à droite, et se retournant, avec une chlamyde flottante sur l'épaule gauche, le bras droit étendu, et supportant une urne sur la main gauche. . . . . Æ.5.-R⁴.-F.o.-8 fr.

Valerianus.

1493. ΑΥΤ. Κ. Π. ΛΙΚΙΝ. ΟΥΑΛΕΡΙΑΝΟΣ. CEB. Tête radiée de Valérien, avec le *paludamentum,* à droite.

℞. KIANΩN. Pluton assis sur un siége, à gauche, tenant de la main droite Cerbère enchaîné à ses pieds, et la gauche sur la haste. ❒. . . . . Æ.7.-R⁴.-F.o.-12 fr.

Cab. de feu M. Allier, à Paris.

Gallienus.

1494. ΠΟΥ. ΔΙΚ. ΓΑΛΛΙΗΝΟΣ. ΣΕΒ. (*a*). Tête laurée
de Gallien.

℞. ΚΙΑΝΩΝ. Homme debout, le *modius* en tête,
la main droite levée, et une haste dans la gauche ;
à ses pieds, un autel (Sérapis) ▢. Æ.6.-R².-F.b.-6 fr.
neg. Guilleminot. Mus. Theup., p. 1082.

1495. ΠΟΥ. ΑΙ. ΕΓ. ΓΑΛΛΙΗΝΟΣ. ΣΕΒ. Tête radiée de
Gallien.

℞. ΚΙΑΝΩΝ. Sérapis debout, à gauche, devant
un autel, la main droite levée, et un sceptre dans la
gauche. ▢ . . . . Æ.6.-R².-F.o.-6 fr.

Sestini, Lett. num. Continuaz., t. VIII, p. 14. Nᵒ 24.

PYTHOPOLIS.

Voyez *dans la Description*, *tome II, pag.* 497., *les Médailles*
autonomes *grecques en argent et en bronze attribuées au-*
trefois à cette ville, et restituées aujourd'hui à Pylus *de la*
Messénie. Voyez *suprà, tom. IV, pag.* 213.

TIMAEA. *Médaille Autonome.*

La Médaille de cette ville est :

En bronze. R✡. — F.o. Petit module. . . . . 200 fr.

1496. Autel allumé, orné de deux branches de laurier,

(*a*) Cette légende ne paraît pas exacte : *Voyez* la médaille
suivante, qui est à peu près semblable.

*Ces Médailles sont attribuées aujourd'hui
à Byzantium de Thrace. V. Pinder Num.
antiq. ined. Berol. 1834.*

et enveloppé par deux serpens ; sur l'autel, de chaque
côté, un petit vase.

℞. TIMAIEΩN. Ane debout, à gauche, *verètro
erecto*, sans la partie postérieure. ▢. *Sestini, Desc.
dell. Med. ant. del Mus. Hederv.*, t. *II*, *pag.* 75.
Tab. XVI. Fig. 14.......... Æ.4.-R⁸.-F.o.-200 fr.

TIVM, *nunc* THIOS, TILLIOS, FILÌOS, FALÌOS.

Voyez dans la Description, tome *II*, *pag.* 499 *et suivantes,
les Médailles* AUTONÒMES *greéques en bronze, et les* IMPÉ-
RIALES *grecques en bronze de*

Domitien.   Faustine la jeune.   Caracalla.
Antinoüs.   L. Vérus.   Maxime.
Antonin-le-Pieux.   Commode.   Gordien-le-Pieux.
Faustine mère.   Sept. Sévère.
M. Aurèle.   J. Domna.

SUPPLÉMENT.

1497. Tête laurée de Jupiter, à gauche ; au-dessus, un
épi.

℞. TIANΩN, Aigle debout, à gauche. ▢. *Dumers.,
Cab. All. de Haut.*, pl. *XI. N°* 14. Æ.3.-R⁶.-F.o.-18 fr.

1498. TEIOE. Tête de *Tius*, ceinte d'un diadème, à dr.,
la chlamyde sur les épaules.

℞. TIANΩN. Némésis debout, vêtue de la *stola* ;
tenant un sceptre de la main droite, et un frein de
la gauche ; à ses pieds, une roue. Æ.5½.-R⁵.-F.o.-24 fr.

1499. TEIOC. Tête jeune laurée.

℞. TIANΩN. Figure couverte du *pallium*, debout
et se retournant, la main droite posée sur une haste,

la gauche pendante. ▢. *Sestini, Lett. num. Continuaz.,
t. VIII, p.* 19. *N*º 1 . . . . : Æ.5.-R⁶.-F.o.-18 fr.

Domitianus.

1500. ΔΟΜΙΤΙΑΝΟΣ. ΚΑΙΣΑΡ. Tête radiée de Domitien.

℞. Ζ . . . . ΤΕΙΑΝΩΝ. Jupiter debout, tourné
à gauche. ▢. . . . . Æ.4.-R⁴.-F.o.-8 fr.
Sestini, Lett. num. Contin., t. VIII, p. 19. Nº 2.

1501. ΑΥΤ. ΔΟΜΙΤΙΑΝΟΣ. ΚΑΙΣΑΡ. ΣΕΒ. ΓΕΡΜ. Tête
laurée.

℞. ΖΕΥΣ. ΣΥΡΓΑΣΤΗΣ. (a) TΕΙΑΝΩΝ. Jupiter
debout, tenant un foudre de la main droite, et une
haste de la gauche; à ses pieds, un aigle. ▢. *Sestini,
l. c. N*º 3 . . . . Æ.6.-R⁴.-F.o.-12 fr.

1502. ΑΥΤ. ΔΟΜΙΤΙΑΝΟΣ. ΚΑΙΣΑΡ. Tête radiée.

℞. ΤΕΙΑΝΩΝ. Pallas casquée debout, à gauche,
tenant de la main droite un trophée posé sur l'épaule.
▢. *Sestini, l. c. N*º 4 . . . . Æ.5.-Rⁿ.-F.o.-8 fr.

Trajanus.

1503. . . . . ΤΡΑΙΑΝΟC. ΚΑΙCΑΡ. CΕΒ. . . . . Tête
laurée de Trajan.

℞. ΖΕΥC. CΥΡΓΑCΤΗC. ΤΙΑΝΩΝ. Jupiter debout,
tenant de la main droite une patère, et de la gauche
une haste; à ses pieds, un aigle. ▢. Æ.9.-R⁸.-F.o.-48 fr.
Eckhel, Cat. Mus. Caes. Vindob., I, 153. Nº 1.

____

(a) Pro ΣΥΝΕΡΓΑΣΤΗΣ.; *Cóopérator.*

1504. ΑΥΤ. ΝΕΡ. ΤΡΑΙΑΝΟΣ. ΚΑΙΣΑΡ. ΣΕΒ. ΓΕΡ. Tête laurée de Trajan.

℞. ΔΙΟΥΣΟΣ. (*sic*) ΚΤΙΣΤ. ΤΙΑΝΩΝ. Bacchus debout, le *cantharum* à la main droite, et le thyrse dans la gauche. ▢............. Æ.6.-R⁵.-F.o.-24 fr.

Sestini, Lett. num., t. IV, p. 108. N⁰ 1.

Antinoüs.

1505. ΑΝΤΙΝΟΟC. ΗΡΩC. Tête nue d'Antinoüs.

℞. ΤΙΑΝΟΙ. Bacchus nu, debout, tenant le *cantharum* de la main droite, et un thyrse de la gauche. ▢. *Vaill., Num. gr.* .... Æ.5.-R⁷.-F.*-30 fr.

1506. ΑΝΤΙΝΟΩΙ. ΗΡΩΙ. Tête d'Antinoüs.

℞. ΤΙΑΝΟΙ. Bacchus, ou Antinoüs lui-même, assis, avec un thyrse ou une grappe de raisin. ▢. *Sest., Lett. num. Cont. t. VIII,* 20. 5. Æ.9.-R⁶.-F.*-100 fr.

1507. ΑΝΤΙΝΟΙ. ΗΡΩΙ. Tête nue d'Antinoüs.

℞. ΤΙΑΝΟΙ. Antinoüs avec le *strophium*, assis sur une base, sur laquelle est posée la main gauche, tenant une petite haste. ▢. ...... Æ.9.-R⁶.-F.*-100 fr.

Vaillant, Num. gr.

1508. ΑΝΤΙΝΟΩΙ. ΗΡΩΙ. Tête nue d'Antinoüs, à g., avec la chlamyde sur les épaules.

℞. ΤΙΑΝΟΙ. Antinoüs à moitié nu, assis sur une base, tenant de la main gauche une baguette. ▢. *Sestini, Descr. dell. Med. ant. del Mus. Hederv., II, p.* 75. N⁰ 1. *C. M. H. N⁰* 4615.... Æ.MM.-R⁶.-F.*-100 fr.

1509. Autre; ΤΙΑΝΟΙ. Neptune sur un vaisseau traîné par deux chevaux marins, tenant de la main droite un trident, et de la gauche les freins des chevaux; à la poupe, une petite figure debout, tenant une haste.

R*

◻. *Eckhel, Cat. Mus. Caes. Vind., tom II, p.* 195.
N° 12.................... Æ.MM.-R⁶.-F.*.-150 fr.

Antoninus Pius.

1510. ΑΥΤΟ. ΚΑΙϹΑΡ. ΑΝΤΩΝΕΙΝΟϹ. Tête laurée
d'Antonin-le-Pieux, à droite.

℟. ΖΕΥϹ. ϹΥΡΓΑϹΤΗϹ. ΤΙΑ. Jupiter debout, à
gauche, vêtu du *pallium,* tenant une patère de la
main droite, et la gauche sur la haste pure; à ses
pieds, un aigle................ Æ.4.-R⁴.-F.o.-8 fr.

1511. Autre; ΤΙΑΝΩΝ. Æsculape et Hygiée debout,
en face l'un de l'autre, avec leurs attributs. ◻. *Arig.,*
t. II, p. 13, *N°* 143............ Æ.4.-R⁴.-F.o.-8 fr.

1512. Autre; ΤΙΑΝΩΝ. Harpocrate portant la main
droite sur sa bouche. ◻......... Æ.4.-R⁴.-F.o.-8 fr.

Vaill., Num. gr.

1513. ΑΥΤ. ΚΑΙϹΑΡ. ΑΝΤΩΝΙΝΟϹ. Tête laurée.

℟. ΤΙΑΝΩΝ. Neptune, le pied droit sur un rocher,
un dauphin sur la main droite, et un trident dans la
gauche. ◻.................... Æ.4.-R⁴.-F.o.-8 fr.

Sestini, Lett. num. Continuaz, t. VIII, p. 20. N° 10.

1514. Autre; ΤΙΑΝΩΝ. Femme vêtue de la *stola,* debout, tenant une patère de la main droite, et une
haste de la g. ◻. *Vaill., l. c*...... Æ.4.-R⁴.-F.o.-8 fr.

1515. Autre; ΤΙΑΝΩΝ. Le dieu Terme à la manière
ordinaire. ◻. *Vaill., l. c*......... Æ.4.-R⁴.-F.o.-8 fr.

1516. Autre; ΝΕΜΕϹΙϹ. ΤΙΑΝΩΝ. Némésis voilée; à
ses pieds, une roue. ◻. *Vaill., l. c.* Æ.4.-R⁴.-F.o.-8 fr.

1517. Autre; ΤΙΑΝΩΝ. Femme debout, à g., tenant

de la main droite une patère, et de la gauche un gouvernail. ▢.................. Æ.4.-R⁴.-F.o.-8 fr.

Mus. Arig., Gr. Impp. al Tab. IV. Fig. 54.

1518. ΑΥ. ΚΑ...ΤΩΝΕΙΝΟC. Tête laurée d'Antonin-
le-Pieux, à droite.

Ŗ. ΤΙΑΝΩΝ. Grappe de raisin.. Æ.3.-R³.-F.o.-6 fr.

1519. ΑΥΤ. ΚΑΙ. ΑΝΤΩΝΕΙΝΟC. Tête laurée d'Antonin-le-Pieux.

Ŗ. ...ANΩN. Massue....... Æ.2½.-R³.-F.o.-6 fr.

1520. Autre; ΤΙΑΝΩΝ. Aigle posé sur un bâton ou
sur un foudre. ▢.............. Æ.4.-R³.-F.o.-6 fr.

Mus. Arig., t. II, p. 13. N° 144.

1521. ΑΥΤΟΚΡΑΤΩΡ. ΚΑΙCΑΡ. ΑΝΤΩΝΕΙΝΟC. Tête
laurée d'Antonin-le-Pieux, à droite.

Ŗ. ΤΙΑΝΩΝ. Torche....., Æ.7½.-R⁴.-F.o.-12 fr.

1522. ΑΥΤ. ΚΑΙC. ΑΝΤ........, vel ΑΥΤ. ΚΑΙCΑΡ.
ΑΝΤΩΝΙΝΟC. Tête laurée.

Ŗ. ΤΙΑΝΩΝ. Serpent replié en spirale sur un
cippe. ▢.................. Æ.4.-R².-F.o.-4 fr.

Sestini, Lett. num. Continuaz., p. 20. Nᵒˢ 8 et 9.

1523. ΑΥΤΟ. ΚΑΙCΑΡ. ΑΝΤΩΝΕΙΝΟC. Même tête
laurée.

Ŗ. ΤΙΑΝΩΝ. Autel allumé, avec une tête de bœuf
sculptée dessus. ▢.......... Æ.4.-R⁴.-F.o.-8 fr.

Sestini, Desc., p. 270. N° 1.

1524. ΚΑΙ. ΑΝΤΩΝΕΙΝΟΣ. ΑΥΤΟΚΡΑΤ. Même tête
laurée.

Ŗ. ΤΙΑΝΩΝ. Autel allumé. ▢. Æ.4.-R².-F.o.-4 fr.

Mus. Theup., p. 894.

1525. ΑΥΤΟΚΡΑΤΩΡ. ΚΑΙΣΑΡ. ΑΝΤΩΝΕΙΝΟΣ. ΑΥ.
Tête laurée d'Antonin-le-Pieux, avec le *paludamentum.*

R̸. ΒΙΛΛΑΙΟC. CΑΡΔΩ.; en exergue, ΤΙΑΝΩΝ.
Bacchus vêtu de la toge, sur une base, tenant une
grappe de raisin de la main droite pendante, et de la
gauche levée une haste ou un thyrse; il est placé entre
deux fleuves couché, le *Billaeus* barbu, tenant un
roseau de la main droite, appuyée en même temps sur
une urne renversée, et tenant de la gauche levée un
rameau; et le *Sardo,* tenant de la main droite deux
épis, et appuyée en même temps sur une urne ren-
versée. □ . . . . Æ.MM.-R⁵.-F.o.-150 fr.

Sestini, Descr. dell. Med. ant. del Mus. Hederv., t. II ,
p. 75. Nº 2. C. M. H. 4616.

M. Aurelius.

1526. ΑΥΡΗΛΙΟC. ΚΑΙCΑΡ. Tête nue et imberbe de
Marc-Aurèle jeune, à droite.

R̸. ΖΕΥC. ϹΥΡΓΑϹΤΗϹ. (*a*) ΤΙΑΝΩΝ. Jupiter
debout, tourné à gauche, vêtu du *pallium,* tenant
une patère de la main droite, et la gauche sur la haste;
à ses pieds, un aigle . . . . Æ.4.-R⁴.-F.o.-8 fr.

1527. Autre; ΤΙΑΝΩΝ. Sérapis debout, tenant une
haste de la main droite, la gauche enveloppée dans
le *pallium.* □ *Arig.,* II, 15. 181. Æ.6.-R⁴.-F.o.-12 fr.

(*a*) Mal lu dans Vaillant.

1528. ΑΥΡΗΛΙΟC. ΚΑΙCΑΡ. Tête imberbe nue de Marc
Aurèle, avec le *paludamentum*.

R'. ΤΙΑΝΩΝ. Isis, avec la fleur du *lotus* sur la tête,
debout, à gauche, tenant un sistre de la main droite,
et un sceptre de la gauche. ☐... Æ.4.-R³.-F.o.-6 fr.
Cab. de feu M. Tôchon.

1529. Autre; ΤΙΑΝΩΝ. Isis vêtue de la *stola*, et la tête
tourrelée, debout, à gauche, tenant un sistre de la
m. dr. et un sceptre de la g. ☐... Æ.4.-R³.-F.o.-6 fr.
Sestini, Lett. num. Continuaz., t. VIII, p. 21. N° 14.
Ex Mus. Hederv. N° 4618.

1530. A. K. ΜΑΡ............ Tête barbue laurée, à
droite.

R'. ΤΙΑΝΩΝ. Hygiée debout, à g., vêtue de la *stola*,
tenant un serpent. .... Æ.4.-R³.-F.o.-6 fr.

1531. Autre; ΤΙΑΝΩΝ. Femme drapée debout, tenant
de la main droite un bâton avec un serpent, et la g.
levée. ☐. .... Æ.4.-R³.-F.6.-6 fr.
Gessner. Tab. CXIII. Fig. 9.

1532. Autre; ΤΙΑΝΩΝ. Mercure nu debout, avec la
penula, tenant une bourse de la main droite, et un
caducée de la gauche. ☐....... Æ.4.-R³.-F.o.-6 fr.
Gessner, l. c. N° 10.

1533. ΑΥΡΗΛΙΟC. ΚΑΙCΑΡ. Tête nue de Marc-Aurèle
jeune, à droite, avec le *paludamentum*.

R'. ΤΙΑΝΩΝ. Cérès debout, vêtue de la *stola*, regardant à gauche, tenant des épis de la main droite,
et la haste pure de la gauche.... Æ.4.-R³.-F.o.-6 fr.

1534. ΑΥ. Κ. Μ. ΑΥΡ. ΑΝΤΩΝΕΙΝΟC. CE. Tête nue
de Marc-Aurèle.

R'. ΔΙΟΝΥCΟC. ΚΤΙCΤΗC. ΤΙΑΝΩΝ. Bacchus

debout, tenant de la main droite le *cantharum,* et de
la gauche son thyrse. □....... Æ.6.-R⁴.-F.o.-12 fr.

Vaill., Num. gr.; et Gessner, Impp. Tab. CXII. Fig. 46.

1535. ΑΥΡΗΛΙΟΣ. ΚΑΙΣ. Tête nue de Marc Aurèle.

R⁄. ΤΙΑΝΩΝ Femme debout, tenant de la main
droite............,...., et de la gauche une haste. □.
Mus. Theup., p. 907.......... Æ.5.-R².-F.o.-4 fr.

1536. Autre; ΤΙΑΝΩΝ. Pluton, dans un quadrige, en-
levant Proserpine. □. *Vaill., l. c.* Æ.4.-R⁴.-F.o.-8 fr.

1537. M. ΑΥΡΗ. ΑΝΤΩΝΕΙ. Tête laurée et barbue, à
droite.

R⁄. ΤΙΑΝΩΝ. Victoire dans un quadrige tourné à
droite..................... Æ.4½.-R³.-F.o.-6 fr.

1538. ΑΥΡΗΛΙΟC. ΚΑΙCΑΡ. Tête nue de M. Aurèle.

R⁄. ΤΙΑΝΩΝ. Neptune, le pied droit sur un rocher,
portant un dauphin sur la main droite, et tenant son
trident de la gauche. □.......... Æ.6.-R³.-F.o.-9 fr.

Eckhel, Cat. Mus. Caes. Vindob., I, 153. N°3.

1539. ΑΥΡΗΛΙΟC. ΚΑΙCΑΡ. Tête nue de M. Aurèle,
à gauche.

R⁄. ΤΙΑΝΩΝ. Némésis debout, à gauche, tenant
de la main droite une balance, et une haste dans la g.
levée; à ses pieds, une roue. □.. Æ.4.-R².-F.o.-4 fr.

Sestini, Lett. num. Continuaz., t. VIII, p. 21. N° 15.

1540. ΑΥΡΗΛΙΟC.ΚΑΙCΑΡ. Même tête, à gauche, avec
le *paludamentum.*

R⁄. ΝΕΜΕCΙC. ΤΙΑΝΩΝ. Némésis debout, à g.,
vêtue de la *stola,* portant la main droite à sa poitrine,
et tenant une draperie de la gauche; à ses pieds, une
roue..................... Æ.4.-R³.-F.o.-6 fr.

1541. ΑΥΡΗΛΙ. ΚΑΙϹΑΡ. Tête nue de Marc Aurèle, à gauche, avec le *paludamentum*.

℞. ΤΙΑΝΩΝ. L'Équité debout, vêtue de la *stola*, à gauche, tenant une balance de la main droite, et la haste pure de la gauche; à ses pieds se trouve une roue...................................... Æ.4.-R².-F.o.-4 fr.

1542. ΑΥΡΗΛΙΟϹ. ΚΑΙϹΑΡ. Tête nue de Marc Aurèle jeune, à droite, avec le *paludamentum*.

℞. ΤΙΑΝΩΝ. Femme debout, à gauche, vêtue de la *stola*, tenant des épis de la main droite, et la gauche sur la haste pure............. Æ,4.-R².-F.o.-4 fr.

1543. ΑΥΡΗΛΙ. ΚΑΙϹΑΡ. Même tête, à gauche.

℞. ΤΙΑΝΩΝ. Aigle éployé de face, mais la tête tournée vers le côté gauche, avec une couronne dans son bec...................... Æ.4.-R³.-F.-4 fr.

1544. Autre; ΤΙΑΝΩΝ. Aigle, les ailes éployées. ☐. *Vaillant, Num. gr*............ Æ.4.-R².-F.o.-4 fr.

1545. Autre, avec ΤΙΑΝΩΝ. en deux lignes, dans une couronne de laurier.......... Æ.4.-R³.-F.o.-6 fr.

1546. ΑΥΡΗΛΙΟΣ. ΚΑΙΣΑΡ. Tête nue de M. Aurèle.

℞. ΤΙΑΝΩΝ. Caducée ailé. ☐. Æ.6.-R³.-F.o-9 fr.
Mus. Theup., p. 906.

Faustina Junior.

1547. ΦΑΥϹΤΙΝΑ. ϹΕΒΑϹΤΗ. Tête de Faustine jeune.

℞. ΤΙΑΝΩΝ. Tête de femme voilée et tourrelée. ☐. *Sestini, Lett. num., Continuaz., t. VIII, p. 22. Nº 19*.................... Æ.6.-R⁶.-F.o.-20 fr.

L. Verus.

1548. ΑΥΡΗΛΙΟΣ ΟΥΗΡΟΣ. Tête nue de L. Vérus.

B⳹. TIANΩN. Pallas casquée debout, la main droite
. . . ., et tenant de la gauche une haste. ▢. *Mus.
Theup., p. 918* . . . . Æ.6.-R⁴.-F.o.-12 fr.

1549. Légende altérée. Tête de Lucius Vérus.
   B⳹. TIANΩN. Tête casquée de Pallas. ▢. *Mus.
Theup., l. c* . . . . Æ.9.-R⁴.-F.o.-20 fr.

1550. Autre; TIANΩN. Bacchus assis sur une panthère,
portant son thyrse sur l'épaule gauche. ▢. *Vaill.,
Num. gr* . . . . Æ.6.-R⁴.-F.o.-12 fr.

1551. Autre; TIANΩN. Bacchus debout, tenant de la
main droite le *cantharum*, et de la gauche un thyrse;
à ses pieds, une panthère. ▢. . . . Æ.6.-R⁴.-F.o.-12 fr.
                                            Vaill., l. c.

Commodus.

1552. M. ΑΥΡ. ΚΟΜΟΔΟC. ΚΑΙ. Tête nue de Commode jeune, avec le *paludamentum*.
   B⳹. TIANΩN. L'Équité deb. ▢. Æ.5½.-R⁴.-F.o.-12 fr.
       Sestini, Lett. num. Cont., t. VIII, p. 22. Nº 20.

Septimius Severus.

1553. ΑΥΤ. Κ. Λ. CΕΠΤΙ. CΕΥΗΡ. . . . . Tête nue de
Septime Sévère, à droite, avec le *paludamentum*.
   B⳹. TIANΩN. Femme debout, couverte du *pallium*,
la main droite sur la haste pure, et le bras gauche
enveloppé dans le *pallium* . . . . . Æ.6.-R⁴.-F.o.-12 fr.

Caracalla.

1554. ΑΝΤΩΝΙΝΟC. ΑΥΓΟΥCΤΟC. Tête laurée et
barbue de Caracalla, à dr., avec le *paludamentum*.
   B⳹. TIANΩN. Jupiter, vêtu du *pallium*, debout,

une patère dans la main droite, et la gauche sur la
haste pure; à ses pieds, un aigle. Æ.5½.-R⁵.-F.o.-18 fr.

1555. M. ΑΥΡ. ΑΝΤΩΝΙΝΟC. Tête laurée de Caracalla
imberbe, à droite, avec le *paludamentum*.

Ŗ. ΤΙΑΝΩΝ. Mercure debout, le pétase en tête,
tenant une bourse de la main droite, et de la gauche
la *penula* et son caducée. □. . . . . Æ.4.-R⁵.-F.o.-15 fr.
Cab. de feu M. Tôchon.

1556. ΑΥΤ. M. ΑΥΡ. ΑΝΤΩΝΙΝΟC. Tête barbue laurée
de Caracalla, avec le *paludamentum*.

Ŗ. ΤΙΑΝΩΝ. Victoire marchant, à droite. □.*Sestini,
Lett. num. Continuaz.*, tom. VIII, pag. 20. N° 21; et
Même Cabin.. . . . . , Æ.4.-R⁵.-F.o.-15 fr.

Geta.

1557. Π. CΕΠ. ΓΕΤΑC. ΚΑΙ. Tête nue de Géta.

Ŗ. ΤΙΑΝΩΝ. Victoire marchant à gauche, tenant
de la main droite une couronne de laurier, et de la
gauche une palme. □. . . . . . . , Æ.4.-R⁶.-F.o.-18 fr.
Sestini, l. c., p. 22. N° 23.

1558. Autre; ΤΙΑΝΩΝ. Hercule assis sur un rocher;
devant ses pieds, un vase. □. . . . Æ.5.-R⁶.-F.o.-18 fr.
Mus. Arig., I, p. 9. N° 140.

Elagabalus?

1559. . . . . Tête d'Élagabale.

Ŗ. ΤΙΑΝΩΝ. Mercure debout, tenant de la main
droite une bourse. □. (a). . . . . . Æ.-4.-R⁴.-F.o.-15 fr.
Cab. d'Ennéry, p. 607.

(a) Je crois plutôt cette médaille de Caracalla; c'est, je pense,
la même que celle ci-dessus décrite du Cabinet de M. Tôchon,
qui possédait beaucoup de médailles du Cabinet d'Ennéry.

Gordianus Pius.

1560. M. ANT. ΓΟΡΔΙΑΝΟC. ΑΥΓ. Tête radiée de
Gordien-le-Pieux, à droite, avec le *paludamentum*.

℞. ΤΙΑΝΩΝ. Vénus debout; à demi couverte d'une
draperie qu'elle tient dans la main gauche, et présentant de la droite une pomme à Cupidon debout, à ses
pieds, lui tendant les mains.... Æ.6½.-R⁸.-F.o.-30 fr.

1561. Autre; ΤΙΑΝΩΝ. Nemésis debout, tournée
vers la gauche, et vêtue de la *stola*; à ses pieds,
une roue.................... Æ.6.-R⁴.-F.o.-12 fr.

1562. Autre; ΤΙΑΝΩΝ. Hygiée debout, à ce qu'il paraît.
☐. *Mus. Arig., II, p.* 30. *N*° 403. Æ.6.-R⁴.-F.o-12 fr.

1563. M. ANT. ΓΟΡΔΙΑΝΟC. A. Buste de Gordien-
le-Pieux, la tête radiée, armé d'une haste et d'un bouclier, sur lequel est la Victoire conduisant un quadrige.

℞. ΤΙΑΝΩΝ. Pluton assis, à gauche, tenant de la
main droite Cerbère enchaîné, et de la gauche une
haste. ☐.................... Æ.6.-R⁴.-Fo.-12 fr.

Sestini, Lett. num. Contin., t. VIII, p. 23. N°24.

Ex Mus. Mag. Ducis.

1564. Autre; ΤΙΑΝΩΝ. Femme vêtue de la *stola*, debout, tenant de la m. dr.....☐. Æ.6.-R⁴.-F.o.-12 fr.

Mus. Arig., t. II. Gr. Impp. Tab. XXX. Fig. 423.

Gallienus.

1565. .... Tête de Gallien.

℞. ΤΙΑΝΩΝ. Jupiter à demi nu, assis, tenant, à ce
qu'il paraît, un foudre de la main droite, et une haste
de la gauche. ☐............ Æ.6.-R⁴.-F.o.-12 fr.

Mus. Arig., I, Gr. Impp. al Tab. XIV. Fig. 222.

Incertus.

1566. ......HNOC, *vel* ANOC.... Tête laurée, à dr.
℞. TI....N. Æsculape debout, avec ses attributs
ordinaires........................ Æ.5.-R².-F.o.-4 fr.

ROIS DE BITHYNIE.

NICOMEDES I.

(Fils de Zipétès, règne depuis l'an 476 de la fondation de Rome,
278 avant J.-C., jusqu'à l'an 503 de la fondation de Rome,
251 avant J.-C.)

Voyez *dans la Description, tome II, pag. 503, les Médailles
grecques de ce roi en argent et en bronze.*

PRVSIAS I.

(Fils de Zélas, meurt vers l'an 566 de la fondation de Rome,
188 avant J.-C.)

Voyez *dans la Description, tome II, pag. 504, les Médailles
grecques de ce roi en or et en argent, dans le nombre desquelles nous avons averti qu'il existait un coin moderne.*

SUPPLÉMENT.

1. Tête diadémée de Prusias I, à droite, légèrement
barbue.

℞. ΒΑΣΙΛΕΩΣ. ΠΡοΥΣΙοΥ. Jupiter debout, vêtu
du *pallium*, tenant de la main droite levée le *pallium*,
et la gauche sur la haste pure; dans le champ, les
lettres Ι, ι. ΤΑ. (coin moderne). AJ.5.-R.*.

PRVSIAS II.

(Fils de Prusias I, meurt vers l'an 604 de Rome, 150 ans avant J.-C.)

Voyez dans la Description, t. II, pag. 505, les Médailles grecques de ce roi en argent et en bronze. Parmi ces dernières, plusieurs sont incertaines.

SUPPLÉMENT.

2. Tête diadémée de Jupiter, à gauche.

   R̄. ΒΑΣΙΛΕΩΣ. ΠΡοΥΣΙοΥ. Arc et carquois. □. *Cab. du marq. de La Goy*... . Æ.5$\frac{1}{2}$.-R^3.-F.o.-6 fr.

3. Tête laurée d'Apollon, à droite, avec le carquois sur l'épaule gauche.

   R̄. ΒΑΣΙΛΕΩΣ. ΠΡοΥΣΙοΥ. Un arc avec un carquois...................... Æ.4$\frac{1}{2}$.-R^3.-F.o.-6 fr.

4. Tête casquée de Pallas.

   R̄. ΒΑΣΙΛΕΩΣ. ΠΡοΥΣΙοΥ. Trophée. □. *Sestini, Desc. dell. Med. ant. del Mus. Hederv., II, p. 77. N° 16*........... Æ.5.-R^3.-F.o.-6 fr.

5. Tête de Mercure, couverte du pétase, à droite; derrière, un caducée en contre-marque.

   R̄. ΒΑΣΙΛΕΩΣ. ΠΡοΥΣΙοΥ. Lyre formée d'un dos de tortue; à l'exergue, les lettres ΡΨ. et les monogrammes (506, 507, 508)........ Æ.6.-R^3.-F.o.-6 fr.

6. Tête de Mercure.

   R̄. ΒΑΣΙΛΕΩΣ. ΠΡοΥΣΙοΥ. Caducée. □. *Neumann, Pop. et Reg. Num. vet., II, p.* 13. Æ.4.-R^3.-F.o.-6 fr.

7. Partie antérieure d'un cheval, à gauche.

   R̄. ΒΑΣΙΛΕΩΣ. ΠΡοΥΣΙοΥ. Sanglier debout, à droite, sur un fer de lance; devant le monogramme (503). □............. Æ.4.-R^5.-F.o.-15 fr. *Sestini, Osserv. ex M. Ainsley. Lett. num., V, 24. Tab. II. Fig. 2.*

8. Tête de Bacchus, ceinte de lierre, à droite.

℟. ΒΑΣΙΛΕΩΣ. ΠΡοΥΣΙοΥ. Centauré allant à
droite, jouant de la lyre; dessous est figuré le monogramme (509)............... Æ.5.-C -F.o.-1 fr.

9. Tête de Bacchus, ceinte de lierre, à droite.

℟. ΒΑΣΙΛΕΩΣ. ΠΡοΥΣοΙΥ. Centauré marchant
à droite, tenant une lyre; dans le champ est figuré le
monogramme (510)............ Æ.5.-C.-F.o.-1 fr.

10. Tête ailée et diadémée de Prusias II, à droite.

℟. ΒΑΣΙΛΕΩΣ, ΠΡοΥΣΙοΥ. Hercule nu debout, la
main dr. posée sur sa massue, la dép. du lion sur le
bras g.; dans le champ, mon. (511). Æ.4.-C.-F o.-1 fr.

11. Autre; dans le champ, N............ Æ.4.-C.-F.o.-1 fr.

NICOMEDES II *Epiphanes.*

(Règne depuis l'an 604 de Rome, 150 ans avant J.-C., tué vers
l'an 660 de Rome, 94 avant J.-C.)

Voyez *dans la Description, tom. II, pag.* 509, *les Médailles
grecques de ce roi en or et en argent, avec les époques :*
NP. — ΖΝΡ. — ΞΡ. — ΒΞΡ. — ΣΞΡ. — ΒΟΡ. — ΕΟΡ.
— ΣΟΡ. — ΠΡ. — ΗΠΡ. — ϘΡ., 150, 157, 160, 162, 166,
172, 175, 176, 180, 188 et 190 *de l'ère du Pont, qui a com-
mencé l'an 457 de la fondation de Rome,* 297 *avant J.-C.*

SUPPLÉMENT.

12. Tête diadémée de Nicomède II, à droite.

℟. ΒΑΣΙΛΕΩΣ. ΕΠΙΦΑΝΟΥΣ. ΝΙΚΟΜΗ.....
Jupiter debout, à moitié couvert du *pallium*, tenant
de la main droite levée une couronné, et la gauche

posée sur la haste pure; dans le champ, un aigle sur un foudre, et le monogr. (512). Æ.9.-R⁶.-F.*.-200 fr.

13. Tête diadémée de Nicomède II.

R/. ΒΑΣΙΛΕΩΣ. ΝΙΚΟΜΗΔΟΥ. ΕΠΙΦΑΝΟΥΣ. Jupiter à moitié nu, vêtu du *pallium*, tenant de la main droite une couronne, la gauche sur la haste pure; dans le champ, un aigle sur un foudre, le mon. (513), et l'époque ΓΞΡ. (an 163). ▢. Æ.10.-R⁶.-F.*.-200 fr.
Cab. de feu M. d'Hermand, à Paris.

14. Autre, avec la date ΖΠΡ (187) et un autre monogramme. ▢. . . . . Æ.10.-R⁶.-F.*.-200 fr.
Eckhel, Cat. Mus. Caes. Vindob., I, 154. N° 2.

15. Autre; ΒΑΣΙΛΕΩΣ. ΕΠΙΦΑΝΟΥΣ. ΝΙΚΟΜΗΔΟΥ. Même type; dans le champ, ΑΠΡ. (an 181), et le monogramme (514). ▢. . . . . . Æ.10.-R⁶.-F.*.-200 fr.
Dumersan, Descr. du Cab. Allier. Pl. XI. N° 17.

16. Autre; dans le champ, un monogramme et la date ΓΠΡ. (183). ▢. . . . . Æ.10.-R⁶.-F.*.-200 fr.
Cab. de M. Ed. de Cadalvene.

17. Autre; dans le champ, un monogramme et la date ΔΠΡ. (184). ▢. . . . . Æ.10.-R⁶.-F.*.-200 fr.
Même Cabinet.

18. Tête diadémée de Nicomède II.

R/. ΒΑΣΙΛΕΩΣ. ΕΠΙΦΑΝΟΥΣ. ΝΙΚΟΜΗΔΟΥ. Jupiter à demi nu, avec de petites bottines aux pieds, debout, à g., la m. g. levée sur la haste; devant, un aigle sur un foudre, le monogr. (48), et la date ΑΣ. (201). ▢. . . . . Æ.9.-R⁷.-F.*.-250 fr.
Sestini, Descriz. dell. Med. ant. del Mus. Hederv., t. II, p. 78. N° 1. C. M. H. N° 4629. Tab. XX. N° 443.

19. Tête du roi diadémée.

R/. ΒΑΣΙΛΕ.... ΝΙΚΟΜΗ. Cheval marchant. ▢
Eckhel, Num. vet., 192. *Pl XI.* 15. Æ.5.-R⁴.-F.o.-8 fr.

NICOMÈDES III.

(Règne depuis l'an 660 de Rome, 94 avant J.-C., jusqu'à l'an
680 de Rome, 74 avant J.-C.)

Voyez *dans la Description, tom. II, pag.* 510, *les Médailles
grecques d'argent rangées au règne de Nicomède IV, suivant
Eckhel, et restituées par M. Sestini à Nicomède III, avec
les époques* ΓϟΡ. — ΗϟΡ. — ΔΣ. — ΕΣ. — ΣΣ. et ΘΣ.
193, 198, 204, 205, 206 et 209 *de l'ère du Pont (a).*

SUPPLÉMENT.

20. Tête diadémée de Nicomède III, à droite.

R/. ΒΑΣΙΛΕΩΣ. ΕΠΙΦΑΝΟΥΣ. ΝΙΚοΜΗΔοΥ.
Jupiter debout, à gauche, couvert du *pallium,* tenant
de la main dr. levée une couronne, la g. sur la haste
pure; dans le champ, un aigle sur un foudre, un
monogr. et la date ΕΣ. (205). ▢. Æ.9.-R⁶.-F.*.-200 fr.
Dumersan, Descr. du Cab. Allier de Hauteroche.
Pl. XI. N° 18.

21. Autre, avec la date ΣΣ. (206) et le monogramme
(515).................. Æ.6.-R*.-F.o.-200 fr.

22. Tête diadémée de Nicomède III, à droite.

R/. ΒΑΣΙΛΕΩΣ. ΕΠΙΦΑΝΟΥΣ. ΝΙΚοΜΗΔοΥ.
Même type; dans le champ, aigle sur un foudre; le
monog. (516) et la date ΖΣ. (207). Æ.9.-R⁶.-F.*.-200 fr.

(a) Sestini, Lett. num. Cont., t. VII, p. 63.
Tome V. SUPP.   S

23. Tête diadémée de Nicomède III, à droite.

℞. ΒΑΣΙΛΕΩΣ. ΕΠΙΦΑΝΟΥΣ. ΝΙΚοΜΗΔοΥ. Jupiter debout, à gauche, couvert du *pallium*, tenant de la main droite levée une couronne, la gauche sur la haste pure; dans le champ, aigle sur un foudre, monogramme, et la date ΓΚΣ (223). (*a*) ☐. *Dumersan, Cab. Allier. Pl. XI. N° 19*... Æ.9.-R⁸.-F.*.-300 fr.

MVSA *et* ORADALTIS.

Voyez *dans la Description, tom. II, pag.* 511, *les Médailles grecques de ces reines, en bronze.*

SUPPLÉMENT.

ORADALTIS, *regina.*

24. ΩΡΑΔΑΛΤΙΔΟΣ. ΒΑΣΙΛΕΩΣ. ΔΙΚΟΜΗΔΟΥΣ. ΘΥΓΑΤΡΟΣ. Tête de la reine Oradaltis diadémée.

℞. ΠΡΟΥΣΙΕΩΝ. ΠΡΟΣ. ΘΑΛΑΣΣΗ. Foudre ailé, le tout dans une couronne de laurier. ☐. *Sestini, Desc. dell. Med. del Mus. Hederv., II, p.* 78. *N°* 1. *C. M. H. N°* 4630. *Tab, XX. N°* 444.... Æ.5.-R⁸.-F.o.-50 fr.

(*b*) Cette date est, je crois, la plus basse connue.